英語天才 斎藤秀三郎

英語教育再生のために、今あらためて業績を辿る

竹下 和男 著

日外アソシエーツ

装丁：浅海 亜矢子

はじめに

　英語天才・斎藤秀三郎といっても若い世代の方々のほとんどはご存じないのではなかろうか。

　彼は江戸時代と明治時代のはざまに誕生し、日本国内にいながら5才から大学までほとんど英語で授業を聴き、使用した教科書もまた英語で書かれていた。大学では造船技師になる予定が卒業直前に放校となり、英語教師となった。日常書く手紙はすべて英語で、自分の経営する正則英語学校にネイティブを採用する時は自分で試験をした。一生涯に書いた2冊の英和辞典と1冊の和英辞典を除き、200冊以上にのぼる著作はほとんどが英文で書かれた。彼が目指したものは、まだ発展途上にあった日本の人々を、西欧世界でも立派に通ずる英語が書け、話せ、また西欧の文学作品を正確に読めるようにすることにあった。

　そのため、大学時代の英語の恩師J.M.ディクソンに鼓舞され、英語のイディオムを、伝統文法の枠内で、日英対照比較の形で研究することに一生を捧げた。斎藤は師のディクソンより10歳若く、亡くなるのも4年早かったが、まさに出藍の誉れで師の業績をはるかに越えて、日本の学校文法の土台を築き、戦前に来日したH.E.パーマーやA.S.ホーンビーに、英語を母国語としない人々にとって本国人ではほとんど気付かないがとても重要な文法とコロケーションの広大な領域の重要性を知らせた。日本で戦争中出版されたホーンビーの英英辞典は戦後オックスフォード大学出版局にひきつがれ、その後のロングマン、コウビルド、ケンブリッジのEFL用の辞書へと展開し今日の世界的興隆をもたらした。

　斎藤は自分の英語学習体系をイディオモロジー（Idiomology）と命名したが、本書にあるように今日欧米で最近台頭してきたフレーズオロジー（Phraseology）と同じものと言ってよい。斎藤は百年も先取りした仕事をしていたのだ。

斎藤の弟子には、筆者の世代が勉強した『新々英文解釈研究』『新自修英文典』の著者、山崎貞がいる。筆者は中学・高校（麻布学園）では、斎藤の晩年の高弟、大津正、松田福松両先生に学んだ。中学2年の時出版された大村喜吉『斎藤秀三郎伝―その生涯と業績』（吾妻書房）は私の愛読書であり続け今日におよんでいる。当時の若い私にとって同書は叱咤激励の書でもあり、英語に対する興味を大いに喚起した書でもあった（斎藤伝は出版社が廃業したため絶版となり、古書価も高値が付いている。同書を復刻させてくれる出版社の出現を待ちたい）。

　2008年に復刻出版された山崎貞の『新自修英文典』は斎藤の『実用英文典』の簡約翻訳版であり、『実用英文典』は米国ハーバード大学でも教科書として使用された。『新々英文解釈研究』は、受験問題から帰納的に重要な英語構文・熟語を搾り出し斎藤の著作群からの例文と訳文をつけ、意味の近いものをグループ化したもので、同じようにベストセラーであった南日恒太郎・小野圭次郎の文法排列重視のものとは一線を画すものであった。山崎の2書は出版から1世紀を生き抜いてきたもので、英語参考書としては稀有な存在である。

　今回、斎藤秀三郎を執筆するにあたっては、斎藤の私生活・性格といった面は大村先生の著書が十分描いておられるので、主に同書出版以降に利用可能となった名著普及会の斎藤文法シリーズや講義録といった業績面に力点を置いて執筆した。名著普及会の復刻本は部数も限られ高価であったため、古書としても市場に出ることは稀で、あっても非常な高値が付けられている。そのため斎藤の業績をその一部なりとも読者に伝えるため資料編を充実させた。執筆にあたっては神奈川大学名誉教授・元日本英語教育史学会会長で、斎藤研究の第一人者でおられ、名著普及会の斎藤著作の復刻版で解題を担当された出来成訓先生のご指導・ご鞭撻を受けたことを深く感謝したい。

　　平成23年1月

　　　　　　　　　　　　　　　　　　　　　　　　　　　竹下和男

目 次

1. Idiomology vs. Phraseology ・・・・・・・・・・・・・・・・・・ 9
2. 黎明期の英語 ・・・・・・・・・・・・・・・・・・・・・・・・・・・・・ 19
3. 遍歴時代 ・・・・・・・・・・・・・・・・・・・・・・・・・・・・・・・・・ 25
4. 正則英語学校の創立と組織英語学の樹立 ・・・・・・・・ 28
5. 斎藤組織慣用語法学の著作群 ・・・・・・・・・・・・・・・・・ 40
6. 全盛期の正則英語学校 ・・・・・・・・・・・・・・・・・・・・・・ 44
7. S.E.G.System とは何か ・・・・・・・・・・・・・・・・・・・・・ 53
8. 『正則英語学校講義録』(S.E.G.Abroad) ・・・・・・・・ 62
9. 『熟語本位英和中辞典』の出現 ・・・・・・・・・・・・・・・ 67
10. 『携帯英和辞典』・・・・・・・・・・・・・・・・・・・・・・・・・・ 74
11. 『和英大辞典』の完成 ・・・・・・・・・・・・・・・・・・・・・・ 76
12. 未完に終わった『熟語本位英和大辞典』・・・・・・・・ 88
13. 斎藤のイディオモロジー ・・・・・・・・・・・・・・・・・・・・ 92
14. 斎藤式英語研究法 ・・・・・・・・・・・・・・・・・・・・・・・・ 134
15. 斎藤秀三郎と彼をとりまく人々 ・・・・・・・・・・・・・・ 141

* 関係言語学者の生没年と享年 ・・・・・・・・・・・・・・・・・ 159
* 資料出所 ・・・・・・・・・・・・・・・・・・・・・・・・・・・・・・・・・ 160

【資料編】

SAITO'S ENGLISH CONVERSATION GRAMMAR　英会話文法
　　目　次･･･　164
　　サンプル･･･　167

PRACTICAL ENGLISH GRAMMAR　実用英文典
　　目　次･･･　171
　　サンプル･･･　178

ADVANCED ENGLISH LESSONS　英文法精義
　　目　次･･･　181
　　サンプル･･･　183

HIGHER ENGLISH LESSONS　英文法詳解
　　目　次･･･　189
　　サンプル･･･　191

MONOGRAPH ON PREPOSITIONS　前置詞大完
　　目　次･･･　193
　　サンプル･･･　196

CLASS-BOOKS OF ENGLISH IDIOMOLOGY
　英語慣用語法学研究　（Ⅰ）動詞篇　（Ⅱ）前置詞篇
　　目　次･･･　205
　　サンプル「動詞篇」･････････････････････････････････　208
　　サンプル「前置詞篇」････････････････････････････････211

SAITO'S STUDIES IN ENGLISH IDIOM
　斎藤英語慣用語法例文集成
　　目　次･･･　217
　　サンプル･･･　219

NEW HIGHER ENGLISH LESSONS　新英文法詳解（前置詞篇）
　　目　次･･･　221
　　サンプル･･･　222

STUDIES IN RADICAL ENGLISH VERBS　基本動詞大典
　　目　次･･･　230
　　サンプル･･･　230

正則英語学校講義録インデックス
 内　容･････････････････････････････････ 247
 項目別･････････････････････････････････ 261
 サンプル･･･････････････････････････････ 273

斎藤秀三郎講義録集･･････････････････････････ 290
 「前置詞及び動詞講義」内　容･･･････････ 291
      サンプル ･･････････････ 292
 「動詞講義」･･････内　容･････････････････ 301
 「前置詞講義」･･････内　容･･････････････ 302
      サンプル ･･････････････ 303

NEW TEXT-BOOK OF ENGLISH GRAMMAR　新標準英文典
 目　次･････････････････････････････････ 312

斎藤秀三郎・松田福松　英文法詳解シリーズ
 インデックス･･････････････････････････ 315

＊斎藤秀三郎関連年表･･･････････････････････ 319
＊終わりに･･･････････････････････････････････ 333

※本書では引用箇所を一部現代仮名遣いに改めている。また旧字体は原則新字体に改め、一部はひらがなで表記している。

1. Idiomology vs. Phraseology

　イェスペルセン著『文法の原理』（上）岩波文庫の解説で訳者の安藤貞雄は述べている。

　「現在、チョムスキー理論も、豊饒な言語事実から浮いてしまって、あまりにも抽象的・理論的になりすぎたため、陰りがみえはじめたように思われる。結局、理論はすたれるが、言語事実に深く根ざした研究は生き残るのだ、という感が深い」

　近年、理論言語学の分野でChomskyらの生成文法の考え方に大きな変化が生じ、語彙研究そのものへの関心が急速に高まっている。そして、普遍文法の転換を生成文法の行き詰まりとみて、統語論より意味論中心の文法理論の構築を目指す者も出てきた。

　同時に、コンピュータ機能の飛躍的発展によって語彙数が億単位のコーパス（corpus）の構築とそれを用いた分析手法が進展をみた。1990年代にコーパスはその応用として学習英語辞典の形で姿を現してくる。コーパスを最初に用いて編纂された辞書は1987年の *Collins COBUILD English Dictionary* であったが、その後、代表的英語学習辞書を出版してきた Longman, Oxford, Cambridge などがコーパスを利用した辞書作りに追随し、日本の英和辞典の編纂もコーパス利用のものが出てきている。今や、抽象的で高度であるが実用性に乏しい言語理論からコンピュータを駆使した具体的な語彙研究論へ大きな潮流の変化が起こり始めている。

　その1つが、欧州中心に台頭してきている phraseology という考え方である。英国ロンドン学派の創設者であるファース（John Rupert Firth）は、1957年に

　　a)　**"You shall know a word by the company it keeps"**.
　　　（言葉はそれがつき合っている仲間でわかる）
　　b)　**"…the complete meaning of a word is always contextual, and no study of meaning apart from a complete context can be taken seriously."**

（言葉の完全な意味は常に文脈の中にある。文脈を全く離れた意味の研究などまともにとりあげることはできない）

という言葉を残している．(筆者訳 出所 1)

ところが、これより早く戦前の日本で、パーマー (H.E.Palmer) とホーンビー (A.S.Hornby) による英語の collocation 研究の成果である *Second Interim Report on English Collocations*（1933 年）が出版されていた。

John Sinclair は *OSTI Report* の序文で、

"The idea of collocation first emerged in the work of language teachers between the two world wars, particularly that of Harold Palmer in Japan. In the 1950s J.R. Firth gave collocation a key place in his spectrum of linguistic meaning, and Michael Halliday and John Sinclair developed the idea in various publications during the 1960s." (出所 2)

「両世界大戦の間に言語教育者の中でコロケーションという考えが出現した。殊に日本におけるパーマーの仕事が顕著であった。1950 年代には J.R. ファースが言語意味論で重要な地位を与え、1960 年代になるとマイケル・ハリデイとジョン・シンクレアが多様な出版物の中でこの考えを発展させた。」(筆者訳)

1931 年にパーマーが、なんと数ある辞書の中から、しかも日本人である斎藤秀三郎の『熟語本位英和中辞典』（再訂版、1927（昭和2）年）を選び、ここから用例カード約 5,000 枚を採った *Interim Report on English Collocations* を発表した事実は実に驚くべきことだ。

斎藤の実証的方法は、後年パーマーがやった lexicology の仕事とよく似ていて、斎藤の中辞典を見たパーマーは「外国人としては最高の水準を示す業績だ」と評したという。(出所 3)。

さらに 1933 年にはホーンビーが加わって英語の collocation 研究の成果である *Second Interim Report on English Collocation* が発表された。この報告書の中でパーマーは英語学習者にとって英語を難しくしているのは語連結と述べている。

10 　1. Idiomology vs. Phraseology

ホーンビー自身による書き込みのある斎藤の *Monograph on Prepositions* の奥付に、1936年10月1日とあり、*Interim Report* の改訂1年後もこの資料を活用していたようだ。

また、斎藤の *Studies in Radical English Verbs*（1933）からは、後述する *Idiomatic and Syntactic English Dictionary* （ISED）にはあるが Report にないものが含まれており、「動詞＋目的語」の名詞コロケーションの1部の典拠であったという可能性もある。（出所4）。

パーマーは斎藤秀三郎の業績を高く評価して次の感想を残している。

Saito The Idiomologist

It is the regret of the present writer that he never had an opportunity of meeting Professor Hidesaburo Saito, whom he considers a source of inspiration and whom he acknowledges his indebtedness. As Senkichiro Katsumata points out, one of the multifarious lines of the activity of our Institute is, in a sense, a continuation of the work left by Professor Saito. In our lexicological research we have the advantage of possessing, for our constant reference, the dictionaries and the many monographs so painstakingly compiled by him.

Years before ever we set out to explore "the vast territory lying between the domains of the dictionary and the grammar,"Saito was engaged in linguistic exploration, opening up lines of approach, conducting glossodesic surveys and charting what had been until then uncharted territory. If he never actually compiled two-dimensional word-charts, as we are now doing, it is because it was his role rather to obtain and verify the data from which such charts could be made. If, as his biographer points out, it is problematical of his pupils who could follow his torrential eloquence with anything like profit, it is because he had neither the time nor the inclination to supply retail-fashion the treasures that he produced wholesale. It is indeed fortunate that he did not play the part of a popularizer, for this would have limited his field of usefulness--- and the Japanese student would be so much the poorer. It is as a Darwin and not a Huxley; as a Henry Sweet, and not as a Lloyd James, that Saito pursued his life work. He created, leaving it to others to interpret. And as creators are few and interpreters many, it is well that he refused to be turned aside from the work for which he was best fitted and that which he could best perform.

Harold E. Palmer（出所5）

（筆者訳）

イディオモロジスト＝斎藤秀三郎

　私が遺憾に思うのは生前の斎藤秀三郎先生にお会いする機会がなかったことです。私にとり先生はインスピレーションの源泉であり、お受けした恩義に対してお礼を申しあげたい方でもありました。勝俣銓吉郎氏が指摘するように、ある意味では当研究所の多種多様な分野の活動の1つは斎藤先生の残された仕事を継続させることです。私どもの語彙研究調査でいつでも参照できる有利な立場を享受させていただいている辞書類や研究論文の多くは斎藤先生が精魂込めて編纂されたものです。

　私たちが「辞書と文法の分野の間に横たわる広大な領域」の調査に着手するもう何年も前から、斎藤先生は言語調査に携わっておられ、幾多の研究方法を切り開かれ、語義調査を実施し、それまで未知の領域であったところの地図を作成されました。現在わが研究所が行っているように、2次元の言語地図を実際に編纂されることがなかったとしても、むしろ先生の役割はそれによって言語地図を作ることができる原データを蒐集・照合することにあったからです。勝俣氏が指摘するように、斎藤先生の嵐のような講義についてゆき利益を得られる生徒はとても少なかったのは問題であったとしても、その理由は斎藤先生には先生が大量に創り出された宝物を小分けして売るような時間も意向もなかったからです。

　斎藤先生が自分の研究を儲けをねらって大安売りしなかったことは本当に幸いでした。というのは、そんなことをしたら先生の貢献は限られたものになってしまい、日本の学生もその分得るところが少なくなったにちがいないからです。ダーウインのようでいてハックスレイではなく、ヘンリー・スイートのよ

うでいてロイド・ジェームスではないように、先生はご自分のライフワークを遂行されたのです。先生は創造し、それをどう解釈されるかは他人にまかされました。そして創造者は少なく解説者は多いといわれるように、先生がご自分に最もぴったりあって最高の成果をあげ得る仕事から逸脱されることを断固拒否されたことは幸いでありました。

ハロルド・イー・パーマー（出所6）

斎藤の中辞典は書名に熟語本位とあるように英語の熟語に詳しいのが特色であるが、中辞典以前、言い換えると日本人が英語学習を始めた時点で最大の障碍となった熟語を説明した辞書が必要とされていたといえよう。主要な熟語辞典をあげてみよう。

1. 『英文熟語集』　　小幡篤次郎・小幡甚三郎　1868・慶応4
2. 『英語熟語辞典』　ディクソン　　1888・明治21
3. 『英和双解熟語大字彙』Kwong 著　増田藤之助訳　1899・明治32
4. 『英和双解熟語辞典』：英語教授研究会：本荘太一郎　1905・明治38
5. 『英和双解熟語大辞典』神田乃武・南日恒太郎（勝俣銓吉郎）1909・明治42
6. 『英和熟語中辞林』広瀬雄・大島隆吉　1909・明治42
7. 『例解英和難句熟語辞典』佐久間信恭　1913・大正2

などがある。

これらの熟語辞書に載っている熟語とネイティブスピーカーの考えるイディオムとは、熟語辞典誕生の当初から一種のズレが生じていた点に注目する必要がある。ネイティブにとってidiomとはある語とある語が結合したら、もとの語からは分からない意味を生じる場合を指す。たとえば、有名なものとしては、**to kick the bucket**「死ぬ」 to **be up the creek**「苦境にある」 to **seize the bull by the horns**「敢然と難局に当たる」などがありこれらのイディオムの形は固定して別の形で使われることはない。もちろん、英語を母国語としない人々にもこうしたidiomの説明は必要なものであるが、ネイティブにはidiomとはまっ

たく感じられないものでも、英語を母国語としない人々には熟語として辞書に記載してもらいたい表現がある。

日本人の場合はこれも含めて熟語と考えたのだ。

明治維新の直前に出版された小幡篤次郎・小幡甚三郎兄弟の『英文熟語集』には、英語受験参考書の重要構文として、またネイティブもよく使う the more. the more が「〜すればするほど、ますます（多く）」という現在とかわらない訳語がすでに記載されているのに驚く。また power of machine （機械力）、trough of the sea （波間）等は idiom というよりは collocation に属するものであろう。

また、斎藤の中辞典にある、**The trouble is that** the police know me. 困ったことには（警察では私の顔を知っている）という記載はネイティブには特にどうということのない表現であるが、日本人にとっては大変有用なものである。

英国人パーマーは、日本に来て斎藤が idiom の領域を越えて「辞書と文法の分野の間に横たわる広大な領域」をすでに厖大な著作の中で開拓し、厖大な数の idiom、collocation を蒐集していることを発見して眼が覚める思いであったにちがいない。

神田乃武・南日恒太郎共編の『英和双解熟語大辞典』1909・明治 42 は明治期における英和熟語辞典の総決算といってもよいほど大量の熟語を収録した辞書であるが、その序文（英文）には、

「この企画は元来早稲田大学の勝俣氏によって企てられたもので、彼の指導で資料の収集、配列が 3 年以上にわたって行われた後、その仕事が我々に引き継がれたのである」との記述があり、この辞書から 30 年後の 1939（昭和 14）に勝俣銓吉郎は『英和活用大辞典』を刊行するが、その序文に

「本書の配列は、英語の主要語である名詞に最も重きをおき、これに動詞・形容詞及び前置詞を配し、また動詞には副詞又は副詞性の連語及び前置詞を、そして形容詞には副詞・前置詞を配するようになっている。この配列法は明治 42 年刊行の神田・南日の『英和双解熟語大辞典』の基礎工作を私がやった時始めて採用したもので、今回また本書に採用した訳で、これが 2 回目である」とあるように『英和双解熟語大辞典』も実質的には勝俣の仕事であった。『英和

活用大辞典』はその後2度改訂され現在も世界最大のコロケーション辞書としての地位を保っている。

　蒐集した材料はどんなものであるかというと、過去30余年に亘り、英語表現に必要なコロケーションを専ら時文から収録したもので、勝俣が常に実行していた note-book habit の一産物である。初版で採用したコロケーションはおよそ12万にのぼっている。1958（昭和33年）に改訂2版が出て、コロケーションの数が20万まで増強され、さらに、1995（平成7年）には、編者代表市川繁治郎で、38万例文にまでアップ・デイトされた『新編英和活用大辞典』が刊行された。

　勝俣はこの辞書を出した動機を斎藤秀三郎先生追悼講演で次のように述べている。

　「…斎藤先生のことを想い出しますと、私が国民英学会を卒業する時の終りの頃、教場で1度お目にかかり、斎藤先生の学校ができましてからそこに上がったこともありましたが、それもほんの僅かで、先生の教場の面影は極めて薄いのです。けれども、人間が感激を受けるというのは必ずしも教場ばかりではないのです。私が横浜郵便局におりました時分に先生の本（著者注：*English Conversation Grammar*, 明治26年）が出まして、それを非常に熟読したことを記憶しております。それが始まりでありまして、その後もたえず先生の著作されたものを拝見しましたが、それが重なって行くに従って、それらによって私はどれだけの感激を受けたか分からない。私がその後いろいろなことをやって見ようという感激 inspiration を受けたのも、私は斎藤先生から受けたものと信じております。…またあの大著作（筆者注：昭和3年刊行の『斎藤和英大辞典』のこと）ができました時にお祝いの会がありまして偶然でしたが斎藤先生のすぐ隣にすわり、そのとき初めて斎藤先生と言葉を交わしました。先生はこの字引は自分が今までやったことの最後の締めくくりだといったようなことを仰いました。

　それらのことがまた私に一種の激励を与えたというような次第でありまして、私もどうかして字引をやって見たいというような考えも起ってまいりまし

て、そういうものに刺激されて最近大したものではありませんが、斎藤先生の例にならって私も字引を作って見ました（筆者注：昭和14年5月刊行の『英和活用大辞典』初版のこと）」（出所7）

この記述から、勝俣銓吉郎のコロケーション辞書誕生に及ぼした斎藤秀三郎の影響力のすごさがわかる。

第2次世界大戦の勃発によりパーマーが日本を去った後、collocation 研究は、ホーンビーに引き継がれ、その成果は1942年（昭和17年）に日本で *Idiomatic and Syntactic English Dictionary* （ISED）開拓社として辞書の形で出版された。この辞書は、1948年、世界的な販売を意図して、写真撮影により初版と同じまま復刻され、オックスフォード大学出版局から *Advanced Learner's Dictionary* の初版として登場し、その後の英国における EFL 辞書の今日の興隆をもたらした。この意味で日本において最初に出版された ISED は英語を母国語としない学習者のための学習英英辞書の第1号の栄誉をになうものと言ってもよいだろう（出所8）。

しかし、パーマーにコロケーションの存在というインスピレーションを与え、ISED に多大な例文を提供した斎藤が、英語学習辞典の真の源流として国際的に評価されていないのは全くアンフェアと言えよう。

以上の記述から、斎藤秀三郎の idiomology、それに続く南日恒太郎・神田乃部の熟語辞典、勝俣銓吉郎の英和活用辞典、ホーンビーの ISED へと続いていた広い意味での成句 collocation の記述が、ロンドン学派の源流であるファース（J.R.Firth）に影響を与えることによって、世界的にも collocation 研究の源流を形成していることが理解できよう（出所9）。

シンクレア（John Sinclair）は、英国の数億語からなる巨大なコーパス Bank of English の構築を手がけ、また COBUILD project の中心人物で、コーパス言語学の草分け的存在である。

1991年に刊行した彼の著作　*Corpus, Concordance and Collocation* について、Lavid は

"The book reveals new understandings of how English works leading to new descriptions of the language. The two key notions are 'collocation' and the 'idiom principle'. Collocations are the words that are placed or found together in a predictable pattern. ······Here too he proposed his revolutionary 'idiom principle', the tendency towards idiomaticity in language, where words tend to go together and make meanings by their combinations. For him, units of meaning are largely phrasal and phraseology is due to become central in the description of English."

(Julia Lavid, "to the memory of John Sinclair, Professor of Modern English Language") （出所 10）

シンクレアが述べている「慣用原則」idiom principle について説明すると、英語表現は3つに分かれる。

創造的表現 Creative expressions	文法・意味論から生成される Generated by grammar & semantics
変化可能な表現 Variable expressions	慣用原則によって生成される Generated by idiom-principle
固定的表現 Fixed expressions	

　実際の言語の使用においては、文法ルールで自由に生成される「創造的表現」の範囲は意外に小さい。「固定的表現」は、ネイティブにいう idiom で、文字通り固定的で変化できる余地はあまりない。最も大きな部分をしめるのは慣用原則に従いながらも、変化が可能な表現、つまり collocation である。

　このことは、最近の巨大なコンピュータ・コーパスの分析により実証されている。つまり、ネイティブスピーカーは日常の場面においては、文法規則によって新しい文を「創造する」よりも、何千何万という決まり文句を繰り返し使っているか、あるいはその1部を置き換えているかにすぎないことが判明してきたのだ。1億語からなる話し言葉コーパス、British National Corpus（当時）を分析した Rundell も大人の会話の半分以上が「既製の語句」(Ready-made strings of words) の繰り返しにすぎないという同じ結論に達している（出所11）。

以上述べたように、斎藤が熟語といっているものは、ネイティブの言う固定的な表現である idiom ではなく、広く phrase と考えてよい。つまり、斎藤が 100 年前に提唱した Idiomology は今日の Phraseology とほぼ同じものと考えられる（出所 12）。

2. 黎明期の英語

　ペリーが黒船で浦賀に姿を現したのは、1853（嘉永6）年、明治維新の15年前のことである。来日にあたってペリーは、日本に関する400冊以上の文献を読破し、さらに当時母国に帰っていたシーボルトとも頻繁に書簡を交わして、日本人との開国交渉を準備して万全を期していた。では、日本側の米国に対する情報収集体制はどうであったか。

　米国の情報を収集するのに欠かせない英語の習得について言うと、実質的に日本ではじめての英和辞典である『英和対訳袖珍辞書』が編纂されたのが、ペリーが来航した約10年後の1862（文久2）年であるからお粗末きわまりないものであった。また当時最高水準の知識人であった福沢諭吉は、1859（安政6）年日米修好条約で外国人居留地になっていた横浜に見物にでかけた。ところが大坂の緒方洪庵の適塾であれほど苦心して学んだオランダ語がまったく通じないのに強い衝撃を受けた。外国人が話している言葉や外国語の看板に書かれた文字はもっぱら英語で、彼は英語が世界語になっていることに初めて気づく。英語の必要性を痛感した福沢は、英蘭辞書などをたよりに独学で英語の勉強を始めるという有様であった。明治維新まであと10年もなかった。

　開国後は、多くの分野でお雇い外国人が高給で雇用された。文明開化を押し進めるためには必要な政策であった。こうした事情のために、外国語を集中的に修得させることを目的とした学校が必要とされた。そこで設けられたのが外国語学校である。これは、明治6年から7年にかけて文部省令により、東京、大阪、長崎、広島、愛知、宮城、新潟の合計7か所に設けられたが、明治7年には、外国語学校はすべて英語学校と組織を改めた。

　1866（慶応2）年1月2日、斎藤秀三郎は、杜の都仙台で、斎藤永頼の長男として誕生した。永頼は宮城県庁学務課長を務めた謹厳実直な人物、古武士の風格があり何ものにも屈しない秀三郎の強い精神力はこの父親譲りであろう。5歳（1871、明治4年）で辛未館（仙台藩の英語学校）に入学、父からもアルファ

工部大学校表門（国立国会図書館ホームページ
「写真の中の明治・大正」から転載）

ベットを習った。8歳（1874、明治7年）で、宮城英語学校に入学し、米国人 Charles.L.Gould（グールド）により初めてネイティブの英語に接した。斎藤の英語に見られる米国流儀はグールドの影響によるものといわれる。学校で使用した教科書はすべて英語であった。ここで注意すべきは、斎藤は日本人が長らく教育の柱としてきた国漢学の学習をまったく受けていないことである。彼自身、自分の辞書の中で、

 I learned my English **at the expense of** my Japanese. 自国語を犠牲にして英語を学んだ。

と告白している。

 英語学校卒業と同時に上京、東京大学予備門を経て、1880（明治13）年、わずか14歳にして工部大学（現在の東京大学工学部）に入学、純粋化学と造船を専攻した。　予備門では、ハーバード大学で法律を学んだ金子堅太郎に学び、金子の英語を「実に自由なもの、今はあれ程に修行を積む人はいない」と感嘆している。

 大学では化学をダイバースに学ぶが、英語はちょうど入学の年に工部大学に奉職したスコットランド人のディクソン（James Main Dixon）に師事、大

学の教室だけでなく、小石川茗荷谷の私宅にも訪ねて英語の idiom に対する熱い情熱を吹き込まれた。大学の正規の「英語細目」によると、*The Vicar of Wakefield, The Lady of the Lake*, Stopford A. Brooke の英文学、コルリールの英国史、ディクソンの英学必携 *A Handbook of English for the Use of the Students in the Imperial College of Engineering*（1881（明治14）年）などを用いていたことがわかる。当時、斎藤の英語熱は病膏肓に入り、大学図書館の蔵書を読みつくして、さらに『大英百科事典』（全35巻）を2度読んだというから常人のおよぶところではない。また大学では、1875（明治8）年、すでに日本語で英文法を詳細に論じた『語学独案内』を出版し数学を教えていた砲兵中尉でアイルランド人のブリンクリ（Captain F. Brinley）との知遇を得、その交友関係はブリンクリの死まで続いた。1883（明治16）年12月、斎藤は大学卒業間際に放校処分になった。理由は今でも不明だが、斎藤だけが特別に卒業できなかったと思うのは誤りであろう。統計によると、工部大学では、明治18年までに、111名が退校処分を受けている。 第1期生は明治12年に32人入学中23名が卒業、明治13年の第2期生は53人で、その中40名が卒業した。つまり、単位習得が足りなかったり、家庭の事情などで、13名（約25%）が卒業できなかった。それほど当時の工部大学の教育状況は厳しかったのである（たとえば、日常生活では、門限は9時、消灯は10時、喫煙は許されていたが寮に食物や酒を持ち込むことは禁止されていた）。筆者は放校の理由は斎藤が英語イディオムの魅力にすっかり取りつかれてしまい、他の学科がお留守になったためだと考えている。明治12年より工部大学校卒業者が各界でお雇い外国人に代わって活躍し、明治20年代に至って、主だった工業はすべて日本人の手によって運営されるところとなった。実に恐るべきスピードで工部大学校出身者によって日本の工業は自立し、これにより殖産興業が邁進されたと言っても過言ではなかった。斎藤の退校は優秀なエンジニアを失ったが、日本が誇る英学者を得ることになった。14歳で大学に入学したときはチビの斎藤と呼ばれていたが、退校時には当時としては珍しい身長180センチを超す巨人になっていた。

ディクソンは斎藤の英語研究に最も影響を与えた人物であるが、大学在学中

に学んだ『英学必携』は、ディクソンが帝国大学に移り、第 3 版を出したとき、はじめて序文がつけられた。この序文から、斎藤がディクソンにどのように英語を教えられたかを推測できる。序文で重要な点をあげると、
（1）「英文法は杓子定規な規則とは無関係であるが、しかし教養のない人では英語の文章形式を把握することはできない。たとえば、冠詞の誤用等は…無教養にして無学なる心の現われである」
（2）「規則設定の際の私の目標は常に日常一般英語の文語と口語の慣用を組織化することにあった」
（1）では、斎藤文法の規範性の強さ、（2）では、斎藤が一生を捧げた組織慣用語法学を暗示するものである。
　ディクソンが、帝国大学時代に著したものの中に次のようなものがある。

1886（明治 19）年　　*English Lessons for Japanese Students*

　冠詞、助動詞、疑問文、条件文、間接話法など日本人学生が困難のところを書いたもので、特に本文 143 頁中、前置詞に 40 頁以上のスペースをさいていることで、後年の Saito Lessons の原型を見るようであり、斎藤の前置詞研究の重みを考えると実に興味深い。

1887（明治 20）年　　*Dictionary of Idiomatic English Phrases Specially Designed for the Use of Japanese Students*

　日本の学生に収集させたイディオムをもとに編纂された辞書で、慣用句を P (Good Prose), C (Conversational), F (Familiar), S (Slang) に 4 区分した特色のあるもので、後年、外国でも出版され、ディクソンのイディオム辞典として好評であった。またこの熟語辞典は斎藤の『熟語本位英和中辞典』出版の原動力にもなった。

　『英語青年』（明治 39 年 6 月号）は「読書の栞」の中で、「語数は Kwong の方は 5,000 にして Dixon の方は 3,000 余なり。両書共 example が豊富なれど、

Kwong の方は卑近して Kwong 自身の作りしもの多けれど、Dixon の例は多くの名家の作より採りたるものなれば高等の英学生にあらずば解し難き点多し」と述べて、ディクソンの熟語辞典は相当レベルが高いと言っている。

　芥川龍之介は大学卒業の翌年に、ある書簡で「この頃はディクソンの字引きを読んでいるが割に面白い。どうもいい加減な小説より遥かに字引きを読むほうが面白いようだ。」と述べている。東京帝大英文科卒業の芥川の語学力をもってしてはじめて、この辞典の本当の真価を理解できたのであろう。一般学生がこの辞書を十分使いこなせたとは思いにくい。

　1889(明治 22)年に *English Composition* (Hakubunsha Series の第 1 巻)を発刊。

　構成は、
1. 名詞、代名詞、形容詞、動詞の不規則な点や特殊用法
2. 文章の要素
3. 文章構成の練習
4. 条件文、間接話法
5. 句読法
6. 文章雑筆
7. 悪文の修正

の 7 編からなり、しめて 300 頁。That fool of a Tom, my idiot of a servant の of の特殊用法、He is my friend と He is a friend of mine の相違の文法的説明、Conversational Style における不定詞 to 止め（Mark caught the words he was not intended to.）など当時の学校文法のレベルを超えるものであった。帝大でディクソンに英語を習った夏目漱石は本書を絶賛して他人にも読むよう推奨している。本書には、各編の終りにたくさんの練習問題がつけられ、これも後年の斎藤のレッスン物の原型をみるようである。このことからも、斎藤は工部大学を去った後も次々に出版されたディクソンの著作を熱心に研究したのは明らかと思われる。

　また 25 歳年上のアイルランド出身のキャプテイン・フランシス・ブリンク

リ（Francis Brinkley）は、大の親日家で、日本人を妻にむかえ、漢字も読めるほど日本語に精通していた。明治9年、海軍兵学校教官時代に日本語で英文法を詳細に論じた『語学独案内』を刊行しているが、明示的かつ意識的に論述したかどうかは別として、英語を日本語に訳すに際して、現在完了を「経験」的に訳出したり、受動態や時制の一致、無生物主語の訳出法など、斎藤の業績といわれるものが先取り的に記述されている。また、斎藤とブリンクリの関係から斎藤は当然『語学独案内』を読んでいたと思われる。しかし不思議なのは、『語学独案内』でくどいほど説明されている無生物主語の訳出法が、斎藤の『実用英文典』で全く記述されず、*Advanced English Lessons* とその簡約本である *Higher English Lessons* からはじめて扱われている点である。斎藤は第一高等学校に赴任するまで、地方の中学では文法と英作文を担当し、日本語と英語との比較対照の視点が明確に意識されるようになったのは、『実用英文典』を発表し、正則英語学校で英語教育のシステム化の必要性に気付いた時からではなかったろうか。

　当時、交通の便がそれほどよくなかった地方にいた時代の斎藤はブリンクリとの直接の接触はあまりなく、上京して『実用英文典』出版以降、両者は急速に親交を深めたのではないか。そしてブリンクリがすでに気付いていた日英語の比較における問題点を教授された可能性も考えられる。しかしながら、示唆された事項を自らの著作の中で意識的かつ整然と記載することによって世間にに公表、認識・普及させた功績は斎藤に帰すべきであろう。斎藤は25歳も年上で新聞社の主筆として国際舞台でも日本擁護の立場をとっていたブリンクリを友人としてよりも父親に近い感情で接しまた英語に関する informant（情報提供者）としていたのではなかろうか。

3. 遍歴時代：明治 16 〜 20 年

　工部大学を放校させられた斎藤は、東京谷中初音町で生活のため、1884（明治 17）年 12 月『スウィントン氏英語学新式直訳』GUIDE TO SWINTON'S NEW LANGUAGE LESSONS を翻訳出版したが、斎藤はこの文典を見て「英語はこうやってやらなければいけない」と言ったと言う。豊田実は『日本英学史の研究』の中で「文法用語の訳においても、当時およびその後のものともかなり異なっているようであるが、ともかく Grammar を science と定義した文法書を斎藤氏が訳されたことは、同氏のその後の学風から顧みても有意義であったと思う」（253 頁）とのべ、大村喜吉は「おそらく斎藤秀三郎は外国語学習における

斎藤秀三郎の写真が掲載された
月刊誌「名著サプリメント」
（名著普及会）1990 年 1 月号の表紙

Grammatical Approach に 1 つのヒントを得たのであろう」（『英語青年』第 98 巻第 8 号　17 頁）と述べている。同書訳者の奥付の住所は仙台になっており、秋には東京から仙台に帰っていたようだ。

　斎藤の塾や学校に対する情熱はなみなみならないものがあり、帰省すると自宅に英語塾を開いた。この時の一番弟子が伝法（つのり）久太郎であった。斎藤の教授法がどうであったかは、石川正通によると、「伝法氏が始めて英語を習いにきた。15 歳の弟子がスイントンの万国史を読んでいると聞いて、それを訳させる。『歴史は一般の意義において人類の…』と言い終わらないうちに『馬鹿！何だその訳は。駄目々々。明日からナショナルの第 2 リードルを持って来い』」（『英語青年』第 62 巻第 9 号 25 頁）　斎藤がなぜ訳してすぐに弟子にダメ

出しをしたのかは重要な内容を含んでいるように思える。筆者の推測では、弟子が当時一般的であった下から返って訳す変則流で、斎藤の頭から訳し下していく正則流＝直読直解法ではなかったので、初歩から直読直解法で教え直そうとしたように思われる。翌1885（明治18）年には仙台北方の古川英語学校で教えたが、喧嘩別れとなり、再び仙台市国分町に仙台英語学校を設けた。この時の弟子に土井晩翠がいる。

　1887（明治20）年9月には宮城尋常中学校講師、翌年9月には、第二高等学校助教授に就任した。11月に前島美孝長女「とら」と結婚したが、12月には、英語の主任教授であったハーレルと衝突して早くも辞任した。理由はハーレルが、ポープ（Pope）の『人間論』（Essay on Man）を教授する斎藤に異論を唱えたのに対して「米国人には難しくて解らぬかも知れないが、日本人には解る」と言って譲らなかったためといわれる。同月に岐阜中学校教諭に就任した。

　岐阜における斎藤は勉強の化身であった。ドイツ語、フランス語、ラテン語、ギリシャ語、中世英語の下地をつけた。ラテン語の文法の表を新聞紙に墨で大書し壁や天井に貼りつけて寝る時も目を離さず暗誦したという。この時代、濃尾大地震に遭遇、終生徹底的な地震嫌いにした。1892（明治25）年、長崎鎮西学院、愛知県尋常中学校をへて、1893（明治26）年8月、第一高等学校講師、翌94年1月には教授に昇任した。明治26年10月には実質的な処女作となる ***English Conversation Grammar*** 『英会話文法』を出版している。スウィントン英文典は後年の斎藤の多くの文法書と直接関係ないものであったが、本書は岐阜中学時代生徒に何度も試みて練り上げてあった原稿を下敷きにできたもので、斎藤文法の原型、すなわち、日本の学校文法の誕生を意味するものであった。序文に、"... enable the beginner to...write it with **grammatical correctness and idiomatic propriety**" と「文法的正確さ」「慣用語法に適った」とあり、記述内容としては① complement という文法用語の使用、現在完了の「経験」を表わす用法の説明、不定代名詞 some と any、one と it の用法の相違の説明などですでに学校文法の一端が姿をみせており、同時に練習問題の大量設定が特徴である。後の斎藤の教科書すべてが採用している「原文（本書では会話）- 文法―練習」

の 3 段階教授組織がすでに始まっていることにも着目したい。英学の師ディクソンの校閲を受けており、本書の出版は非常な大成功で、1926（昭和元）年には 105 版に達するほどロングセラーとして広く読まれた。また同時にそれからの斎藤の文法書の発行元となった興文社（日本橋馬喰町）の社長鹿島長次郎との出会いもこの本からで、斎藤に大いなる幸運をもたらした。

4. 正則英語学校の創立と組織英語学の樹立
　　── 1887（明治 20）～ 1912（明治 45 年）

　英学者磯部弥一郎（1861・文久元年― 1931・昭和 6 年）は 1888（明治 21）年に神田錦町に国民英学会を創設し大規模な教育事業に従事していた。斎藤は第一高等学校教授任官以来、磯部の要請で毎週 1 日 2 時間英文学を講義していた。この時の教え子に英語学習参考書の先駆者となる南日恒太郎がいた。1896（明治 29）年 3 月、伝法久太郎が愛知県第一中学校に赴任の途中、東京の本郷西片町の斎藤を訪問すると、斎藤は、「おれは学校創立のことを考えている。興文社社長の鹿島長次郎氏に出資の交渉をしてもらいたい。地所も錦町辺にあるだろう。教師はおれと学習院の村田祐治氏と、蜂屋可秀氏とお前だ。校名は、斎藤が本当の英語、すなわち、Reading で直ぐ意味がわかるように教えたい」ということで正則英語学校と決まった。当時、国民英学会は隆盛を極めていたので、世間では正則の存続の危うさや無謀を唱える者も多かった。さらに、近所に学校を出された磯部は斎藤を終生の敵とすることになった。校舎も完成し、10 月 16 日に開校したが、斎藤校主弱冠 30 歳、集まった生徒は 20 名足らず、教師は月給の不足に不満たらたら、村田氏は無給、蜂屋氏は他に出稼ぎ、伝法氏は名古屋中学に都落ち、校内はガス・電灯などなく、旧式のランプで間に合わすという惨状であった。

創設当初の正則英語学校の校舎（正則学園ホームページより）

斎藤は 1897（明治 31）年、一高教授を辞して講師となり、翌明治 32 年 6 月から名著 **Practical English Grammar**（実用英文典）4 巻シリーズの出版を開始、1898（明治 31）年には一高講師をまったく辞任して、正則に全力を傾注するに従い、斎藤の名講義が評判を呼び、次第に隆盛となった。1899（明治 32）年 4 月には、生徒数 3,000 を越え、同種学校の羨望の的になった。講師にも、上田敏、戸川秋骨、米国人イーストレーキ、青山学院の和田正幾、学習院の飯塚陽平など精鋭が揃ってきた。1900（明治 33）年春には、3 階建て 600 坪の木造校舎を建てたが、2～3 ヶ月たらずで火災で全焼、直ちに以前を上回る大校舎を建設して世間を驚かした。

斎藤は 1896（明治 29）年 10 月から 1912（大正元）年の前後 17 年間、著書を出さない年はなく、実に約 200 巻を世に送り出したが、この間も 1 週間 50～60 時間の講義を欠かさないという超人的エネルギーを発揮した。

斎藤 32 歳の 1897(明治 31)年 6 月から刊行された **Practical English Grammar**『実用英文典』4 巻（1,092p）は処女作の **English Conversation Grammar** 『英会話文法』を発展延長したもので、その後のわが国英学界にもっとも深く浸透した文法書であり、わが国の学校文法の究極的根拠となった。

本書の内容は当時全盛であったネスフィールド英文典のレベルを越えるものであり、ハーバード大学で教科書として採用されたこともある。福沢諭吉が横浜でチンプンカンプンの英語にショックを受けてから、日本から英語の母国へ英文法書が逆輸出されるまで僅か 40 年、これはなんと凄いことではなかろうか。

1900（明治 33）年 3 月、『実用英文典』の簡約本である **Text-Book of English Grammar 2 巻** が刊行された。同書は前置詞の扱いも簡潔で実用英文典より首尾一貫してよくまとまっている。本書は 34 年後、斎藤の晩年の高弟松田福松等によって、1934（昭和 9）年、斎藤秀三郎三周忌記念出版の一部として、正則英語学校出版部より『新標準英文典』（669 頁）という書名で翻訳出版されている。

1901（明治 34）年から翌年にかけて、斎藤の文法書では最も高度で精緻をきわめた **Advanced English Lessons 7 巻**（1,051p）が刊行された。同書の序文

は重要で、『熟語本位英和中辞典』の序文とともに、斎藤の英語研究の考え方（Idiomology）を最も明瞭に表明したものである。1902（明治35）年には正則予備校が併設された。

The Preface to "*Advanced English Lessons*"

What is the best way to learn English----is a question very often asked; and the answer usually given is---Practice, practice, practice. It is an advice that gives but cold comfort to the enthusiastic student of English. Practice is all very well, if one only knew how to go about it; but that's the question.

Practice is indispensable in acquiring any art; that goes without saying. But there must be some principle to guide and regulate the practice. Mere practice without principle may do for the simpler arts, as, for instance, cooking or sewing. But English to us is a foreign language. Practice without principle males the English of the hotel-boy and the guide-boy. We are not going to be a nation of guide-boys. The Japanese student is ambitious of something more than a smattering knowledge of the English language.

Reading is another method, if method it be, which is advocated by the majority of teachers. If we have no opportunities of speaking with living men, we must have recourse to reading. Reading will make a scholar; but reading alone will not make a linguist. Witness the multitude of English readers in our country; they read the language of angels and talk the language of parrots. There is danger of our becoming a nation of smatters.

Indeed there are some few English scholars, who seem to have made themselves such solely by practice. But they are without an exception men who have had rare chances. They have either lived abroad from their childhood upward, or mixed among English-speaking people most of their time. They have learned English in a natural way, just as one learns one's mother-tongue. They have consciously or unconsciously devoted the best part of their lives to the acquirement of English.

Few men can hope to enjoy such advantages. We live in busy times; we have got many things to learn besides English. It is not everybody that can afford to go abroad with the sole object of learning English, and that in a way that leaves very much to be desired.

However, we are not altogether left to chance in the matter of language study. The study of English is reducible to system. It must be borne in mind that English is with us not only a linguistic, but also a classical, study. Fluency in speaking is not the one thing that the Japanese student aims at in studying English. He must be able to read and construe as well as speak. And for the purpose of reading and construing the knowledge of facts and principles is of far greater value than a glib familiarity with baby English. The age of deciphering is past; the age of conviction is come. If English is to be studied at all, it ought to be studied as a science. And it is well worthy to be made a scientific study of. I have always thought it strange that, while some men have devoted their lives to the collection and classification of plants and insects, and gained honors thereby, no attempt should have been made at systematizing the study of a language which is pursued with such laudable zeal and enthusiasm. If the study of flowers and butterflies is interesting, the study of the efflorescence of human thought ought to be one of supreme interest. If there is such a thing as a science of sound, there surely ought to be a science of sense.

It is true there is English Grammar; but, as it is generally taught and studied, it is nothing more a set of rules dealing with mere form without matter, and is justly condemned as being rather a hindrance than a help to the acquirement of the living language. No grammar, rhetoric, or lexicon in existence treats of the living physiology of the language, the multifarious functions of each individual word, the nice distinctions and delicate shades of meaning peculiar to each word and phrase, the spirit and genius of English idiom. It is no sufficient explanation to say that an expression is idiomatic. Idiom is a growth, and all growth is subject to natural law. Some idioms have arisen from a tendency to brevity, others from considerations of emphasis, and still others from the necessity of distinction. The study of the formation of idiom reveals that language, as it is, has not been formed at random, but that the expression of human thought is governed by laws of economy no less rigid than those which regulate the material world.

In short, I consider a Scientific Study of the English Language not an impossibility; and the present work is an attempt to break ground, as it were, on the subject. Written in haste, it must necessarily leave room for improvement; but the needs of the times urge me to send it out into the world with all its imperfections on its head.

The plan of the series will be found on the following page.

H.Saito
The Seisoku Eigo Gakko. July, 1901

（筆者訳）
英文法精義序文

英語習得の最良の方法はなにか、とはよく訊かれる質問である、たいてい答えは練習・練習・また練習である。こんな助言は英語を熱心に勉強しようとしている者にはただの慰めのための慰めを与えるものでしかない。練習、おおいに結構、だがそれもやり方を知っている人の場合だけに限られる、だから、それが問題なのだ。

練習がどんな技術の習得にも必須であることは言うまでもない。だが、その練習を指導し調整する何か原則があるにちがいない。原則なしの単なる練習はごく単純な技術、たとえば、料理や裁縫には間に合うだろう。でも、英語は私たちには外国語なのだ。原則なしの練習では、ホテルやガイドの英語になってしまう。わが国はガイドの国になろうとしているのではない。日本の学生は英語に生かじりの知識以上のものを熱望している。

リーディングという別の方法がある。それが方法だとしてだが。リーディングは大部分の教師に支持されている。生身の人間と話す機会がないのなら、リーディングという手段を用いなければならない。リーディングでは学者はできるが、それだけでは言語学者はできない。わが国における英語を読む人たちの多

くをご覧なさい。彼らは天使のような言葉を読むが、オウムのようにしか喋れない。われわれは生半可な知識しかもたない国民になる危険があるのだ。

　確かに少ないけれど英語学者といえる人々がいる。かれらは練習によってだけでそうなったように見える。だが、例外なしにそういう人たちは稀有な機会に恵まれている。子供の頃から海外で生活していたとか、大部分の時間を英語を話す人々と交際したとかである。こうした人々は自然なやり方で英語を学んだ経験を持つ。ちょうど、母国語を身につけるようにである。彼らは意識しようがしまいが英語の習得に人生の大部分を捧げてきている。そのような便宜を享受できることを望める人はほとんどいない。われわれは多忙な時代に生きている。英語の他にも学ぶべきたくさんのことがある。誰もが英語を学ぶという目的だけで海外に行く余裕などなく、その点、まだはなはだ不完全な状態にある。

　しかし、われわれには言語学習の点でまったくチャンスが残されていないわけではない。英語の学習はシステムに還元できる。英語には言語学的のみならず古典的学習が伴うことを心にとめなければならない。流暢にしゃべることが日本の学生が英語学習で目的としている唯一のことではない。日本の学生は会話と同様に読んで解釈ができなければならない。そして、読んで解釈する目的のためには、事実と原則の知識が、赤ちゃん英語でペラペラと親しくなるより、はるかに大きな価値がある。解釈の時代は過去のものとなり、説得の時代が到来した。いやしくも英語を学ぶなら、科学として研究されねばならない。そして英語は科学的に研究される価値が十分あるのだ。私は常々不思議に思っていることがある。植物や昆虫の蒐集や分類に生涯を捧げそれで勲章をもらう人がいる一方で、そうした称賛に値する熱意と意気込みで、追及される言語の学習をシステム化しようとする試みがなされてきてしかるべきであった。花や蝶の研究が興味深いなら、人間の思想の開花の研究もこの上ない興味のひとつになってしかるべきである。音の科学というようなものがあるなら、**意味の科学**というものがきっとあっていいはずである。

　なるほど英文法なるものはある。だがそれは一般に教えられ研究されているように、内容をともなわない単なる形態を扱った一連のルール以上のものでは

ない。そして生きた言語の習得を助けるというより障害物になっているとして正当に非難されている。既存の文法、修辞学、用語集は、言語の活きた生理、個々の単語の多種多様な機能、個々の単語や句に特有の微妙な差異や繊細な意味合い、英語のイディオムの精神と特質といったものは一切扱っていない。表現がイディオマチックであるということを言っても決して十分な表現ではない。イディオムは成長そのものだ。そして成長はすべて自然の法則に支配されている。イディオムによっては、簡潔さの傾向から生じたものもあり、強調を考慮して生まれたものもあり、さらには、区別の必要から生まれたものさえある。イディオム形成の研究によると、言語は、実際は行き当たりばったりには形成されてはこなかったが、人間の思想の表現は物質界を制御するより柔軟性のある経済の法則に支配されていることが明らかにされている。

　要するに、私は英語という言語を科学的に研究することは不可能なことではないと思っており、今回の著作はいわばそのテーマに突破口を開こうという試みである。執筆を急いだため、改善の余地はきっとあるが、時代の要請によって不完全なまま世に送り出すこととした。

明治 34 年 7 月
第一高等学校　斎藤秀三郎

　同書の中ではじめて、斎藤英文法体系が発表された。

```
SAITO'S ADVANCED ENGLISH LESSONS （斎藤英文法体系）
            (Grammar and Idioms)
  1. The Articles  （冠詞）
  2. Nouns  （名詞）
  3. Pronouns and Pronominal Element  （代名詞・代名詞的要素）
  4. Adjectives and Adverbs  （形容詞・副詞）
  5. Uses of Verbs  （動詞の用法）
  6. Classes of Verbs  （動詞の分類）
```

> 7. Auxiliary Verbs（助動詞）
> 8. Mood and Tense （法と時制）
> 9. Infinitives, Participles, and Gerunds（不定詞・分詞・動名詞）
> 10. Meanings of Prepositions （前置詞の意味）
> 11. Uses of Prepositions （前置詞の用法）
> 12. Words governing Prepositions （語を支配する前置詞）
> 13. Adverbial Uses of Prepositions （前置詞の副詞的用法）
> 14. Conjunctions and Structure of Sentences （接続詞と文構造）

（このうち、実際に完成したのは 1、5、6（2 巻）、7,8,9 の 7 巻だけであった）

翌年刊行された *Higher English Lessons*（510 頁）は、*Advanced English Lessons* の出版後すぐに執筆されたもので、その簡約版ともいうべきものであるが、*Advanced English Lessons* では未完となった名詞と代名詞が解説されており、しかも内容は *Practical English Grammar* より詳しい。戦後出版された松田福松『斎藤英文法シリーズ』全 10 巻のうち、7 巻が本書を底本にしているほどである。

1904（明治 37）年、斎藤は東京帝国大学文科大学に出講する。7 月には *Monograph on Prepositions*（前置詞大完）の刊行が始まり、1906（明治 39）年まで全 13 巻となって完成する。

斎藤文法は、一大体系をなすほど広い分野をカバーしているが、斎藤がもっとも得意としたのは、動詞と前置詞であり、特に前置詞の研究については他に類を見ないほど精緻・稠密なことは、『熟語本位英和中辞典』に記載の TO が 13 ページ、WITH が 12 ページと、現行の英和大辞典も遠く及ばぬことを見ても如実にわかる。

斎藤自身言う。

「動詞と前置詞の 2 つだけの研究に 10 数年をついやしてきた。英語は楽なものだと言う人もいるが私にはそう思えぬ、英語は実に理解の困難なものだと思っている。」（出所 1）

「英文を構成する上に重要なものの1つに前置詞がある。前置詞研究はほとんど英語全体に渡っていく。前置詞そのものはたいしたものでないが、その前後にくるものがみな大切なものである。」（出所2）

1932（昭和7）年本書が合本となって記念出版されたとき、清水護はこう述べている。

「取り扱われた前置詞の主なものは、AT, BY, FOR, FROM, IN, OF, ON, TO, WITHでこれだけでも1、119ページにおよぶ。だいたいの方法を見ると、はじめにそれぞれの前置詞の本来の意味・性質を説明したあと、その働きを大別し、次に各々の項目についてさらに分類して代表的例文をあげ、これと類似あるいは派生したと見られる combinations を exhaustive に列挙し、variation による意味の変化をも吟味している。論旨を進める際に、できるだけ意味・形の連絡をとることに努めてあり、分類の点についても非常な苦心がうかがえる。……ほとんど無制限と思われる前置詞の用法をかくまでも整理された絶大の功績に対して我々は驚嘆と感謝を禁じえないものである。」（出所3）

1932年（昭和7年）、斎藤は3年前に他界していたが、米国コロンビア大学のスエンソン教授は、本書のうち12冊を入手し、感激のあまり斎藤にあてて次のような手紙を送ってきた。

Dear Prof. Saito:

Some years ago I acquired 12 of your monograph on prepositions.

I have developed a keen appreciation for these, and the quality of research which went into the making of them. For this reason, I am interested in knowing what other publications you have issued and what materials you recommend for purposes of instruction in English.（出所4）

（筆者訳）
　　数年前、私は貴殿の『前置詞大完』のうち12冊を入手いたしました。
　　私はこれらの著作とこれを完成された調査の質の高さに強い感謝の念を禁じえませんでした。つきましては、貴殿の他の出版物と英語教授に当たっ

て貴殿が推奨される資料をご教示いただけたら幸いです。

英語を母国語としそれを教授する立場の人が、このような書簡を送ってきたことに、斎藤のただならぬ英語力のすごさに驚嘆するばかりである。斎藤の著作は米国ハーバード大学でも使われたので、その国際的水準の高さを伺い知ることができる。

カウイー著『学習英英辞書の歴史』（研究社）によれば、今日すばらしい発展をみせている学習英英辞書編纂の先駆者、英国人ホーンビーの蔵書には、彼の書き込みのある『斎藤前置詞大完』があり氏の著作におおいに活用されたことが実証されている。（出所5）

『前置詞大完』のように英語前置詞をこれほど精緻・詳細に論じた書籍は今でもない。本書の例文の大部分は『熟語本位英和中辞典』に訳出されているが、辞書の形態をとっているため、『中辞典』だけでは英語前置詞の体系的学習・研究には向いていない。また中辞典の前置詞の説明は詳細を極めているが、同書のように体系的・網羅的でないし、類似した他の表現との比較研究の説明などを求めることはできない。

同書では前置詞が異なっても意味の近いものは「比較」として相互参照できる工夫がなされ、各前置詞の相互間の関係が明らかにされている。

1905（明治38）年から1909（明治42）年にわたって **Class-Books of English Idiomology　10巻**（1,793p）の刊行が開始する。各巻の内容は従来のものと特別変わった点はないが、Idiomologyという造語を書名にして、イディオム研究の解説に重点をおいており、いままで見られなかった新しいイディオムも相当入っている。名著普及会の復刻本では、書名は『斎藤英語慣用語法学研究』で、「動詞篇」と「前置詞篇」の2冊に分冊されている。当初の構想では、

Class-Books of English Idiomology　―A Complete Course in the Study of English Idiom

1. The Articles
2. Nouns

3. Pronominal Elements
4. Finite Verbs ●
5. Infinite Verbs ●
6. Verbal Construction ●
7. Elementary Verbs
8. Adjectives and Adverbs
9. Prepositions (a)　(b)　(c) ●
10. Conjunctions
11. Uses of Preposition and Conjunctions
12. "In" "On" "At" ●
13. Nouns: Synonym Study
14. Studies in English Verbs　I、II、III ●
15. Adjectives: Synonym Study

このうち、●のついている 10 巻だけが刊行され他は未完に終わった。

　11.Uses of Preposition and Conjunctions は、後続の New Higher English Lessons に発展し、14. Studies in English Verbs は、斎藤の文法書では最後となった、Studies In English Radical Verbs に拡大されていったが、この書も未完で終わったので、そこに含まれなかった、carry, put, run, send, sit, stand, strike, take, throw, turn, wear の 12 語が記載されている点は注目される。また 12 "In" "On" "At" の 3 つの前置詞だけが 1 冊になっているのは、後年の『正則英語学校講義録・専攻科前置詞』にあるように、前置詞の 3 大将として最も重視しているからで、斎藤の他書にくらべ例文も練習問題も格段に多い。

　1906（明治 39）年から翌年にかけ、**Studies in English Idioms** 9 巻　(1,298p) が刊行された。名著普及会の書名は『**斎藤英語慣用語法学例文集成**』で、例文は当時の学生になじみの深い作品からとられ、斎藤のそれまでの文法書の練習問題（和文英訳）の解答にあたる英文も多い。したがって、斎藤文法の基本パターン、原文―模範例文―練習問題（和文英訳）のうち、練習問題のプロセスが省いてある。

　復刻本の解題で出来成訓氏は「斎藤先生は集められた英語表現のすべてを『中辞典』に記載されたわけではなかったのである。また、『中辞典』には句の形

でしか記載されていないが、是非とも文の形で取り上げたいと思われる例文、『中辞典』の例文と取り替えたいと思われる例文に出会うことも稀ではない」(同書、1306頁)と本書の有用性を述べておられる。

とりあげられた例文数は、以下のように重複を除いて 12,000 にのぼる。

No.1		The Articles	840
No.3		Pronouns and Pronominal Elements	1,046
No 4	(a)	Verbs Part First	967
	(b)	Verbs Part Second	661
	(c)	Verbs Part Third	1,857
No.7	(a)	Prepositions Part First	1,387
	(b)	Prepositions Part Second	1,662
	(c)	Prepositions Part Third	3,336
		Miscellaneous	1,824
			14,657 (重複除くと約 12,000)

1907 (明治 40) 年、**New Higher English Lessons** 5 巻 (1,236p) は、シリーズとしては未完だが、前置詞だけみると完成品である。***Monograph on Prepositions*** (前置詞大完) が前置詞別の詳論であるのに対して、同書は意味から各種前置詞を解説しており、『実用英文典』の前置詞の部分の充実拡大したものと考えられる。

1909 (明治 42) 年 10 月、斎藤英文法シリーズとしては最後の大著である ***Studies in Radical English Verbs*** 『基本動詞大典』8 巻 (1,211p) が明治 44 年にわたって刊行された。***Class-Books of English Idiomology*** の中の Studies in English Verbs を拡大発展したもので、動詞でも特に重要な基本動詞に着目し詳細な研究をおこなった先駆的作品である。残念ながら、本書の記述も Pay までで未完に終わっている。その理由は、第 7 巻から、出版社が斎藤の著作を永年出してきた興文社から日英社に変わっていることから伺えるように、大正元年 11 月から着手した『正則英語学校講義録』(5,610p) の経済的失敗で斎藤が逼迫した状況に追い込まれたからである。

5. 斎藤組織慣用語法学の著作群

斎藤の主要著作には辞書を除いて次のようなものがある。pは頁数を表す。
1. **English Conversation Grammar.**（英会話文法） 1893/10（明26） 286p
2. **Practical English Grammar.** （実用英文典） 1898/10-99/10（明31-32） 1,092p
3. **Advanced English Lessons.** （英文法精義）1901/7-1902/8（明34-35）1,051p
4. **Higher English Lessons.** （英文法詳解） 1902/9-1903/9（明35-36） 610p
5. **Monograph on Prepositions.** 1904/7-1906/2（明37-39） （前置詞大完） 1,310p
6. **Class-Books of English Idiomology.** （英語慣用語法学研究：動詞篇・前置詞篇 ）動詞編 1905-1909/9（明38-42） 前置詞篇 1907/5-1909/9（明40-42） 1,793p
7. **Studies in English Idioms.** （英語慣用語法学例文集成） 1906/3-1907/4（明39-40） 1,298p
8. **New Higher English Lessons.**（英文法新詳解：前置詞篇） 1908/7-1909/8（明41-42） 1,236p
9. **Studies in Radical English Verbs.** （基本動詞大典）1909/10-1911/8（明42-44） 1,211p
10. 正則英語学校講義録　1912/11-1913/8（大元―2） 5,610p

次の表は、各著作がどのように各品詞をカバーしているかを＊で示したものである。
（英会話文法と正則英語学校講義録は、品詞別記述ではないので分析の対象からはずしてある）

	2 実用英文典	3 英文法精義	4 英文法詳解	5 前置詞大完	6 英語慣用語法学研究	7 英語慣用語法学例文集成	8 英文法新詳解	9 基本動詞大典
冠詞	*	*	*			*		
名詞	*		*					
代名詞	*		*			*		
形容詞	*							
副詞	*							
動詞	*	*	*		*	*		*
助動詞	*	*	*		*			
法と時制	*	*	*		*			
准動詞	*	*	*		*			
前置詞	*			*	*	*	*	
接続詞	*							

41

この表を見ると一目瞭然だが、早期には品詞のカバー率は広いが、後期になると動詞と前置詞に集中しており、名詞・形容詞などが手薄になっている。
　斎藤自身も次のように述べている。
　「この頃私の辞書（筆者注：『熟語本位 英和中辞典』のこと）が盛んに広告されているが、あれは本屋の手段で実はつまらぬもの、ほんの輪郭を描いたにすぎない。実際、英語は範囲が広い、私はまだほんのわずかを研究しただけと思っている。僕の専門はもと engineer である。よく、Having no other resource, I took to teaching English.（他に飯の食いようがなくて英語の先生になった）ということを自分の著書に書いているが、それは本当のことです。だが、元来、英語が好きで小説などたくさん読んでいたから、自分では相当わかっていると思っていたが、いよいよ教える段になったらサッパリわかっていない。翻然悟って改めて研究するようになったのは、正則英語学校を建てて新たに研究に着手した時からで、…その研究は一語一語片っ端からやっていかなければならないと思った。
　私の学校の人々が『Article（冠詞）と助動詞の教授ほど面白いものはない』と言っているが、私もそう思う。次には <u>Verb と Preposition で、この動詞と前置詞の2つだけの研究に十幾年かを費やしてきた</u>」（下線は筆者による）

　斎藤の全著作群に共通する点がある。それは記述形式が次の3段階構成になっていることである。

　　1.ORIGINAL SENTENCES　　原文（引用した著者の名称の記載がある場合が多い）
　　　　　↓
　　2.TYPICAL EXPRESSIONS　模範文（成句の類似・異同、文法上の注意がある）
　　　　　↓
　　3.TRANSLATION EXERCISE　日英翻訳　（第2段階を熟読・暗記すれば作文可能なものがほとんど）

後述する勝俣銓吉郎の『英作文と英文図解』4. 英作文と作文眼 にあるように、「英作文の素地を養うべき読書の際、意味を解釈し、その中から英作文の材料に適した word combination を抜粋して、これを暗記するようにすることである。英作文の方から言うと、漠然と訳読をしたのが一番効果が薄く、また全部を鵜呑みに暗誦するのは労力の割合には利益が少なく、適当な句を抜粋して記憶するのは、全部暗誦にくらべて労少なく、しかも効力が著しい。これが一番経済的なやり方である」（下線は筆者による）

　斎藤の3段階方式は、勝俣の主張とぴったり一致している。

　トロヤの発掘で有名なハインリッヒ・シュリーマンは短期間で十数カ国語をマスターした語学の天才であるが、ギリシャ語の習得について述べている。

　「私の見解では、ギリシャ語文法の基礎的知識はただ実地によってのみ、すなわち古典散文を注意して読むこと、そのうちから範例を暗記することによってのみ、わがものとすることができるのである。私はこの最も簡単な方法によったために、古代ギリシャ語をまるで現行語のようにおぼえた。こうして実際に私はそれをまったくりゅうちょうに書き、またどのような題目についてもやすやすと話し、またいつまでもこの言葉を忘れることはない。私はそれが文法書に記入してあるか、否かは知らないにしても、どのような文法の規則も知っている。そしてだれかが私のギリシャ語の文章の誤りを発見するとしても、私はいつでもその表現方法が正確である証拠を、私が使った言い回しの出所を、古典作家から人に暗誦してみせることによって、しめすことができると思う」（出所1）

　このように、言語学者でないが多くの言語を魔法のようにわがものとしたシュリーマンの方法も、原文→模範例文の抽出と暗記→ターゲット言語で書く・話す練習という全く同じ3段階方式であることがわかる。

　斎藤が生涯の全著作でこの方式を一貫して変えなかったことにもっと注意を払うべきだと思う。

6. 全盛期の正則英語学校

　全盛期の正則英語学校の講義の様子をのぞいてみよう。
　「午前 8 時前後になると神田橋から小川町一ツ橋通りにかけて路上は学生の往来でにわかに活気を呈してくる。優に 6,000 の生徒がかよう正則英語学校は実にこの大潮流の大半を飲み込んでいるのである。木造ながら 3 階の大建物で「正則英語学校」と題した表示の下をくぐると右手に各級の時間割が掲示してある。
　自分は正則英語学校の午前の部の授業を参観することを許されたのである。
　玄関を入って左が教員室である。センチュリーやウェブスターの大辞典がたてかけてある。英字新聞が散らかっている大机をかこんで 5 ～ 6 人が椅子にすわっている。奥をみると、こじんまりした部屋があり、高く書物を積んだ丸机に座ってしきりにペンを走らせている人物こそ校長斎藤秀三郎氏であろう。氏が 10 分の休憩時間も読書・著作に費やしているのをみて、これが日常の習慣だと聞いた。
　ベルが鳴って普通受験科を担当する、一高の村田教授が Goldsmith の "The Good- natural man" を講義中である。"‥‥ Yes, madam; and though I am so unhappy as to have fallen under your displeasure ‥‥"「えーさようです令嬢、して私はなるほど、不幸にして貴女のご不興を受けましたものの…」とスラスラとよどみなく訳される（筆者注：村田氏の講義が「直読直解方式」で訳されているのに注目したい）

村田祐治

　予科の教室では、佐川春水氏がナショナル第 3 読本を読解中である。
　"The boys say that I can't and that I need not try," said Tommy, as he rubbed his tearful eyes."

「The boys say that‥‥ I can't‥‥ というように that を前につけて息を切ってはいけません。そんなザット（that）した読み方ではだめだ（生徒笑う）。That は後につけて読むこと。さあ訳そう。「でも皆（みんな）が私には出来ないって言いますもの、そしてやるにはおよばないって」とトミーは言いました。この場合に boys を子供たちと訳してはいけない。子供の間で自分の友だちを「子供たち」とは言いません。ここは「皆が」とします。As 以下を訳しますよ。「涙のいっぱい溜まった眼をこすりながら…だ。As は「ながら」に当たる、rub は「こする」この「眼をこする」は眠いときにも驚いたときにもやる（ここも直読直解方式で頭から順に訳し下している）」

第3時間目は校長斎藤氏の講義だ。500人は入る3階の大教室がもういっぱいになっている。学期の初めには入りきれないそうである。講義は天下一品、句法を講じて快刀一揮乱麻を断つとはこのことだとほれ込んでしまった。千変万化、本文を訳す、類例を挙げる、日本語との差異を注意する、しかも講義中生徒の注意を集めて要点を記憶させる技術は敬服のほかはない（出所1）。

「The Higher Lessons から先生得意の前置詞の講義がはじまる。

At は1点を表わす、狙うには1点を狙うから、"Aim at distinction"（栄達を志す）と aim には at がつく。 to が単に方向を示すのに対し at は Direction（方向）に狙いの意味をかねる。そこから "I tried to reach at the flower,"（手を伸ばして花を取ろうとした） "He seized a club and struck at me."（棒を取って打ちかかってきた）など通常前置詞のつかない動詞が at をともなって Attempt（試み・企て）の心持を表わす。

また、視線を定めて視る意味の look at から gaze at, glance at, glare at の一群ができる。

その仲間で、"They stare at everything." というと、なんでもかんでも「驚いてみる」だが、これを「何を見ても驚く」とすれば、Cause（原因）の at が出る。それから、"The mother rejoices at the sight of her son,"（母親は自分の息子の姿を見て喜んだ） "The boys tremble at the sound of his footsteps."（少年たちは彼の足音を聞いて震え上がった）などを「見て」、「聞いて」と原因を表わす

Phrase が出てくる。

　At が 1 点を表わすところから、Place（場所）でも狭い場所を表わすには at を用いて、"A train arrives at a station." "The train stops at the station." などとなる。Time（時）の 1 点、すなわち瞬間を表わすのも at で、at noon, at one o'clock となり、進んで at the beginning of the year, at the end of the term ともなる。to annihilate at a blow（一撃のもとに全滅）to rise at a bound（一躍して昇進）なども "Do one thing at a time"（一度に一つだけやれ）が産みの母である。

　また "They are at table."（食事中）など State or Condition（状態）を表わす at も元をただせば方向の at から出たもの、"He arrived at the meeting." から "He was at the meeting." と状態を示す at が生まれ、at rest, at work, at war, at peace などの状態の Phrase を作り、発展しては "I am at one with you on that point."（その点だけは同意する）とか "The brothers are at variance with each other."（あの兄弟は互いに仲が悪い）など一致不和を表わす Phrase となる。

　また at が at the end of the street（通りの突当たり）など場所の 1 点を表わすところから、"I shouted at the top of my voice."（声を限りに叫んだ）と Limit or Extent すなわち極限を表わす at が出てくる。

　このように、at は 1 点の意味から、方向、原因、場所、時、状態、極限を表わすことになるのだ。植物学の genealogical tree 系統図を見るように幹から枝、枝から小枝、小枝から葉と整然たる組織英語学を示していかれる。その間、"Love laughs at distance."（思って通えば千里も一里）などの軽妙な息抜きもあれば、また "Not to mention riches and honor, even food and raiment are not to become at without the toil of the hand and the sweat of the brow."（Addison）などの博覧強記の一端をうかがわせるような重厚な引用も出てくる。素養ある聴衆は恍惚として英語の三昧境に浸るし、駆け出しの連中もスポットライトにてらされたようにその場所だけは解った気持ちになる。講義の間ノートすべき例文は明瞭に気品の高い文字で板書され、暗誦すべき語句は必ず先生の発声に続いて全員のコーラスを命ぜられる。こうして時限のベルが鳴ると、どんな話の中途でもキッパリ講義が終わる。一同、名人の至芸に接したあとのほっとした

気持ちになる」(出所 2)

　このほか、斎藤の講義をまとめたものに、鯨岡政治編『前置詞および動詞の講義』万里閣書房 1930（昭和 5）年、名著普及会版では、寺田政治『斎藤秀三郎講義録集―前置詞および動詞講義』1984（昭和 59）年がある。寺田は斎藤の晩年の弟子であり、松田福松とともに『斎藤新標準英文典』の共訳者で、『イディオムの研究』（興文社、1937（昭和 12）年、520 頁）の著作もある。

　正則英語学校の全盛期はすさまじいものであった。

　「授業の時に教室に入ることができないで窓を開けて顔ばかり教室にいれているというのもありました。また廊下で立ち聞く者もありそれは大変なものでした。どうにかして入れてくれ、どうかして入れてくれと方々からツテを求めて頼みにくる。そういう人で大変でありました。」(出所 3)

　「創立 10 周年、明治 39 年の時分には、授業料を納める者が長蛇のごとく立ち並んで通行の妨げとなって警察署からいく度もご注意を受けました」(同上、片桐鎌三郎)

　「この間、征露の役あり、日英同盟の背景に対するわが国民の感激はおのずから英語および英文学に対して教示され、先生が Robert Southey の The Life of Nelson を講じた時は、学生は大講堂にあふれて階段の手すりまで鈴なりとなった」(出所 4)

　福原麟太郎は「私は、明治 20 年代から、次の 30 年代、日清戦争から日露戦争までが日本の英学の黄金時代ではなかったかと思う。人々は喜んで英語を学び、英語を信頼していた」(出所 5)

と言っている。

　正則英語学校で学んだ生徒の感想を聞いてみよう。

　元総理大臣の石橋湛山は

　「明治 35 年 3 月、中学を卒業すると、東京に出た。6 月か 7 月かにある第一高等学校の入学試験を受けるためであった。母が当時東京にいて、芝の魚籃坂

に家があったので都合が良かった。

　魚籃坂の家からは、神田錦町の正則英語学校に通った。この学校は、そのころ有名な英語学者の斎藤秀三郎氏が経営していた学校で、中学でも、私は、その斎藤氏の英文法や、英作文の教科書をつかった。ここで私は、入学準備の勉強をすることにした。

　しかし私は、この学校に来てみて驚いた。中学では、一定の教室で、生徒の席次もきまっており、時間の初めには、先生が一々生徒の名を呼んで、出席簿をつける。一切万事が秩序整然としていた。

　しかるに正則英語学校では、大きな教室に、生徒はげたばきのままで雑然と入り込み、出席簿をつけるでもない。人気のある先生の時間には、あふれて、立っている生徒もある。かと思えば、ある先生の時間には、数えるほどしか、出席者がない。しかも、講義の中途で、さっさと持ち物をかたづけて、帰って行く生徒もある。いなか者の私は、これでも学校かと、あきれたのである。今でも、こんな学校があるか、どうか知らないが、入学試験準備のための、そのころの学校は、回想してみても愉快なものではなかった。

　しかし当時の日本の学制では、中学は毎年3月に終り、高等学校の入学試験は、6月か、7月であったから、その間、高等学校の入学志望者は皆こういう学校で、試験準備をした。のみならず、1度の試験で入学できるものは、むしろ少なく、1年、2年と試験準備に費すものが多かったから、試験準備学校は、なかなか繁盛したものである。正則英語学校のごときは、その中では、もっとも良い方であったようである。

　かように私は、折角入学試験の準備にかかったが、その実、試験勉強は、あまり、しなかった。今でも入学試験は、上級学校に進む学生の悩みとするところだが、明治、大正時代の高等学校、あるいは官立専門学校の入学試験は、おそろしく、ひねくれたものであった。…

　入学試験は、志望者を入れてやろうという試験ではなくして、極力これを振るい落とすための試験である。だからたとえば英語なら、普通には使う用もないような、いわゆる難語難句を暗記していないと、入学試験は受からない。元

来なまけ者の私に、そんな試験勉強のできようわけがない。試験は受けたが、むろん落第した。こんなことをしていて、高等学校の入学試験が受かるはずがない。かくく私は中学で2回、高等学校の入学試験で2回、都合4回落第したのである」(出所6)

憲法学者の高柳賢三は

「中学1、2年には器械体操にこって、学校から帰るとカバンを玄関に投げ入れたまま、本郷弥生町にあった日本体育館の弟2体育場に駆けつけ日暮れまで鉄棒や鞍馬の練習に夢中だったので、学科の予習復習などのひまもなく、従って学校の成績はあまり芳しくなかったが、器械体操の方は2年の時、優等で卒業試験をパスし、それから以降、器械体操メニアは英語メニアに移行した。そして3年から卒業までの3年間、神田の「正則」の夜学にかよった。そこでは斎藤秀三郎氏の講義にほれこみ、月水金3時間ずつ行った氏の夜の講義は全部これを聴いた。とにかく1週3回3時間ずつ英語ばかりやったのだから、中学卒業の頃に往年の英語劣等生は英語優等生と化し、一高の入学試験の英語などはすらすらできた。

中学時代に3年もつづけて斎藤氏の講義を聴いたことは、私の英語勉強において画期的な出来事であった。斎藤氏は文法の大家として知られ、当時氏はMonograph on Prepositions という教材の執筆に余念なかったようであった。しかし私が彼から学んだのは文法の細かい規則ではなかった。むしろ、文法の説明や訳読などの際、氏の口をついて出てくる豊富な用例、色々な英語のいいまわし方であった。当時斎藤氏は氏のいわゆるイディオム学 Idiomology なるものに興味をもち、また「日英縁結」などにこっていられた。今から冷静に見ると頭に残るような巧みな氏の説明は、こじつけのように思われるものもある。しかし氏が inspiring teacher であったことは疑いなく、私もその余慶にあずかったわけである。この時代に私は斎藤氏の影響の下に、むやみと英語の慣用句などをつめこむ努力をした。むろんそれらを妥当に使いこなしうるほどバランスのとれた知識には達しなかったが、若い頃のこうしたやや偏向的勉強があとで物をいうようになったと思われる。少年時代の論語の素読のような作用があっ

た」（出所 7）

　明治の斎藤時代を引き継いで大正・昭和の市河時代を築いたといわれる市河三喜（1886（明治 19）年— 1970（昭和 45）年）も斎藤の講義を聞いている。

　「斎藤秀三郎氏には 25 年ほど前、直接教えを受けたことがある。それは正則英語学校が全盛を極めた時代、すなわち先生が 40 歳代の頃であった。明治 36 年であったか自分が高等学校（一高）に入った年である。当時英語に熱心な 1 学生として、ひと夏「正則」の夏期講習に通って昼夜とも斎藤先生の出られるクラスを選んで出席したことを覚えている。その熱心な教導によって英語に対する興味を深められたことは多大であった。法学部の高柳賢三君なども同じ時代に同じく斎藤氏の教えを受けて英語に対する興味を喚起された一人である。同君などは遂に大学時代に 1 学年棒に振って英語だけの研究に費やし、それが今日英語を実地に駆使して国際的に活躍する素地となったので、もとはやはり正則英語学校や斎藤氏の賜物と言ってよい。同君と斎藤氏の著書のうちに出てくるある idiom について夜を徹して論じ合ったようなことがあったのを今思い出す。自分は学生時代に斎藤氏の著述はほとんど全部読んだつもりである」（出所 8）

　「（第一）高等学校時代には正則英語学校から出た 'Yorozu Weekly' とか「英文新誌」などを愛読、毎号ほとんどはじめから終りまで 1 語もあまさず読むくらいの熱心さであった。 Yorozu Weekly に出た斎藤秀三郎氏の前置詞に関する講義などは読むばかりでなく、毎号きれいに写しとったノートが今でも手許にある。AT から FOR まであるが、珍書ならともかく、雑誌の講義をノートに写しなおすということはずいぶん馬鹿げた話のようであるが、これによって、当時いかに斎藤秀三郎氏に傾倒していたかが知れよう。斎藤氏の講義を直接聞いたのはそれ以前、（第一）高等学校の入学試験がすんで、夏休み 2 ヶ月間、正則の夏期講習に通った時で、（斎藤）先生の講義を追っかけて出席したが、文法とオルドリッチの Story of a Bad Boy、マーク・トウェーンの Innocents Abroad などを講じておられたようである。その後、斎藤氏の Higher Lessons だとか Advanced Lessons などで英文法の研究を独力でやった。

一高を卒業して 1906（明治 39）年 9 月、東京帝大の文科言語学科に入った。卒業論文は A Monograph on the Historical Development of the Functions of 'FOR' (1909 年）というので、大版 260 ページのおよぶ厖大なもので、この論文に対するジョン・ロレンス先生の批評がまたすこぶる丁重なものでノート 18 頁におよぶ詳密を極めたものである。論文にこういう題目を選んだのも、思うに高等学校時代に斎藤秀三郎氏の前置詞の講義を写したり、大学でもロレンス先生の講義に前置詞に関するものがあり…」（出所 9）

　市河三喜のこの卒論は筆者も実際に見たことがある。大判で美術品のような美しい筆致の詳細なものであった。斎藤の『前置詞大完』が、主に意味だけを中心に前置詞の分類をしているのに対して、市河は題目にあるように、FOR の機能を歴史的発展という観点から分類し、イェスペルセンなど西欧の新しい英語研究の潮流「歴史的・心理的」見方を加味したものであった。この論文の執筆が可能になったのは、市河三喜の『昆虫・言葉・国民性』1939（昭和 14）年に明らかなように、指導教授のロレンスが毎時間引用し研究室にも 1 部備え付けられた NED（A New English Dictionary on Historical Principles 1884-1928、語形・語義・用法について語の成長・発達を克明に記録した世界最大の英語歴史辞典、現在の OED の前身）の FOR の部分はすでに完成しておりそれを自由に使用できたこと、また資料の一部として斎藤の『前置詞大完』が 4～5 年前に出版されてこれも使えたこと、など好条件が揃っていたこともあろう。氏は 1912（大正元）年 9 月、大学院在籍中『英文法研究』を刊行した。この著作から日本の科学的英文法が始まったと言われている。同書の序には、「ただ文法をもって単に英語を正しく話したり書いたりする術であるとか、あるいは文法の教える規則は絶対なもので、これに違反する言い方は不正であるとかいうような見方を避けて、英語における種々の現象をすべてそのまま言語上の事実として受け入れ、これを公平に観察し、いかにしてこういう言い方が生じたかを、あるいは歴史的に上代にさかのぼって、あるいは他の国語との比較研究により、あるいは心理的の立場からして、不完全ながらも説明を試みてみたいというのが本書の趣旨である」とある。

ここで正則英語学校がいかに幅広く有為な人材を輩出したか、代表的な著名人を列挙しておこう。

島津保次郎（映画監督）
川島正次郎（自民党幹事長、副総裁）
市河三喜（東京大学名誉教授、英語学者）
高柳賢三（東大法学部教授、憲法起草者）
平塚雷鳥（社会運動家）
石川啄木（作家）
西条八十（作家）
斎藤茂吉（作家）
山本有三（作家）
山本周五郎（作家）
島木健作（作家）
物集高量（国文学者）
石橋湛山（内閣総理大臣）
長谷川清（海軍大将、台湾総督）
十河信二（国鉄総裁）
江戸英雄（三井不動産会長）

7. S.E.G.System とは何か

「斎藤先生が当初 "Conversation and Grammar" や "Practical English Grammar" をかかげて学界に打って出られた関係から先生を文法いってんばりの英学者であるように曲解し、正則英語学校を文法学校と誤伝した時代の迷想が今日なおその余毒を流して、往々後進の子弟をして、方向を誤らしむる傾向があるのは実に遺憾の極みである」

本書の他のところでも述べられているように、斎藤は自分を文法家ではなく、英語と日本語の多様な表現の比較を研究するイディオモロジストであると考えていた。また彼の正則英語学校創立の理念も下記のような高邁なものであった。

「正則英語学校は決してある人々の想像するような文法研究をもって能事終れりとなすものではない。目的はさらに高遠である。世界語と称せらるる英語を自由自在に駆使するの士を養成して、欧米の長所を輸入するばかりでなく、わが国の精華をも広く世界に紹介せんことを目的として着々歩を進めつつある。Grammar も Idiomology も Versification も吾人が進歩の道程に列なる一里塚にすぎないのである。

従来英学者として比較的成功の域に近づいた人々を見るに、天性語学の才をそなえていたか、さもなければ幼少の時代から英米人と交わって知らず知らずの間に英語が頭脳に沁み込んだという人々が多いようである。今日英語を学びつつある者のほとんど全部は以上2種の熟達法のいずれをも採ることのできない人ばかりである。天才でもなく留学するほど裕福でないとすれば、平凡の財力と平凡の能力を有する者はまったく英語研究を断念するか、さもなければ誰にでも適する研究方法を発見するか、2つに1つを選ばなければならないのは自然の順序である。

正則英語学校は実にこの欠点をみたすために生まれたものである。近来、グアンを唱道し、ベリッツを主張し、やれオレンドルフがどうの、ハウクネヒトがどうのと、ほとんど応接にいとまがないほどのハイカラ教授法が宣伝されて、

わが教育界が梅桜桃李が一時に開くような壮観を呈したのもつかの間、いずれも異境の土になじみかねて盛り短い春を誇るにとどまった。舶来物が失敗に終わったと見るや、チョン髭連は得たり賢しと、教授法復旧、読本専一主義を唱えて、ここに端なく大論戦を惹起し、教師も学生もともに適帰するところを知らぬ有様となったので、文部省もこれではならぬとばかり、調査委員を設けて教授方法を研究せしめた。このように世間が方向に迷っている間も、ぎ然として主義主張を換えず、目的の彼岸に向って猛進しつつあるものは実にわが正則英語学校である」

次に正則英語学校の教授法について詳細な記述がある。

「What to teach の先決問題を閉却して How to teach をいくら議論してみても無益な話ではないか。また教授法が教えるのではなくて教師が教えるのだから、下手な教師に方法を授けたところで何の役にも立たないではないか。間違ったことを上手に教え込まれでもした日にはそれこそ由々しき大事だ。何と言っても、第1に「何を教えるか」を定める必要がある。第2にはそれを完全に教えられる教師を造らなければならぬ。ただし、ここにいわゆる "What to teach" とは文部省の教授要目の示すごとく「普通の英語を教えるをもって目的とす」などという雲をつかむようなことをさすのではない。もっと具体的な "What to teach" である。この "What to teach" を明らかに定めたものは実にわが正則英語学校である。

正則英語学校が定めた "What to teach" とは何か。即ち **'Saito's Progressive English Course'** である。その中で、中学校程度の5ヵ年には 'Middle School English Lessons' 5冊を当て、補習科程度には 'Supplementary English Lessons' を課し、なお進んでは 'New Higher English Lessons' 'Class Books of Idiomology' 等によって英語の基礎的知識を授ける。そしてこれらの諸書をいかに教授すべきかの大方針は斎藤校主がこれを示し、各講師はその趣旨を遵奉し、それに各自の新工夫を加えてそれぞれ一流の教授法を案出する。こうして各自の個性が自由に発達して行くと同時に、総員の歩調も整然と一致して行くのである。

読書の方法も前記諸書の示すところにしたがって行くのであるから、ここではどういうことをどう教えなくてはならぬということがちゃんと決まる。訳語のごときも器用に任せてその場限りのゴマカシを言うのを何より嫌い、'Idiomology' 式に攻めて、攻めて、攻め抜いた結果、こうでなければならぬという訳語を下す。たとえば、'duty' を「忠」または「孝」、'duties' を「職務」、'on hand' を「持ち合わせ」、'on one's hands' を「持てあます」と訳するなど、いずれも日英両語の idiom を研究した結果、理屈上どうしても動かぬと言うつもりの訳語である。陸海軍が 'arms of precision' を誇る今日、語学界ばかりが時世に後れていなければならぬ理由はない。いやしくも、学科として現存する英語研究である以上は何でも scientific でなくてはならぬ、systematic でなくてはならぬ。　以下省略」(出所1)

　1917 (大正6) 年4月、わが国で最初の体系的かつ科学的な英文法の研究書である**細江逸記『英文法汎論』**が出版された。その英文の序で

"Prof. Ichikawa of the Tokyo Imperial University gave us, a short time ago, one very excellent work on English grammar, which I believe will live down to posterity as a monument of the new philological study of the English language in this country. But his is a fragmentary work, treating of certain detached phenomena in the language which have hitherto been disregarded by most scholars. ······"

「東京帝国大学教授市河氏は先日英文法に関するすばらしい本を上梓された。同書はわが国における英語の新しい言語学研究のモニュメントとして後々まで生きて伝わるものと信じて疑わない。しかし、同書は断片的仕事であり、これまでほとんどの学者によって無視されてきた言語上の個別事象を扱ったにすぎない。……」(筆者訳)

と述べ、市河三喜『英文法研究』をわが国における英語学の新しい言語学的研究の不朽の業績として後世まで残るであろうと称賛した上で、それにもかかわらず英語における現象を断片的に叙述したものとその限界を指摘した。この視点から英語を1つの完全な体系として取り扱った英文法の必要を説き、彼が英語の構成要素について叙述する一方、常に英語の全景をも描こうと努力して

きたことを述べ、同書の意図と抱負を明らかにしている。

この『英文法汎論』はわが国の英語界に、相当語句観を定着させ、シンタクスを重要視させる原動力となり、また市河三喜『英文法研究』、八木又三『新英文法』とともに、一見例外と見える言語表現に対しても歴史的心理的説明のなしうることを学界に認識させた。そしてこれらは今、大塚高信の言葉を借りるなら「どの程度の文法書でも、オーソドックスな文法観となっている」（出所 2）

わが国の英語学を第 1 期（明治）の斎藤時代、第 2 期（大正・昭和）の市河時代と区分したのは、大塚高信『英語学論考　本邦英語学研究小史』1949（昭和 24）年であった。

「斎藤時代は『実用英文典』(1898（明治 31）～ 1899（明治 32）年で始まった。この書を基調に続いて出た、*Advanced English Lessons, Higher English Lessons, Monograph on Prepositions, Studies in English Idioms, Studies in English Verbs* などの広範な語学研究は斎藤文法の面目をよく現している。説明の方法はあくまで記述的・歴史的色彩のほとんどないことも 1 つの特徴である。動植物を各部門、属、種に分類すると同様のことが英語でもできるはずであり、そうするのが科学的研究であると確信していた斎藤は、植動物学者が草花を採集するように、英語の文献・英米人の生きた言葉の中に種々の表現形式を探し求め、それに斎藤独自の観察を施して分類し体系づけるのが斎藤英学の究極の目的であった。大正元年になって初めて具体的な形となって現われた新しい気運、すなわち言語学の歴史的・心理的研究に対する斎藤氏の反感も手伝って、斎藤は正則の孤域に名誉の独立を保持しようとした。

筆者はこの稿を調べるために斎藤氏の著作を読み直し、あるいは新しく読んだ結果、実は斎藤文法の崇拝者とまでは言えなくとも、少なくとも熱心な愛読者となったことを告白しなくてはならない」（出所 3）

大塚氏は 30 年後の 1979（昭和 54）年 11 月に、斎藤秀三郎先生偉業顕彰会『斎藤秀三郎先生没後 50 年にあたって - 偉業を偲ぶ』で、

「私の過去を振り返ってみると、大正 7 年から 15 年までおよそ 9 年間東京に

いて、大塚や本郷で英語英文学を勉強していたのであるから、一度くらい先生の謦咳に接していてもよさそうなのに、それがなかったのはどうしたわけか顧みた。それは当時、正則英語学校が中心となっていた斎藤傘下以外の方面では、先生の業績の真価が正当に評価されておらず、私自身もこの圏外にいたからであった。今から思うと不明がはずかしい。

昭和13年になって、「わが国における英語学研究」（拙書『英語学論考』の中で「本邦英語学研究小史」として収録）を執筆することになったとき、先生の著書をはじめてやや詳細に読む必要に迫られた。私はこの小論で日本における英語学発達の歴史を概観したとき、1912年すなわち大正元年を境として2つの時期に分けることを提示した。それは英語学研究の上にも新時代を画するような市河三喜先生の『英文法研究』が出版されたからであった。

大塚が斎藤の著作だけを読んでこうした区分をしたのは問題があると思われる。斎藤の著作の大部分は斎藤の授業のための素材であって、実際の講義と一体となってはじめて評価できるからである。

「大正元年というと斎藤先生はまだ健在であり、『熟語本位英和中辞典』『携帯英和辞典』『和英大辞典』などはそれ以降に出版されたのであるから、この年を境として、それ以前を第1期明治時代、それ以降を第2期大正・昭和の時代とし、前者を斎藤時代、後者を市河時代と私が呼んだことに対しては反対があるかも知れないが、私見によれば、斎藤英語学はその規模といい、研究方法、いやそれにもまして先生ご自身の性格、生活態度から見ていかにも明治的と呼ぶのが相応しいように思われたのであった。斎藤先生の英語研究を明治的と呼んだからといって、私にはその価値を軽視する気持ちは少しもなかった。むしろ、200巻におよぶ単行本と3冊の辞典を独力で仕遂げられた非凡な精力と、自らイディオモロジーと呼ばれた英語慣用語法を調査し、それを体系化しようとした気宇の広大さは、明治の偉人の業績に通じるところがあるという意味で、明治的と呼んだことは決して間違っていなかったと今でも思っている。

先生はもと工部大学に学ばれただけに、事実を蒐集しそれをある原理に基づいて組織立て体系化する自然科学の方法を英語という言語現象の上に適応

し、それを組織化することが斎藤英語学の究極の目的であったように見うけられる。これはまた動植物の分類学に似たところもある。先生が集められた多量の英語の用例は、いわば無数の変種、亜変種に当たるもので、これをまとめるような方法で体系づけようと試みたが、言語現象のように異質な要素が混じている複合体を相手としては無理な仕事で、実際は多くの変種、亜変種を集めることに終わった。イディオモロジカルな方法で整理しようと試みられた斎藤英語学にはコロケーションと呼ぶべき資料も含まれ、そのためにイディオモロジーの正体は霞んできたけれども、これがかえって斎藤資料を、今から見ると有意義にしているように思われる。これを適当に整理すればロイム（Albrecht Reum）の *A Dictionary of English Style.* 2nd ed.1955、近くは、カウイー（A.P. Cowie）の *Oxford Dictionary of Current Idiomatic English.*1975 のように整理し直すことも可能だ。とにかくこの偉人の業績の正価を認めず、再検討することによって利用の策を講じないことは、後進の学者の怠慢とさえ言えるのではないだろうか」

大塚高信によると、第1期の斎藤文法時代（科学以前の英語学）は斎藤『実用英文典』（明治31-32年）の出版された明治時代であり、第2期の市河時代（科学的英語学）は市河三喜『英文法研究』（大正元年）が刊行された大正・昭和時代とされた。

第1期は英語の語法を扱う態度に原理的考察が乏しかった。

1906（明治39）年、英国人ロレンスが来日、欧州で主流となっていた英語研究法を東京帝大文科大学英文学科で初めて紹介した。それは、事実をありのままに受け入れ、もしそれが従来の規範文法の規則に合っていないと認められた場合は、規則に違反している言い方として避けるのではなくて、それがなぜそうであるかという理由を

①英語の歴史と対照したり、

②近親関係にある他の言語と比較対照したり、

③人間の心理面から考察する

などして説明する方法で、これによりわが国の英語学の研究は科学的歴史的な考察論述へと基盤を形成した。

というのが現在の英語学史の通説となっている。

しかし、東京大学の斎藤兆史氏は

「…規範文法研究から記述文法研究への転換点が市河の『英文法研究』にあったと言っても過言ではない。…英文法研究が「象牙の塔」に持ち込まれることになった契機の1つが市河の『英文法研究』にあったと考えることができる」

と述べながらも、

「本書が出版されたのと同じ年に、のちに『山貞』（やまてい）の名で親しまれることになるベストセラー受験参考書、山崎貞の『英文解釈研究』が出版されたのも象徴的である。

以後、日本の英語研究は、分野的に細分化するのみならず、その目的においても学術研究と実用指導とに分極化していくことになる」という重要な指摘をしている。（出所4）

さらには、出来成訓氏は「斎藤の業績が日本国内で無視されるようになったのは、東京帝国大学を中心とする学会の主流が、欧米の学者の研究を追うことをもって「研究」としたからに他ならない」と述べている。（出所5）

市河三喜『英文法研究』の初版序より、

「要は、ただ文法をもって単に英語を正しく話したり書いたりする術であるとか、あるいは文法の教える規則は絶対なもので、これに違反する言い方は不正であるとかいうような見方を避けて、英語における種々の現象をすべてそのまま言語上の事実として受け入れ、これを公平に観察し、いかにしてこういう言い方が生じたかを、あるいは歴史的に上代にさかのぼって、あるいは他の国語との比較研究により、あるいは心理学的の立場からして、不完全ながらも説明を試みてみたいというのが本書の趣旨である」

同書第 3 版序より

「恩師ロレンス先生が今年（大正 5 年）3 月、世を去り給うたことは返す々々も悲痛に堪えぬ。余の英語研究の基礎であるアングロ・サクソン語を教えて下されたのも先生であるし、余をして Jespersen や Stoffel の書に近くを得しめ給うたのも先生である」

歴史主義・心理的要素を重視する新しい文法を市河より広範に説明した『英文法汎論』の著者細江逸記は『英語青年』大正 6 年 6 月号の『文法教科書を改訂せよ』において、斎藤英文法を厳しく批判したが、細江の歴史主義に対して斎藤の高弟の佐川春水はつぎのように反論を加えている。

「細江逸記氏は文法の歴史的研究を高唱せられます。それは誠に至当な主張であって、誰しもその必要は感じているに相違ありませんが、どうもこれは仕事が大きいだけに一般の教師は望んで得られないことであろうかと思われます。…歴史的研究も結構には相違ないが、それをしなけりゃ何事も全然了解できないものだとすると、人間もずいぶん情けないものになってしまいます。…今日の英語のことについて何か問題が起るたびごとに、必ず Old English や Middle English にさかのぼるのでは到底実用の間に合わないと思います。…

「べき」事を表す過去言 should が遠く Old English に淵源しているという発見ははなはだ有益でありますが、これを知らない者は should を語る資格がないように言うのは多少早計でしょう。殊に説明を簡略にしたがる教科書などに「意外の should」というような分類がしてあるのを見て、すぐに著者の無識不用意を冷笑するような態度を、私の陰ながら畏敬する細江氏に見ることを私はいささか残念に思うものであります。しかのみならず「意外の should」というような名目を残しておくことは、歴史的見地から言ったらどうか知りませんが、初学者を相手の実地教授にはすこぶる便利かと思われます。

　　Who **would** do it but a fool?
　　Who **should** do it but himself?

の 2 文を対照して見せるような場合に、should が驚きの意味を助けていると

いうふうに説明すると、このidiomはすぐに了解されるようです。研究も研究ですが、おたがい教師であるのだから、常に相手たる学生のことを考えていなければならぬことは申すまでもありますまい」(出所6)

『正則学園八十年小史』に帝国大学新聞(昭和8年12月21日)に掲載された「斎藤先生と紙魚大人」という記事が掲載されている。

「しかし、自分の常日頃考えることであるが西洋先進学徒の糟粕ばかりなめ、デンマークの何氏がどうの、ドイツの某教授の誰それ博士がどうのと、いたずらにかれらの業績の祖述・解説にうき身をやつし、時折かれらの体系・理論・学説に細目上の過誤を見つけでもすれば、ぐっと反りかえりたがる鼻もちならぬ朱儒的学者に比べると、傍若無人の独創発揮の故に、かえって斎藤先生のえらさが益々なつかしく、慕わしく、うれしく、なってくるのである。…

英米文人の評論でも書くとなれば、その批評の権威として定評ある西洋文士の著作をどっしり積みあげて、引用・引用・また引用、本文と引用の市松模様みたいなみっともない文章をこねあげ、欄外には参考書目をずらりと並べて、読者の目はかれを見、これを追い、その煩わしさは気も遠くなるあさましさである。

広く社会全般と人間的活動を見わたす余裕のないほど多くの専門研究書に埋まり、おのおのわが看板となすべき一項目・一個人をひき抜いて、後生大事にかしずき奉る世の多くの英文学者は、いよいよ末梢神経的細部にかわって、世界の活きた動勢と離れ、満州事変があろうと、ある作家のある作品の初版の型や挿絵の有無、ある文学運動におけるある論説の最初に発表された雑誌の部数の詮索などに没頭し、何々学者たるをもって無上の光栄を心得るのである」

8.『正則英語学校講義録』(S.E.G.Abroad)

　斎藤秀三郎はどのような目的や方針をもって『正則英語学校講義録』(S.E.G.Abroad) という通信教育事業に参入したのであろうか。講義録刊行に先立って制作された「内容見本」に「発行の趣旨」が述べられている。

　「…英語の必要性を説く時期は過ぎた。いかに英語を学ぶべきかが今日当面の課題である。正則英語学校は英語の性質を科学的に研究しつくした結果である組織英語学をただちに読書作文の上に応用することを教えるところである。…組織英語学によらずに英語を学ぼうとするのは、舟があるのを知らないで、泳いで大河を渡ろうとするのに似ている。ただ労多くして成功しないだけでなく、中途で溺れなければ幸運というべきである」

　本講義録の特徴として、「内容見本」によると、

①監修：講義録全般にわたり、斎藤校長みずから、一字一句厳密な校閲を行っている。

②講師：正則英語学校の講師一同が得意な各部門を受けもっており、特に専攻科は斎藤校長自身が執筆している。

③体裁：講義の体裁は、教室の講義をそのままに平易な口語体を使い、生徒に練習問題をやってもらい、講師がそれを訂正するという順序とする。各章の終りには復習暗誦欄を設けたので受講者は正則英語学校で学ぶのと変わりがない。

④教材：組織英語学のレッスンと読本を用いるが、すべて正則英語学校の教材である。

⑤質疑：講義録に質問用紙がついており自由に教師に訊くことができるので、教師が側についているのと同じである。

　講義録解題者である出来成訓氏は、講義録の特徴を4つあげている。

①音声の重視
②英文和訳における直読直解法の使用
③組織英語慣用語法学的説明
④和文英訳の重視

『講義録』は、大村喜吉『斎藤秀三郎伝』でも執筆者が特定できず、いまひとつ資料的価値の評価ができずにいたが、「内容見本」によって明確になった。斎藤秀三郎を筆頭に当時のそうそうたる17名の講師陣、4名のネイティブが参加した、正則英語学校が総力を結集したものであることがわかったのだ。誰がどこを執筆したかは明記されていないが、全巻を通じて斎藤の徹底した筆が入っており実質斎藤の著作とよんでもいい内容であることもわかってきた。

斎藤秀三郎の夫人とらは、
「岐阜時代もそうでしたが、一番苦しかったのは興文社と手を切った時のことでした。斎藤にしてみれば、興文社の営業を本位としての著作はできないというので離れることになったのですが、当時30万円の借財の上に講義録では毎月1万円もかかるので、電話まで抵当に取られるという始末で二進も三進もゆかなくなり、佐藤さん（現日英社主佐藤文左衛門氏）がいなかったらどうなったかわかりません。そこへ、親戚の者が来て、この急場を切抜けるために辞典を出すようにと薦めました。斎藤はそれまで、辞典はよくよく最後でなければやらないと言っていましたので、2日間本当に何も食べずに考えぬいたあげく、ようやく辞典に着手する覚悟がつきました。この辞典が大正4年に出た英和です。この頃、明治天皇は崩御になり、親友のブリンクリさんもなくなり、斎藤の心機に一転機が来かかっていましたところへ、次いでかかった病気や、伊藤豊守さん方の脱退の大試練を受けて、その後は以前とまったく変わった性格の人間となりました」（出所1）

「『正則英語学校講義録』は大正の初期始められたもので、当初斎藤は『講義録では少なくとも1万円儲けて、皆を学校まで歩かせない。自動車で送り迎えする』という意気込みであったが、しかし結果は失敗であった。正則流の英語

の講義をそのまま校外生に及ぼそうとしたもので、その内容から判断しただけでも井上十吉の講義録の成功と比較して斎藤の失敗が肯けるのである」(出所2)

　井上の『井上十吉講述　英語学講義録』は1897（明治30）年2月から発行されたもので経営的には成功したが、内容的には当時のナショナル読本の第3・第4程度で、正則の講義録と比較する自体あまり意味がないように思う。

〈正則英語学校講義録執筆者〉
校　主　　斎藤秀三郎
講　師　　伊藤豊守
　　　　　石原益治
　　　　　西山修造
　　　　　大津隆
　　　　　岡田市治
　　　　　渡辺秋蔵
　　　　　帷子一也
　　　　　神埼保太郎
　　　　　高橋正熊
　　　　　上田文三郎
　　　　　内山常治
　　　　　牛山充
　　　　　江田米作
　　　　　弘重定一
　　　　　山田巌
　　　　　山崎貞
　　　　　佐川春水　（講師17名）
英国人　　Mrs. Hughes
英国人　　Mr. MacLean
米国人　　Miss. Moon
英国人　　Miss. Summers　（ネイティブ4名）

講義録の失敗は主に4つあると思われる。

①前述の体裁のところで下線をひいた生徒に練習問題をやってもらい、講師がそれを訂正するという順序とするのように、これではビデオテープで第3者として先生と生徒の講義やりとりの様子をただ横から参観しているようで、独習者へ1対1で語りかけるような形式になっておらず受講者が主体性を持ちにくかったのではないか。
②正則英語学校の学年別の教授内容のレベルが地方の学校より高すぎたのではないか。程度をより下げる必要があったのではないか。
③講義録発行の大正元年の経済情勢は、米価が未曾有の暴騰をし、明治天皇の崩御により株価も暴落するという最悪の状態にあった点も失敗の大きな要素として考えられるのではないか。
④中学校が多くなって、特に通信教育の必要性が低くなったことも一因かもしれない。

しかし、この『講義録』の失敗は、後世のわれわれに2つの幸いをもたらした。1つは正則英語学校の教育システムの全貌をうかがえる貴重なデータがわれわれの手に残されたことであり、もう1つは、その経済的損失を補うため、斎藤がそれまでの研究の成果のほとんどを投入したといってよい稀代の名著『熟語本位英和中辞典』を生み出したことである。

アンカー英和・和英辞典の編者で知られる山岸勝栄は、インターネット・サイト「辞書家としての斎藤秀三郎」(http://jiten.cside3.jp/efl_dictionaries/efl_dictionaries_top.htm)で「名著普及会から復刻されて出ている『正則英語学校講義録』は学習と教授の在り方の原点に立ち返りたいと願う日本人英語教師には必読の書である。受験英語で知られた長谷川康は、正則英語学校に言及して、「正則英語学校は日本人が英語を学習するには絶好無比の学校である。自分が受けたimpressionがこれである。われわれは日本人である、これ以上何を望もうか」と言った。同講義録を通読すると、長谷川が受けた印象の正当性

がよく理解できる。『斯の道の為に、斯の言葉のために、何人かその全力を尽くさざる』と言いつつその全エネルギーを我が国の英語界に捧げた大恩人斎藤のためにも、我々は同講義録を熟読し、その名講義の真髄を次代の人々に伝えていきたいものである」と講義録の重要性を強調している。

『講義録』には中学科第1年級～5年級、受験科の他に、斎藤直講の専攻科があり、次の2)『動詞講義』 3)『前置詞講義』がこれにあたり、日本語で書かれて著作中でも最も精細を極めたもので、これが完結していたらと思うと残念でならない。次の1)『前置詞および動詞講義』は斎藤の講義をノートしたものである。

専攻科
斎藤秀三郎講義録集　1)『前置詞および動詞講義』　2)『動詞講義』　3)『前置詞講義』
1) 『前置詞および動詞講義』：本書のテキストは *The World' Higher English Lessons* 第2巻であり、斎藤の生涯の最後の3年半における講義を筆記したものである。
2) 『動詞講義』：内容は、「時制」「will と shall」「would と should」
3) 『前置詞講義』：
　　本書は *New Higher English Lessons* の形式＝例文―講義―演習をとり、講義の順序も第1巻 Meanings of Prepositions と同じである。
　　すべての前置詞はカバーしていないが、とりあげられた個々の前置詞の解説の詳しさは著作中随一といってよいほど微にいり細を極めている。

9.『熟語本位英和中辞典』の出現

　斎藤の『熟語本位英和中辞典』出版のいきさつについては、「斎藤はそれまで、辞典はよくよく最後でなければやらないと言っていましたので、2日間本当に何も食べずに考えぬいたあげく、ようやく辞典に着手する覚悟がつきました。この辞典が大正4年に出た英和です」というとら夫人の回想はすでに前述したが、この辞典出版にあたって斎藤は何を考えて執筆を決断したのであろうか。斎藤の当時おかれた状況から、次のようなことが推察される。

1. 負債の返済を考慮して、辞典はディクソンの『熟語辞典』のように熟語だけの専門辞典ではなく、一般の英和辞典とする。しかし、辞典の特色はあくまで「熟語本位」であることにある。
2. 体裁は、辞典の規模は数年前にでた COD と同規模とし、「要をつくして不要を省いた」簡潔明瞭なものとする。
3. 内容は、これまで自分が研究してきた成果をことごとく投入したものとする。自分の過去の研究成果を結集すれば、辞典のかなりの部分はすでに材料はそろっている。
4. 自分の研究は名詞・形容詞が手薄であるが、図版は一切載せず、語学本位のものとすることで弱点をカバーできるだろう。
5. 現在の負債状況からみて時間はほぼ1年間で完成させる必要がある。出版予約もとり負債の返済を急ぐ。
6. 出版社は、正則英語学校の出版会社である日英社とする。

　1600ページ近い規模の、語学的にも詳細な辞書をたった1年で書き上げることは、現在の多人数で編纂して数年という常識からみて不可能に思える。名著普及会で斎藤の著作の復刻の推進と解題の執筆にあたられた出来成訓氏は『斎藤秀三郎講義録集―動詞講義』の解題で「初版は分冊で刊行され、前篇（Mの mad の途中までで 750 ページ）の奥付には発行年月日がなく、後篇は 1915（大

正4)年7月20日に刊行されている。『英語の日本』第8巻第1号（1915（大正4）年1月1日発行）の「斎藤先生の熟語本位中等英和辞典」という記事では、筆者の名はわからないが、原稿を読んだ方の書かれたもののようであるから、この頃には校正の段階にあったと思われる。『熟語本位英和中辞典』が実質的には約1年で書かれたとは信じ難いことではあるが事実である。斎藤先生の天才と精力の程がわかろうというものである」(642頁)と述べておられる。

　だが、この1年という納期に自分が納得できる辞書をつくることは、中途半端を許さない斎藤の性格からいって相当の精神的プレッシャーであったにちがいない。

　斎藤の高弟山田巌は述べている。

　「…あの中辞典刊行にいたる大正3年頃、私のところへ斎藤先生の綿密な細字で訂正の書込が送られて校正することになっていた。ある時、書込の字が乱れ、なんのことか分からないことが書いてあるので、五番町のお宅にうかがってみると、強度の神経衰弱で箱根に転地しておられるとのことだ。さっそく箱根に伺うと、もう箱根は飽きたのでいっしょに日光に行かないかとのこと。日光からさらに中禅寺湖に着いたとき、『実に中禅寺湖という所は分かりにくい所だ、どうしても来た道が分からん』と言われるのを聞いて、あの人なみ優れた明晰な頭脳がこれほどまでに曇ってしまったのかと思うと本当に涙が出てならなかった。しかし、それから1ヶ月もたたない9月になると、送られてくる原稿は以前のように整然として一言一句の乱れない書込になっているのを見て、かくも急速に回復されたことは、先生の頭脳の並大抵でない証拠であると実に驚きいった次第であった」(出所1)

1年間という短期間で強度の神経衰弱にまでなって独力で1,594ページの名辞書を書き上げた斎藤であったが、出版されるやいなや、学校創設以来の宿敵であった国民英学会の磯部弥一郎の執拗なまでの中辞典批判がはじまった。批判の中の「北斗星」問題について、「国民英学会磯辺弥一郎の『中外英字』における斎藤英和中辞典批判に対する斎藤の答弁」という斎藤自身の言葉がある。
　「磯辺氏は "polar star" の「北斗星」を「甚だしき誤り」と罵倒せられ、これを「北極星」と改めよと言われるが、氏はその前に "polar-- star" と "polar star" とを比較研究されたであろうか。拙書には、

　　　"polar-- star"　　　・・・・・・・北極星
　　　"polar star"　　　　・・・・・・・北斗星

となっている。つまり "polar-- star" は天文学上の純学術語であって、これについては議論の意見もあるべきはずはない。しかし、"the polar star" の方はその iambic の好調子が取り得となってほとんど詩文専用の姿であるという事情を鑑みて、その訳語に多少文学的色彩を帯びさせたのになんの不思議もあるまいと思う。今これを手近の各辞典で調べてみると、

　　　"Century"　　Polar star= pole-star（北極星）
　　　"Standard"　　Polar star なる語を認めず。
　　　"Oxford"、　Polar star
　　　　　1= pole-star（北極星の例に用いたるは 2～3 の例に過ぎず）
　　　　　2= guiding star, cynosure（衆目の集合点、すなわち漢文の「北斗」に相当）

非文学的な Standard が Polar star を度外視し、あくまで研究的な Oxford が、"guiding star", "cynosure" なる definition を与えている事実をあわせ考えると、「学者の之を仰ぐこと泰山北斗の如し」とか「斯界の泰斗」とかいう場合の「(北)斗」に応用のできる訳語を "polar star" に対して下した廉（かど）をもって、この私を時世遅れの変則爺のように言われるのは少々早計ではあるまいかと、ひそかに礒辺氏のために惜しむのである。殊に、氏がしきりに尊崇せらる、井上十吉氏の、その英和辞典には Polar star を逸しながら同じ人の和英辞書に、

「北斗星」・・・・the polar star; the Great Bear
とあるのはなんたる奇怪事であろう」（出所2）

　ちなみに、手元の大正8年の中辞典の再訂版では、Polar【Poleの形容詞】（南北）極の、とあり、"polar star"=「北斗星」の記載はない。斎藤の著作群は動詞・前置詞に多くの精力が注がれ名詞・形容詞などが相対的に手薄だったことは否めない事実であろう。礒辺の中辞典への執拗な批判は、斎藤をWORD-STUDY＝語義研究に向わせ、その成果は大正11年4月刊行の『携帯英和辞典』となって結実するのである。ちなみに、この辞書では、Polar star＝北極星の記載があり、礒辺の批判を受け入れた形になっている。

　斎藤『熟語本位英和中辞典』は大正4年に、最初は2分冊で発行された。
　岡倉由三郎は
　「英語学の大家斎藤秀三郎氏の『熟語本位英和中辞典』上下2巻が世に出てから、もう21年もすぎた。上巻が出た時、私はいち早く買い求めた。そしてさすがにこの大家が苦心して大成されたものだけあって、巧妙適切な訳語、殊に熟語のうまいのにつくづく感心し、下巻の上梓を心待ちに待っていたものであった。完成の後には座右に備えて、適当な訳語に思いなやむ時の相談相手としていた」（出所3）
　「この辞書が熟語本位と銘打っただけに主要な成句や慣用句はほとんどいかんなく網羅されているだけでなく、その訳語が正則一流の極めて要領を得た、きびきびとした言葉づかいで、この点においては従来の同種のもので右に出るものはない様に思われる」（出所4）
　西脇順三郎は
　「この辞典は単に英語の意味を知るのに最も平易であるばかりでなく、その訳語としての日本語が実に豊富である。そのためおそらく日本の熟語的同類語を探すために逆に英語から日本語を引く場合にも非常に便利に感じるほどである。たとえば、invaluableということを簡単に1句で説明しても十分なところを評価すべからざる、最も重要な、至貴至重な、非常に重宝な、というように

訳語としての日本語の選択に十分多くの言葉を与えている」

　近年になってもこの辞書の礼賛者は数多い。

　小学校卒業後独学で大学教授（英語）になった田中菊雄は
「ある倫理学の書物を求めるために旭川までほとんど走るように行ったことがあった。その時、あいにくその書物が書店になくて、代わりに「斎藤英和中辞典」の初版が来ていた。私は何かしらそこに天意を感じて、これを買って胸に抱いて帰った。それからというものは赤い表紙の「斎藤英和中辞典」と青い表紙の「井上英和大辞典」とを肌身はなさず、夜、横になる時は胸に抱いて寝るようにした」（出所5）

　ジョイスの『フィネガンズ・ウェイク』を訳した柳瀬尚紀は
「高校時代、ふとんのなかにもトイレにも持ち込んで読んだ辞書がある。斎藤秀三郎著、熟語本位英和中辞典（岩波書店）。筆者にとって、これは英語の恩師だ。英語はもっぱらこの辞典から学んだ。受験技術でなく、本気で英語を理解するつもりがあるなら、この辞書を勧める。これは、それほどすごい英和辞典なのだ。……英文が読めるようになるには、前置詞をものにしなければならない。英和中辞典を熟読すると、そのことがじわりじわりとわかるのだ。この辞書の前置詞を読むだけで英語の読解力は確実につく。with は 11 ページにわたって説明と用例が並ぶ。たとえば　with a vengeance という句を引くと、

　rain or blow **with a vengeance** やけに（降るなど）。
　Here was fighting, **with a vengeance**! これこそ（戦いというものだ）。

とあり、リーダーズ英和辞典には

　with a vengeance　激しく、荒々しく；非常に、極端に、異常に；文字どおりに、まさしく

これではただ訳語を並べただけで、とても斎藤の説明にはかなわない。

　『中辞典』の初版は約 90 年前に出たが、現在発行所は英語研究者用と割り切っ

ているのか、旧漢字や古い表現などの改訂は一切行なっていない。しかし、斎藤の日本語はいかに古めかしく見えても、実は古くない。日本語が生きている。だからこそこれは、英和辞典として他に例がない長寿を誇っている。今日次から次へと出版される辞書類の短命なことを思うと、改めてこの辞典のすごさを強調しないではいられない」（出所6）

では斎藤秀三郎自身にも聞いてみよう。
「今度辞書をこしらえるについて、日本語をも比較研究する機会を与えられ、その間には色々な経験をした。日本語は不完全だとか不正確な言語だとかいうけれども、私は日本語でいかなる事でも言い表せないことはないと感じた」（出所7）
中辞典は発売から最初の増補がなされるまでの20年間に80万部という驚異的な売れ行きをみせた。
斎藤の死後4年たった1933（昭和8）年に版権が日英社から岩波書店に移り、紙型はそのまま使って出版されたが、1936（昭和11）年には豊田実による増補、さらに第二次世界大戦後の1952（昭和27）年には同人による2回目の増補がなされ今日に至っている。このように本人が亡くなり2回の増補だけで90年以上生き残っている英語辞書は他に例をみない。
中辞典は1911（明治44）年に初版が出たCODの影響を強く受けていると言われる。同年に出版された『井上英和大辞典』がCODに大きく依拠したことは明らかであるが、中辞典の場合は『井上英大』と異なり少しずつ表現を変えたり、記述の中にうまく溶け込ませていて、井上のようにCODべったりという感じではない。斎藤は『CODはおれの材料を皆取っている』といい、『CODが出たので自分の仕事の規模に確信を得た』と述べているがこれは本当であろう。筆者の私見にわたるが、大学時代にCODが出る前に刊行された斎藤『前置詞大完』を読みながら、『中辞典』に赤線を引いていったことがあるが、『中辞典』がほとんど真っ赤に埋め尽くされて驚いた経験がある。『中辞典』は、その例文と訳文は斎藤の著作を基盤にしたもので、CODは漏れのチェックに用

いられ、慣用句で自分の例文より良いものがあれば学者的良心から COD から借用したと思われる。『中辞典』では、後に続く前置詞で意味が分かれる場合は語義の冒頭にその前置詞を示すことを一貫して行っている。これは斎藤の言う「熟語本位」の特徴の1つと言える。斎藤は「熟語」を単なるイディオムとしてではなく、もっと広い意味で捉えていたようで、『中辞典』の序文の中でも "idiomatic, proverbial, and conventional expressions（慣用的、俚言的、慣習的表現）と言っており、動詞と前置詞、動詞と目的語、形容詞と名詞などのコロケーションなど、もう少し幅の広い結びつきまで含めていたようである。また、町田俊昭によると、『中辞典』Ernest Satow の *An English-Japanese Dictionary of the Spoken Language*（『英語口語辞典』、1876（明治9）年）から口語表現を借用していると言われるが、私見では同書発行の年は、斎藤まだ10歳であり、『中辞典』のために借用したというより、古くから日常的に慣れ親しんだ辞書であり、当然その影響が『中辞典』に反映されたとみるべきではなかろうか。

　『中辞典』の影響は日本国内にはとどまらなかった。中国で発刊された英語・中国語辞書である、『綜合英漢大辞典』商務印書館　昭和12（1937）年　は斎藤中辞典より大判で造本も立派なもので、編集大綱には、まず当時の欧米の代表的辞書の記述があり、日本の井上、斎藤の辞書も参考にしたと説明があるが、中身は斎藤『熟語本位英和中辞典』をそのまま漢訳したものといってもいい。このことからも、斎藤『熟語本位英和中辞典』の図抜けた優秀さは中国でも高く評価されていたのがうかがえる。

　また、これまであまり指摘されたことがなかったが、斎藤は、中国人むけにも著作を残している。その一部は、国会図書館近代デジタルライブラリーに『スタンダード漢訳』1,2 として所蔵されている。明治42年8月に興文社より発行されており、書名は

"STANDARD　ENGLISH LESSONS　漢訳 No.1 Third Year（226頁)、同 No.2　Forth Year（225頁）である。3年級、4年級とあるので、他の年級のテキストが存在した可能性がある。

10.『携帯英和辞典』

・「斎藤氏の組織的英語に関する著書はAdvancedもIdiomologyも動詞や前置詞の部のみでいずれも他の部が欠けている。聞く所によれば形容詞の如き霊妙なる働きのものは、組織を立てて行くのは困難で容易ではない。これは晩年の大事業として着手するとの考えだそうだ。」

（「斎藤氏の消息」『英語青年』片々録、第18巻第11号—明治41年3月1日）

大正5年（1916）1月から、斎藤はWord-Study（語義研究）の講義を開始した。語義はこれまで手薄だった形容詞がほとんどで、語義研究の講義は、正則の文学科で、毎土曜日の午前に実施され、雑誌『英語の日本』第9巻第15号から第11巻第6号までに21回95語が掲載されたが、実際の講義は百数十回におよんだ。

この語義研究の成果を反映して、1922（大正11）年4月斎藤57歳の時『携帯英和辞典』は刊行された。斎藤の高弟佐川春水は「この辞典は斎藤の辞典の中で最もよくまとまっている辞典である」と絶賛しているが、『中辞典』の名声に押されて、その存在も知らない人が多いのは残念である。

柳瀬尚紀は、この辞典にも言及している。

「斎藤秀三郎には、もうひとつ携帯英和辞典というのがある。その序文で、英語をどのような日本語に移すか、その実例を動詞のsatisfyで示している。せめてこれだけでも熟読していただきたい。

 to **satisfy** a person **with** anything　満足させる
 to **satisfy** a person **of** a fact　充分に分からせる
 to **be satisfied with** anything　満足する
 to **be satisfied of** a fact　確信する
 to **satisfy oneself of** a fact　事実を確かめる
 to **satisfy one's demands**　要求に応ずる
 to **satisfy one's obligations**　義務をつくす

to **satisfy one's liabilities**　負債を弁済する
to **satisfy one's objections**　異議に答弁する
to **satisfy all doubts**　疑惑を氷解する
to **satisfy the conditions**　条件に適う
to **satisfy one's wishes**　所望を満たす
to **satisfy one's hunger**　腹を塞ぐ
to **satisfy one's grudge**　鬱憤を晴らす
to **satisfy one's honor**　男を立てる
to **satisfy a wrong**　罪を滅ぼす
to **satisfy justice**　賞罰を行う　　　」（出所 1）

11. 『和英大辞典』の完成

斎藤和英大辞典

　『携帯英和辞典』（*Saito's Vade Mecum English-Japanese Dictionary*）の出版は、1922（大正11）年4月であったが、この時点で最後の大著となった『斎藤和英大辞典』の編纂も進行していた。だが、翌年の1923（大正12年）9月1日の関東大震災の際に、印刷所とともに、原稿の大半も焼失してしまった。こうした災いに立ち向かうように、斎藤は即日再び稿を新たにして、一人の助手も使わないで、しかも平日3時間ずつの学校の授業も1日も休むことなく、1928（昭和3）年6月10日、独力で4,640ページの大著を完成させた。A5版で分厚くずんぐりしていて枕版といわれた。見出し語5万、用例12万という当時最大の和英辞典であった。序文では文体論にまで言及して、和英辞典の英語は、Standard English と Practical English を中心にして、時折 Literary English にも足を踏み入れるべきである、また、the English of the Japanese must, in a certain sense, be Japanized.（日本人の英語はある意味で日本語化さるべきである）とも言っている。この意味はいわゆるジャパニーズ・イングリシュを容認・推進するというのではなく、日本人の英語は英語の慣用に則して書くのは当然だが、

それに留まらず、日本文化に根ざした日本人独自の味が出せるまで英語に熟達してほしいということであろう。実際、この和英大辞典では、都都逸・和歌・俳句・小唄・端唄・漢詩など日本独自の表現が英語の慣用を踏み外すことなく、日本文化の香りを漂わせながら見事に英訳されている。

　ところで、『斎藤和英大辞典』完成祝賀会の模様を『英語青年』は伝えているが、来賓の中でも後年本格的なコロケーション辞典である『英和活用大辞典』を編纂し、斎藤の良き崇拝者であった勝俣銓吉郎は述べている。

　「私は斎藤先生にはかって国民英学会と正則英語学校で例の high speed で Julius Caesar その他を習ったことがあるが、そのことよりも横浜で独学していた時代に読んだ先生の Conversation-Grammar のおかげをこうむっているように思う。実際、英語史の上から言って、英語を文法的に学ぶことを始めたのはわが国では斎藤先生をまず第一に推さねばならない。わが国の英学界の実状は諸外国にはあまり知れわたっていないが、この頃いよいよ盛んになってきたようにみえる北欧諸国の英学者の研究とても、おそらくわが斎藤先生の上へは出ていまいと思う。先生はわが英語界の Napoleon である。19世紀のヨーロッパ史から Napoleon を除いてしまったら実に寥々たるものであるが、斎藤先生を除いてはわが国の英学史は成立しない。われわれは素手で英文を書くなら下手ながらもどうにかやってのけるが、和文を英語に直すとなると、その和文に捉えられて下手が一層下手になってしまう。語法のはなはだしく異なる日本語の言い回しと英語の idiom との間にぴったりと合う adjustment を求めるのは容易な業ではない。それを考えると、斎藤先生の和英辞典の出現は、わが英学界のためばかりでなく、むしろ1つの international event である。フランスなどでは外国でフランス語の教科書が1つできても場合によれば、著者に勲章を授けたりする。英国にはそうしたことがないが、英国はこの辞典の著に対しても当然何かの表彰法を取ってもよいはずである。先日、新渡戸博士は早稲田の大講堂での講演中で斎藤先生の功績を称揚して、自分が文部大臣なら必ず勲章くらいは授けられるようにすると言われたが、私も同感である。」（出所1）

『斎藤和英大辞典』の刊行は世間ではどのように受けとめられたのであろうか。ここに『和英大辞典』の新刊案内を見てみよう。

「英語が本邦に入りきたってからここに数十年、その間に幾多の英学者が輩出したが、真の意味において英学者という言葉が最もよく当てはまる一人はわが斎藤秀三郎氏であるように思う。語学はしょせん 1 つの groundwork であるにすぎない。ある end に対する 1 つの means であって、ある程度の語学力を持つことはすべての人に当然課せられた課題である。誰しもそれ以上の何ものかを狙わなければならない。こうした考えが芽生えてくる時、多くの人たちは英語を捨てる。健康その他の事情も手伝って、英語そのもののために英語を研究するというようないわゆる英学者は次第に数を減じてきた。英学者以上に英語の先生である人々が増えてきた。そして英学者という語自身が文章家という語と同様にクラッシック化しかかった時代となった。
　こうした中に依然といて隠然と重きをなしているのがわが斎藤秀三郎の名前である。氏の「プリマー」や「レッスン」は当時のわが中等学校を風靡した。氏の Practical English Grammar、Monograph on Prepositions は今日でもたまたまあれば非常な高値をよんでいる。英語米語問題が起こらぬさきに斎藤氏は world's English を主張した。熟語本位英和中辞典はある意味においてわが国英和辞典界の 1 つの epoch を作った。かくしてまた 10 年はたった。
　そこへ突如として現われたのがこの『斎藤和英大辞典』である。四六版 1,600 頁の大冊に「中」辞典と名づけた斎藤氏も、この和英は 4,600 余頁で「大」としたところをもってみれば、氏の和英としては分量的には final なものとされるつもりであるらしい。辞典そのものについて言う前にあまりに多くの行数を費やしたが、それは決して徒爾ではない。
　斎藤氏の今までのすべての著書はこの和英を作るための基礎工事であり、この和英はそれら悉くとそれ以降の集大成であるからである。斎藤氏の英和中辞典の中の例文は極めて砕けた訳語や説明（それが時に便利であり、また時に不便であることについてはここではふれない）を見るものは、誰しもこれらの原

文を逆に日本文から自由に検出しうる組織の案出を望まなかったものはないであろう。今度の和英辞典は極めて大ざっぱに言って、それをなしたものであるらしい。そして、それに氏のレッスン、プリマー等にある得意の例文、および漢詩、和歌、俗謡、俚言、諺類の訳を挿入したものであるらしい。ただし、その他の氏の深い造詣、研究の結果がこの一書に注入されていることはもちろんである。

たとえば、komaru（困る）の條を引いてみる。

「困難する」「困却する」「困窮する」「迷惑する」「当惑する」「困ると言う」などの分類の外に

『must, must not などで訳す場合』

（例）職務を怠っては困る。You must not neglect-must attend to …your duties.

『will, will not で訳す場合』

（例）娘がわがままで困る。She will have anything her own way.

おまえは聞き分けがなくて困る。You will not listen to reason.

『can not, can not get over 等で訳す場合』

（例）言葉が通じなくて困った。I could not make myself understood.

僕は臆病で困る。I can not get over my timidity.

『too, enough 等で訳す場合』

（例）内の人は気長で困ります。He is too deliberate.

（そんな事は子供に教えなくても）今に覚えて困る。He will learn it soon enough.

『英語に訳さない場合』

（例）この子は無作法で困ります。He has no manners at all.

等の箇条を設けて、各項に十数の例文をあげて日本文を言う時の psychology をいかに英語に移すかに苦心しておられる。いかなる程度まで本書が斎藤氏の著作の綜合であるかは、以前、私が中学校の教室で氏のレッスンを教えて少なからず妙な気分を味わった文「今度の先生はちっとはできるか」の如き

が dekiru の條および sensei の條の 2 ヶ所に入っているのでも分かる。斎藤氏は英米人の感覚で日本語を見る。そして各語をその用いられる種々の意義にしたがって詳密に分類説明している。この点、われわれには和英辞典として以外に readable dictionary として、逆に砕けた英文和訳の参考にもなるのである。以下省略」（出所 2）

市河三喜も、この辞典の特異性について言及している。

「日本でも（ジョンソンの辞書）に似て辞書の中に個人の主観的嗜好を採り入れたものがある。それは斎藤秀三郎氏の和英辞典で、何しろ酔而枕美人膝、醒而握橡大筆といったような東洋風の豪傑だったから、都都逸でもラッパ節でも何でもござれである。「咲いた桜になぜ駒つなぐ、駒が勇めば花が散る」の英訳が出てくると思えば、「倒れし兵士を抱き起こし耳に口あて名を呼べば」も飛び出す。「何をくよくよ川端柳」などの流行歌もあったように記憶する。日英同盟当時「日英の縁を結ぶは八雲立つ出雲にあらぬイディオモロジー」という名歌を詠んで、両国語のイディオムを比較研究してピタリと合いそうなのを拾い集めた、特徴のある面白い辞書が出来上がっている。まさに英語の研究に全身全霊を没入した人でなければ成し遂げられない事業である。色々の欠点もあるが辞書として特異の存在を持ったもので、その点著者自身の性格がよく現われている。聞くところによると斎藤氏の家の便所は畳敷の豪奢なもので、そこにはウェブスターがひろげてあったという」（出所 3）

晩年の斎藤は、持病からトイレに行く頻度も多く、辞書を持ち込んで勉強・研究の場としたことは十分ありうる話である。

それでは、『斎藤和英大辞典』は 4,649 ページもの大冊であり、ごく一部ではあるが、筆者がこれはと思った文例を紹介しよう。

【斎藤和英大辞典の文例】

江戸ッ子は五月の	The Edokko is the streamer gay
鯉の吹流し	Of the Boy's Fête of May ;
口先ばかり	He is empty inside, well -a- day !

はらわたは無し	For all that he may say.
古池や	Old garden lake !
蛙飛び込む	The frog thy depths doth seek,
水の音	And sleeping echoes wake.

　芭蕉のこの句の英訳は筆者が知るだけでも10以上あるが、斎藤のように「水の音」を "sleeping echoes wake" と秀逸に訳したものは他にない。直訳すると「眠るようなこだまが生じる」だが、蛙が水に飛び込むと古池の静寂が突然破られるがその後の無音の中に眠るようなこだまが耳元に続いて聞こえてくるようだという情景を日本的な味わいを出しながらネイティブにも分かる表現へと転換するのに成功している。

惚れて通えば	Love laughs at distance, Love !
千里も一里	A thousand miles is one to love ;
会わずに帰れば	But when I can not meet my love,
又千里	A thousand is a thousand, Love !

　この作者不詳の日本の都々逸を、斎藤は他動詞構文を巧みに使って「愛は距離を笑い飛ばす」と和訳している。英語の第3文型SVOは英文の主軸をなすものであり、日本文の意味を考えてこの文型に持ち込む工夫を学ぶべきであろう。

明日ありと思う	Hope not the transient blossom shall
心のあだ桜	Until the morrow last :
夜半に嵐の	For who knows but the midnight gale
吹かぬものかは	Thy cherished hope may blast ?

酒飲めばいつか	Wine maketh glad the heart of man,
心も春めきて	And makes of winter genial spring ;
借金取りも	And e'en the bill - collecting dun

鶯の声	Doth to me like a robin sings.

次は、一説に幕末の高杉晋作の作った都々逸であるが、斎藤の筆にかかるとこう英訳される。

三千世界の	Throughout the world I'd kill
烏を殺し	The cawing morning crow,
主と朝寝が	And sleep at morn my fill
して見度い	With you as bed - fellow.

さらに、『平家物語』の有名な次の冒頭文はこのようになる。

沙羅双樹の花の色盛者必衰の理を表す
　The blossoms of the sal-tree proclaim that prosperity is subject to decline.

諺の類なども見てみよう。

人の噂も七十五日	A wonder lasts but nine days.
上手に上手あり	Diamond cut diamond.

全力を一点に集中しなければ大事は為せぬ
　You can not achieve anything great unless you concentrate your energies on one object — bring all your powers to bear on one object.

読書百遍義自ら通ず
　Read a hundred times over, and the meaning will become clear of itself.

百弊金銭より生ず	Money is the root of all evils.
酒は百薬の長	Wine is the chief of all medicines.
老人の冷水	an old-man's indiscretion
一葉落ちて秋を知る	A straw shows which way the wind blows.
男心と秋の空	Men are as fickle as autumn weather
—（西洋では）	— Woman is as fickle as April weather.

山雨まさに到らんとするや風楼に満つ

Coming events　cast their shadows before them.
　三尺の童子もこれを知る　　Not a child but knows it.
　三人寄れば文珠の智慧　　Two heads are better than one.
　我が生の須叟なるを悲しんで長江の窮まり無きを羨む（赤壁賦）
　　　I repine at the shortness of life, and envy the river its eternal course.

　『斎藤和英』は、機能語が大変詳しいのも特徴である。ここでは、「決して…」と「却って」という機能語が、英語のどの表現と等価の関係にあるかが多様な文例で示されている。

【決して…】
〈副〉　Never ：（どんなことがあっても）, on no account ：（どんな場合にも）, in no case ; on no　occasion ; under no circumstances ：（決してそんなわけではない）, by no means ; by no　manner of means ; no such thing ; nothing of the kind：（少しも）not at all ; not in the　least ; not a bit of it ; no（＝not　any）：（どう見ても）nowise ：（それどころではない）far　from ：（なにはともあれ、そればかりは）, anything but ; the last

◆ ご恩は決して忘れません　　I shall **never** forget your kindness.
◆ これからあんなところへは決してまいりません　　I will **never** go to such places again.
◆ 病気のほかはどんなことがあっても決して学校を休んではいかん　　You must **not** absent yourself from school **on any account**, unless you are ill — **On no account** must you　absent yourself from school, unless you are ill.
◆ どんなことがあっても決して嘘をつくものでない　　You should **not** tell a lie **in any case** — **under any circumstances** — **in no case** — **under no circumstances** — should you tell a lie.
◆ 偽りはどんな場合にも決して許すべきものでないか　　Is a lie permissible **in no case**？— **under no circumstances**？
◆ ロシア人は決して勇気のないわけではない　　The Russians are **by no means** wanting in courage.

- ◆ 決してそんなわけではありません　No such thing ! — Nothing of the kind!
- ◆ 値段は決してお高くはありません　The price is **not at all** high — **none too high**.
- ◆ 決してご心配には及びません　You need **not** make yourself uneasy **at all**.
- ◆ 決してさようではございません　**Not at all !** — **Not a bit of it!**
- ◆ 彼は決してそんな人ではない　He is **no such man**.
- ◆ 決して間違いではない　It is **no mistake**.
- ◆ 決して偽りは申しません　I am **telling no lie**.
- ◆ 将来は決してお小言を頂戴するようなことは致しません　You shall have **no cause for complaint in future**.
- ◆ この品はあれに（どう見ても）決して劣りません　This article is **nowise** inferior to that.
- ◆ 彼の英語は決して完全とは言えぬ　His English is **far from** perfect — **anything but** perfect.
- ◆ 彼は決して学者とは言えぬ　He is **far from** being a scholar — **anything but** a scholar.
- ◆ 彼は決してあやまち無き人とは言えぬ　He is **anything but** prudent.
- ◆ 彼は決して偽りを言うような人じゃない　He is **the last** man **to** tell a lie — He is **not the** man to tell a lie — He is **above** telling a lie.
  ［注意］打消に "can" を加えれば（can not）「不可能」「決して」の意味となる。
- ◆ 決して疑い無い　There **can be not doubt** about it.
- ◆ 君が落第する気遣いは決して無い　There **can be not fear** of your failing.

【却って】〈副〉　　［注意］英語を標準とす。

1. On the contrary
- ◆ 富者は必ずしも幸福ならず、かえって貧者の幸福をうらやむ　The rich are not always happy ; **on the contrary**, they envy the poor their happiness.

2. More ; rather ; better
- ◆ 小量の酒は毒にはならぬかえって薬だ　A little wine **does more good than**

harm.

- ◆ あなたよりもかえって私がお詫びをしなければなりません　It is for me **rather than** for you to apologize.
- ◆ それはかえって言わずにおく方が好い　**Better** leave it unsaid.
- ◆ その方がかえって好い　That would be **better**.
- ◆ 金貨よりかえって札の方が好い　I **like** paper money **better than** gold — **prefer** paper money **to** gold.
- ◆ 彼は年こそ行かないが思慮はかえって年長者以上だ　Young as he is, he is **more** thoughtful **than** his seniors.
- ◆ 君が干渉するとかえってぶちこわすから止せ　Your interference will **do more harm than good**.
- ◆ 弁解するとかえっておかしい　If you try to excuse yourself, you will **make the matter worse**.

3. All the more （for）；　only the more （because）

- ◆ 失敗がかえって薬だ　You will be **all the better for** your failure.
- ◆ 彼はうぶだからかえって可愛い　He is **all the more** beloved **because** he is naive.
- ◆ 彼は欠点があるからかえって可愛い　I love him **only the more because** he has faults — **only the more for** his faults.
- ◆ 病人は転地してかえって悪くした　The invalid is **all the worse for** his change of air.
- ◆ あの医者にかかってかえって悪くなったような気がする　I feel **all the worse for** his treatment.
- ◆ 止めるとかえって募る　Remonstrance will **make** him **only the worse**.

4. Positively

- ◆ 彼を賞めるどころかかえって非難せねばならぬ　So far from praising him, I must **positively** blame him.
- ◆ 彼は手助けどころかかえって厄介者だ　Instead of being a help to me, he is **a positive encumbrance**.

- ◆ 貧家に生まれたのがかえって得だった　My being born poor was **a positive advantage**.
- ◆ 若い者には金がかえってたたりになる　Money proves **a positive curse** to young men.
- ◆ 世のいわゆる智なるものはかえって愚である　What the world calls wisdom is **a positive folly**.
- ◆ あまりていねいにされるとかえってうるさい　I am **positively annoyed by excessive politeness**.
- ◆ あまりていねいにされるのはかえって迷惑だ　Excessive politeness is **a positive nuisance**.

5. Instead of （前置詞）
- ◆ 彼を罰せずにかえって賞した　**Instead of** punishing him, I rewarded him.

6. Very （形容詞）
- ◆ 君が居るとかえって邪魔になる　**Your very presence** will interfere with the plan.
- ◆ 金があるとかえって勉強のさまたげになる　**One's very wealth** will interfere with one's studies.
- ◆ 彼は智恵があるためにかえって誤った　**His very sagacity** misled him.
- ◆ 彼は才があり過ぎてかえって身を誤った　**The very excess of cleverness** betrayed him into error.

7. ［注意］「却って」を英語に訳さぬ場合あり。
- ◆ 彼は不幸に遭遇してかえって世の同情を得た　His misfortune **won** him **public sympathy**.
- ◆ 彼は職を辞してかえって価値を上げた　His resignation has **raised** him **in the public estimation**.
- ◆ 君が干渉するとかえってぶちこわすから止せ　If you interfere, you will **make a mess of it**.
- ◆ 忙しいとかえって片暇にも勉強するものだ　A busy man will **read at odd moments**.

- ◆ 風流ならざるところかえって風流　There is **taste in the absence of taste**.
- ◆ 欲張るとかえって損をする　"**Grasp all, lose all.**"
- ◆ 天の賜物を取らざれば、かえって咎めあり　"**Take the good the gods provide.**"
- ◆ 不幸がかえって幸福となる　**One's misfortune turns out a blessing**.
- ◆ お礼を言われてかえって痛み入る　You **put** me **to shame by thanking** me.

　斎藤の「却って」という機能表現を、上の7区分の英語表現に整理するやり方は、英語を知り尽くした人ならではの仕事と言えよう。他にも、副詞の「始めて、初めて」を見ると、次のように懇切丁寧にいくつかの〔注意〕を設けて説明している。

1. 「始（初）めて何々した時」は "**When** I did so **for the first time**" と言わずして "**The first time** I did so." と言う。
2. 「始（初）めて洋行した人」は "the man who went abroad first" と言わずして、"**the first** man that went abroad" または "**the first** man **to** go abroad" と形容詞に訳して（人なる）名詞を形容させる。
3. 「始（初）めて」を打消をもって表すことあり。
　ここは初めてです、I have **never** been here **before**.
4. 「始（初）めて」を "not till" をもって表すことあり。
　その翌日になって始めて事の真相がわかった。
　It was **not till** the next day that I learned the truth.
5. 「始（初）めて」を "then……when" をもって表すことあり。
　政府というものはその必要がなくなって始めて完全な政府である。
　Government is **then** perfect **when** it is unnecessary.
6. 「始（初）めて」の意味を "only" をもって表すことあり。
　試してみて始めて不可能なことがわかる。
　It is **only when** you have tried that you find it to be impossible.
　It is **only by** trying that you know its impossibility.

12. 未完に終わった『熟語本位英和大辞典』

　和英大辞典が書店にならんだ頃、斎藤は大患にかかり草津温泉に療養中であった。夏をこえても病状は好転せずに10月に帰京、手術を受け容態は一時良好になったが、1929（昭和4）年5月、上野精養軒における和英大辞典完成祝賀会席上での公式な挨拶を最後として、11月9日麹町5番町の自宅で直腸がんのため逝去した。享年64歳であった。遺作としては「F」の項まで出来上がっていた『熟語本位英和大辞典』が残された。筆者も実際に原稿のコピーを見る機会があったが、それはB4判よりやや小形の横罫用紙に、斎藤の見事なハンドライティングで作り上げられた芸術品とも言えるものであった。

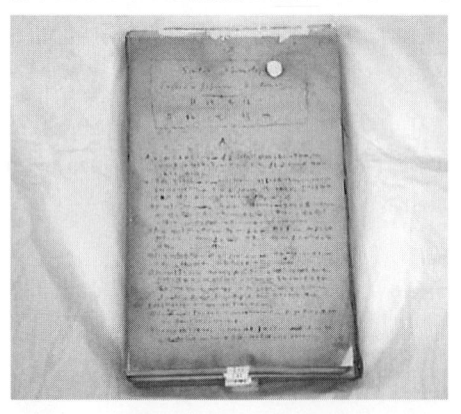

斎藤秀三郎『熟語本位英和大辞典』自筆原稿
宮城県県指定 有形文化財 書跡・典籍（宮城県図書館蔵）

　『大辞典』は一説に「H」まで完成していたという記述があるが、これは全くの誤りである。筆者自身原稿コピーで確認しているし、念のため、宮城県図書館への原稿寄贈のために仲介・尽力された出来先生にも直接確認を取ったから確かである。『斎藤伝』を書かれた大村氏は『大辞典』の原稿を見る機会がなく、その他の要因も重なって「H」までという誤った風説が流れたと思われる。

発音には国際音標文字が使用されている。また動詞では語義分けの精密さと指示ラベルが注目される。たとえば、動詞が名詞を伴って熟語を構成する場合には、「動副熟語」のラベルを付している。その他、「以下前置詞付」「命令法の慣用」等、有益な語法指示が目立つ。また、助動詞 can の説明は、「第一の意味」「第二の意味」「第二の意味の疑問」等の書き方で語義分けし、適所に「注意」の指示を与えている。参考に助動詞 can を前著『熟語本位英和中辞典』の同項と比較してみよう。

---

1. 豊田実増補『熟語本位英和中辞典』

can 〔kæn〕〔助動詞〕〔過去 could、過去分詞なし〕<u>能う</u>、<u>出来る</u>。(又＝may) <u>宜し</u>。

I **can** do so. 出来る。I **can** not do so. 出来ぬ。 You **can** (= **may**) do so. 宜し。
I **can** not (choose) **but** do so ― I **can** not **help** doing so.(何々)せざるを得ず。
I **can** not **but** die. 死せざるを得ず。I **can but** die. 死ぬだけの事（死ぬより大きな事はない） One **can** not be **too** careful. いくら注意しても足らぬ（念には念を入れよ）。
You **must** work hard **before** you **can** succeed. 勉強しなければ成功は出来ぬ。
② (not be so ―そんな) はずなし、不可能なり。

> 注意　"can" "do" のごとき意志動詞と合すれば「能う」「能わぬ」の意味となり、"be" のごとき無意志動詞と合すれば常に打消または疑問にして「はずなし」「かしら」の意味となる。これを第二の意味という。

It **can** not be so （= it is *impossible*）　そんなはずなし。The report **can** not be true. この評判が本当なはずはない。**Can** it be true? （= I **wonder if** it **can** be true.）（これが本当のはずはないが）本当かしら。

> 注意　"can" は "have been" "have done" と合すればいつも第二の意味。

I **can** not have said so. そんなことを言ったはずはない。
Can I have said so?　（= I **wonder if** I **can** have said so.) そんなことを言ったかしら。

2.『熟語本位英和大辞典』の原稿

can 〔kæn〕〔助動詞〕〔過去 could、過去分詞なし〕
【第一の意味】(do something)（何々し）<u>能う</u>。（何々する事が）<u>出来る</u>。
（二人称では何々して）<u>宜し</u>（と "may" に代用す）
I **can not** fly. 飛ぶことが出来ない。— I **can not** say — **can not** tell. 分からぬ。
I **can not but** do so — **can not choose but** do so — **can not help** doing so — **can not avoid** doing so. そうせざるを得ぬ。　I **can but** die. ただ死ぬだけのこと（死ぬより大きなことはない）。　One **can not** be too careful. いくら注意してもしすぎるということがない、いくら注意しても足らぬ（念には念を入れよ）。　They **can not** meet **without** quarrelling. ふたりが逢えばかならず喧嘩。　You **must** persevere **before** you **can** succeed. 忍耐しなけれや成功せぬ。　You **must** do this **before** you **can** be that. こうしなけれやああ成らない。

注意 "can" は "do" のごとき意志動詞に合すれば「能う」「能わぬ」の意味、"be" のごとき無意志動詞と合すれば第二の意味となる。

② 【第二の意味】(not be so)（そんな）<u>はずがない</u>。（そんな）<u>道理がない</u>。
The report **can not** be true. この評判は本当なはずがない、いくら考えても本当でない。
Surely it **can not** be true. まさか本当であるまい。
It **can not possibly** be so. 間違ってもそんなはずがない。
He **can not** be in his senses. 彼はいくら考えても本気とは思われぬ（真面目の沙汰でない）。　You are **as** wrong **as** wrong **can** be. (= can not be more wrong) そんな間違いはない、それや大間違い。

③ 【第二の意味の疑問】<u>かしら</u>。
Can it be true? — **I wonder** if it **can** be true. これは本当かしら（本当なはずがない）

④ (**not have done** so) そんなことをするはずがない。

> [注意] "can" "have" が伴えばいつも第二の意味。
> I **can not have said** so. そんなことを言ったはずはない。　Who **can have done** such a thing? 誰がそんなことをしたかしら。　I **wonder how** I **can have done** wrong. 僕の処置はどこが悪いかしら。　**Can** I **have done** wrong in telling the truth? 本当のことを言ったが悪かったかしら。
> 〔あとは could を見よ〕

　以上のように、『熟語本位英和大辞典』の **can** の項は『熟語本位英和中辞典』の同項よりも明確に、より有機的に語義分けされそれに対応した用例も記載されていることがわかる。

　もし、この『熟語本位英和大辞典』が完成していたなら、われわれをさらに啓発する貴重な学問的財産となったであろう。遺稿の精査・分析が今後の課題として残されている。(出所1)

13. 斎藤のイディオモロジー

　東京外国語大学学長をつとめ『研究社簡約英和辞典』などの編纂で知られる岩崎民平によれば、

　「実用文法ということになれば、やかましい文法論から演繹される体系などにこだわらず、言語活動の実際にぶつかって、必要とされる知識をまとめるのも1つの方法であり、日本人が英語を学ぶ場合には特別の日本人本位の英文法があってよいわけである。この意味において故斎藤秀三郎氏の業績などは貴いものであろう。文法という名がふさわしくないならば、Idiomology でも結構であって、要は実践的に英語の文法的事実や慣習に習熟することである。」(出所1)

　斎藤自身による次の論文は、イディオモロジーの核心をついたものである。

OREATION by H. Saito

　I sat at my desk, writing. After a vain quest for a word, I exclaimed to myself.

　"Why drudge I unceasingly at this eternal self-imposed task of mine?

　The joy of creation?　Bah!　Who will appreciate your creation?

　I paused and thought. It had always seemed to me to be one of the incongruities of the English language that the creation of the world and the creation of art should be denoted by the same word. I now thought:

　"Can these facts have any point in common?　Can it possibly be that my creation has anything to do with God's creation?　Let me consider, ———

　"Yes, maybe, God creates through his creatures. Evolution in nothing but one of the processes of creation ——— it is an established fact with me. May it be that every word that drops from my pen adds to the already existing universe of mind and matter?　Is it that every new idea that comes into my head is a new birth in the spiritual world which is hailed with joy in the depths of the Eternal Silence?　Am I a pioneer sent by God to explore the borderland of the Inane?

"Then, surely, even if not a mortal appreciate my work, there is One who does, ―――

"Then immortal poetry is immortal in the truest sense of the word, ―――

"Then Literature is coeval with Eternity, ―――

"Then I will woke, ―――

"Oh! I've got it ―――気脈――― that's the word".

創作是創造　　　　佐川春水訳

　机にもたれて筆を呵（か）すること多時。偶々一語を索めて得ず、遂に独り自ら叫ぶ――

　『噫（ああ）、われ何を苦しんでか自ら這個の労役を求めて懊悩苦吟旦暮を別たざるの愚を敢えてする。創作の快乎。非ず。誰か汝の創作を解するものぞ』

　筆を投じて沈思之を久しうす。余常に思へらく、世界の創造と芸の創作と同一語creationを借ること英語における幾多混沌事の一に非ずやと。今にして之を思う――

　『この両者果していささかの共通点を有するある乎。余が創作と神の創造と果して彼我交渉する所有る乎。請う一考せん――

　『夫れ或は然らん。蓋し神の物を造る、既に造られたる物を以てす。進化は畢竟創造の一過程而已――是れ余に在っては既定に事実なり。然らば則ち、余が筆端より迸（ほとばし）る所の片言隻語は悉く彼の物心の世界に貢献するものなるべき乎。新に余が脳裡に浮び来る所のものは皆是れ心霊界の新所産にして「永黙」の深奥に無言の歓呼を受くる底の物なるべき乎。余は夫れ神が虚無の辺際に送れる開拓者なるなき歟。

　『果して然らば、一人の余が労作を解する者無きも何ぞ憂とするに足らん。これを嘉みし給う者上に在ますに非ずや――

　『果して然らば、不朽の「詩」は真個に不朽なる也――

『果して然らば、「文学」は「無窮」とともに終始せん也──
『さればいざ、努めなん──
『ああ、我れ之を得たり。曰く─気脈─是なるかな、是なるかな』

「1つの英語を他の英語で説明しては言葉が死んでしまう。長々と説明しないまでも最も近い equivalent を置き換えて見ることすら十分でない。なぜならば、1つの思想を真に適切に表し得る言葉は厳密に言えば1つの他ないわけだからである。ああも言える、こうも言えると、言い換えているうちにいつかあらぬ方に外れているのである。この意味から言うと、原語の字引を引くということは言葉の定義を知るには適当でもあり、進歩の階梯としては務めてなすべきことに相違ないが語そのものの真髄を痛切に把握する所以ではない。それよりも、ちょうどそれと同じ思想を表わす活きた日本語をまざと眼前に突きつけてもらった方がはるかによい。ちょっと考えると英語は同じ英語で説明してこそその真意を解し得べきものであるように思われ、またそう一概に思うのが現今英語学者一般の傾向であるようだが、まだ眼の着け所が低い。たいていの場合、よくよく研究してみれば日英人に共通な心理作用がある。そこを懸命に考えて、英人のこの概念または感覚はわれわれ日本人のこれこれに相当する、とこう突き止めた上で、それを表わす適語中の適語を日本語に求めるのである。そしてそれを捜し当てた時がとりもなおさず、その英語の真髄を掴み得たときである。回りくどいようでその実一番の近道である」

これが斎藤先生の持論であり信念なのです。

そして先生はこの信念の下に一生を英語の研究に委ねておられるのである。それこそ、四六時中、いやしくも眼のさめている間は何かしら訳語を考えておられないということがない。殊に最近の事業たる「辞典」から「語義研究」へかけての先生の奮闘は実に物凄いばかりである。

ある日のこと、intelligence の1語に secret understanding (between) というような意味があるのをどういう日本語で表わしたらよいかと、しきりに沈思苦吟されたが出てこない。いやになって筆を投げ出し、いつしか creation の

ことを考えるともなしに考えてevolutionのことに及び、自分の仕事に大いなる意義があることを痛切に感じて、再び勇猛心を振り起こして仕事に掛かろうとされると、ふとその時に頭に浮かんで来たのが「気脈」の1語であった。intelligence＝気脈。これなるかな、これなるかなと覚わず机をたたいて快哉（かいさい）を叫ばれた。その時の嬉しさをものされた筆のすさびが上記のcreationの一文である。

　斎藤先生はよく酒の席で「巻紙を！」とだしぬけに命ぜられる。それは誰かふと言ったことが参考になると感付かれるためで、先生はそれを手早く紙に書き付けて袂（たもと）の中に投げ込み、またもとのように痛飲、痛語、痛笑、痛罵を続けられる。

　「inspirationは煩悶の結果絶望に身を委ねんとする一転瞬に来る」とは日頃の先生の口癖である。（出所2）

　また勝俣銓吉郎の著作『英作文と英文図解』にもイディオモロジーを理解するための重要な考えが述べられている。

1. 英作文とGrammar
　「文法をやったからといって、文が書けるというわけにはゆかない。文を書くときに、文法のご厄介になる場合は極めて少ないので、文を書こうという人は、文法なんか眼中に置かないで、正しく書いてある本国人の英文を熟読して、その中の句を頭に入れることが第1だ。なまじっか、文法等を知っていると、筆が縮こまって伸びない。まず相当筆が動いてくるまでは、文法はしばらくお預けにしておくことだ。

2. 英作文とLogic
　「一体、日本人の頭の働き方は、あまり論理的でないようである。日本の新聞を見ると、辻褄の合わないような文句がずいぶん見当たる。これは一読している時には気がつかないが、翻訳しようとすると、たちまちその欠点が明瞭になってくる。どうも、日本文より英文の方が一層論理的に書かれているようで

ある。Dixon という英語の先生が、昔し東京帝国大学で教鞭を取っていたことがあるが、この先生は、英文を書こうとする日本人に、logic の本を読むように勧めたものであった。これは、日本人の英文を見て、その弱点を看破したからであって、至極適切な助言と評するほかないのである。Clear thinking makes clear writing. と言うから、なにか分かりやすい logic の本を読んで、logical mind を造りあげるには、確かに明快な英文を書く1つの助けになると思う。

3. 英作文と Idiomology

「Grammar が法律であるとすると、idiom は道徳である。法律の知識は、世の中を渡るのに必要であるが、道徳の観念が十分発達していなくては、人と円満な交際はできないのである。英文を綴るにも、grammar というおおざっぱな法則より、さらに細かい、さらに複雑な idiom に熟達するということがより以上必要である。

Grammar は型を教えるもので、たとえば、他動詞は目的語をもつというようなことを概括的に解くのであるが、idiom の方はある名詞にはある動詞を配するといったような立ち入ったことを教え、だいぶ話が細かいのである。英文を書くときは grammar のご厄介になるよりも、idiom のご厄介になる方がずっと多い。だから、斎藤先生のいわゆる idiomology は、grammar よりも作文に一層重要な関係があると断言しなければならない」

4. 英作文と作文眼

「英作文の素地を養うべき読書の際、意味を解釈し、その中から英作文の材料に適した word combination を抜粋して、これを暗記するようにすることである。<u>英作文の方から言うと、漠然と訳読をしたのが一番効果が薄く、また全部を鵜呑みに暗誦するのは労力の割合には利益が少なく、適当な句を抜粋して記憶するのは、全部暗誦にくらべて労少なく、しかも効力が著しい。</u>これが一番経済的なやり方である」（下線は筆者による）

5. 英作文と作文単位

「作文単位」とは、英文を作るのに最も都合よく排列してある語の一群を指すので、この単位をそのまま記憶すると、単語を記憶するのと違って、英語の

idiom に合致した英文が綴れる割合が高くなり、比較的完全に近い英文ができあがるわけである。

（1. 作文単位の見本）
1.He argues beside the point. 彼は議論が脱線する。
2.give it my earnest consideration　それを細心に考慮する。
3.encroach upon the realm of 〜　〜の縄張りを侵す。
4.hold its dominant position in the world　世界で優位に立つ
5.The course occupies three years. 課程は3年修了。

break the ice（話の口火を切る）、turn the corner（峠を越す）、carry through（やり遂げる）put down（〜を鎮圧する）などの phrase も「作文単位」に含まれるが、作文単位は、包容するところがさらに広く、語のありとあらゆる collocation を指すのであるから、sentence までも作文単位に含まれることになる。

次のように表現の仕方が日本語とだいぶかけ離れている英語一流の言い回しも作文単位として扱うのである。
6.The doctor gave him six months to live.
　医者は病人がもう6ヶ月しか命がないと宣言した。
7.His hand itches for a pencil. 彼は絵を描くのが大好き。
8.This is the day of the educated farmer.
　今日は、農業者に、教育がなくてはならない時代である。

また他動詞の subject が人間でない sentence も、作文単位である。
9.The wind and the rain have confined us to our hotels.
　風と雨とで、表へ出られず、私たちはホテルに籠城していた。
10.　September ushers in the season of widespread reading.
　9月に入ると一般に読書の季節になる。

11. Historical evidence supports this hypothesis.
この仮定の正しいことは史実が証明している。

(2. 起句の例)

12. It is a matter of pride to us that ‥‥
…はわれわれの誇りとするところである。

13. It is not far from the truth to say that ‥‥
…と言って当たらずとも遠からずだ。

(3. 承句の例)

14. It invariably follows that ‥‥
したがってかならず…ということになる。

15. We may take it as demonstrated that ‥‥
…ということが明らかになったと思う。

(4. 転句の例)

16. Now, let us take this from another angle.
そこで、この問題を別の角度から考察してみよう。

17. I may observe in passing that ‥‥
ついでに申し述べることにするが…

(結句の例)

18. Let it be said in conclusion that ‥‥
最後に述べることは…

19. We think we may safely conclude that ‥‥
…と結論して誤りでなかろうと思う。

この勝俣の『英作文と英文図解』1936（昭和11）年は、後年の氏のコロケーション辞典の理論編にあたるものでもっと重視されるべき文献であろう。

斎藤イディオモロジーが何たるかを説明するのに、まず第1に挙げられるべきは、『熟語本位英和中辞典』の序文である。だが辞典が大変に普及している

のに対し、その序文は英語で書かれているために意外に知られていない。筆者は十分調査したつもりであるが、日本語訳はついに発見できなかった。そこで、筆者の拙訳を記載することにする。

『斎藤熟語本位英和中辞典』英文序文（翻訳は筆者による）

Words are nothing in themselves, and everything in combination.
In the case of words, combination comprises construction and association.
A verb without its constructions is no verb and association is what makes the most significant words what they are. By association are meant the idiomatic, proverbial, and conventional expressions in which each word usually occurs.

単語はそれ自体では何の意味もなさない。単語と単語が結合してはじめて意味をなす。単語の場合、結合は構文と連想からなる。構文のない動詞は動詞でなく、また連想によってもっとも意味深長な言葉も本来のあるべき姿を現す。連想によってこそ、個々の単語が通常表す慣用的な、諺のような、決まりきった表現を意味することができる。

The work has been of absorbing interest me, and I consider myself one of the most favored of men in being thus privileged to break ground in an all but virgin field of investigation.

この仕事はこれまで私の興味を惹きつけてやまなかったし、私自身ほとんど調査の行われていなかった処女地にはじめて鍬を入れた光栄に浴する最も恵まれた人間のひとりであると思っている。

The comparative study of English and Japanese can not but be interesting. Each is a composite language, rich with the spoils of time. The two represent the extreme phases of human culture, and yet the student of the two languages frequently comes upon an expression that causes him to exclaim. For extremes meet. However, it always remains a difficult task to give exact rendering that are brief and to the point.

　英日比較研究は興味を惹きつけてやまない。それぞれの言語とも古今の名作に富んだ複合言語である。この2言語は人間文明の両極端な局面を表しているけれども、2言語の両方を学ぶ者は感歎せずにはおられない表現に頻繁に出くわす。両極端は相似るというというわけである。かといって、一見直ちに要領を得る訳語を与えるのはいつも並たいていの仕事ではない。

> Chemistry is an interesting study-many chemists grow old and die with all the enthusiasm of young students. Now, what is chemistry? I will not insult your scholarship by telling you that the science professes to concern itself with the properties of some seventy or eighty or ninety elements -I can not, for the life of me, be sure of their number, they increase so fast.

　化学は興味深い研究対象である。青年学究者のような情熱すべてを持ったまま年老い死んでゆく化学者も多い。では、化学とは何か。科学では約70～80あるいは90の元素の特性を扱うことだと明言しているなどと言って諸君の学識を侮辱するつもりはない。私にはどうしてもその数を確信できぬほど、元素の数は急速に増加しているのだ。

> But, in point of fact, it has to deal with the properties and combinations of some thirty elements. These thirty odd elements, with their affinities and antipathies, can engross the lifelong attention of intellects of the first order.

　しかし、実際は、化学は約30の元素の特性と結合を取り扱わねばならない。これらの30余りの元素は、親和性と反発性を持ち、第一級の知性の持ち主の注意を生涯にわたって惹きつけることができるのだ。

> Now, suppose these thirty odd elements were to multiply by one hundred, what sort of a chemistry should we have? Dr. Divers, late professor of chemistry at the Imperial University, was one of the busiest men I ever knew, and yet he had

only thirty odd elements to deal with.

さて、これらの30余りの元素が100倍されたと仮定したら、われわれはどんな化学を持つことになるであろうか。帝国大学の前化学担当教授であった、ダイバー氏は今まで私が知っている最も忙しい人物の一人であるが、それでもたった30余りの元素を扱っていたにすぎない。

> We-at least some of us- have hours to spare every day over the goban with our colleagues after our duties at the school are done, and yet we have thousands of elements to deal with. What wonderful men we must be! For, must I tell you that the study of English is just such a chemistry- a mighty chemistry which has to deal with thousands of elements, whose combinations know no limits or bounds?

われわれ、少なくともわれわれの幾人かは、学校の職務の後同僚と碁盤をはさんで毎日余暇をすごしているけれども、われわれは数千もの要素を扱っている。われわれ人間はなんとすばらしいことであろうか。というのは、こう申しあげればならないだろうか。英語の研究とはちょうどそのような化学、それも偉大な化学であって数千もの要素を取り扱わねばならず、その要素間の結合には際限がないと。

> Ordinary chemistry has to do with dead matter, and yet its subtlety frequently defies analysis. Our chemistry, on the other hand, deals with living mind, with the action of the human soul, which now shows itself as intellect, now assumes the form of emotion, and now asserts itself as volition.

通常の化学は無機物と関係あるけれども、その繊細さによって分析を拒まれることがしばしばある。他方、われわれの化学は生きた心、人間の魂の活動を扱う。それは時にそれ自身知性として現れ、時に感情の形をとり、また時としてそれ自身意志を主張する。

The Proteus soul often visits you in the shape of the intellectual man, the man of thought, the philosopher, and challenges you to understand him. You grapple with him, and, after mighty efforts, succeed in grasping his sense. You now feel ready to face the whole world of English literature. Not so fast! Proteus next confronts you in the form of the man of emotion and sensibility, the poet.

プロテウスの魂が知的な人物、思想家、哲学者の姿をしてたびたびあなたを訪れ、あなたに自分を理解してくれるよう挑んでくる。あなたは彼と組み合いとなり、あらん限りの努力を尽くした後で、彼の真意をつかむのに成功する。あなたは今や英文学の全世界に向かいあえる準備がととのっていると感じる。ところがそうはいかない。次ぎにプロテウスは感情と感性をもった人物、詩人の形であなたに立ちふさがってくる。

Here you have a hard tussle, and generally get the worst of it. But even if you conquer here, you are not yet done with all of your possible antagonists. For you have not long been triumphant and exultant and jubilant over your conquest of English poetry, before you come into the region of will, of morality, of religion.

ここであなたは激しい取っ組み合いとなり、たいていは負けてしまう。しかしたとえここで打ち勝ったとしても、まだ考えうる敵対者すべてを片づけてしまったわけではない。というのは、英詩の征服で勝ち誇り、大得意となり、喜びに満ちていても、やがて意志と道徳そして宗教の領域に入っていくことになるからだ。

Here you encounter many abstruse questions, which you must get all cleared up and decided before you can face your tormenting devils, the students, with whom nothing will go down but the word of conviction.

ここであなたは難解な質問に多数出くわす。あなたはすっかりそれを片付け

決意した上でようやくあなたをなやませる悪魔たち、すなわち生徒たちに立ち向かっていける。彼らには確信に満ちた言葉でなければ受け入れられないだろう。

What Shakespeare has imagined, you must be able to imagine - what Plato has thought, you must be able to think- what Christ has felt, you must be able to feel- before you can with confidence call yourselves adequate teachers of English, in whose teaching the students are to repose implicit confidence.

シェイクスピアが心に描いたことは、あなたも心に描けなければならない。プラトンが考えたことは、あなたも考えられなければならない。キリストが感じたことは、あなたも感じられねばならない。そうなってはじめて、あなたは確信をもって自分が英語教師としてふさわしいということができる。そして、そのような教師の授業において、生徒は絶対的信頼を置くようになるのだ。

For us Japanese, the study of English covers all these regions of Western thought, for English is to us the representative language of the West, and comprehends all Western culture. A Japanese teacher of English must be at once a philosopher, a poet, and a sage- and sometimes a business man, too, for it not unfrequently happened that he is requested to translate a business letter or make up a newspaper advertisement, and- Woe to the teacher who fails to do it!

われわれ日本人にとって、英語研究は西欧思想のこれらすべての領域を網羅したものである。というのは、英語とはわれわれにとって西欧を代表する言語であり、西欧文化すべてを含んだものであるからである。日本の英語教師は哲学者であり、詩人であり、聖人でもなければならない。そして時には、ビジネスマンでもなければならない。というのは商用文を翻訳したり新聞広告の作成を依頼されることもまれではないからだ。そしてそれに失敗した教師こそいい災難である。

And with all these tasks on his hands, he must not lose sight of another fact- a wonderful fact with which I ought to have commenced- a fact which is indeed startling in its simplicity, and becomes still more startling when come to think how some of us seem to ignore it entirely- I mean the fact that language is made up of words, which words are to the structure of the language what the material elements are to chemistry.

そして教師は両手にこうした仕事すべてをかかえながら、他の事実も見失ってはならない。その事実は私が着手したと言うべきすばらしい事実で、その簡潔さにおいて実に驚くべきものであり、われわれの何人かがそれを全く無視していると考えるとなおさらに驚きが増大する事実である。つまり私が意味する事実とは、言語は単語から成り立っており、その単語が言語構造に対する関係は物質要素が化学に対する関係と同じだということなのである。

These word-elements of ours- their name is legion; and each of them has its special meanings and functions, each its own combinations and constructions and associations. And we have got to learn the value of each in itself and its value in its manifold combinations. Just think of it! Thousands of elements, and no limit to the combinations of each! What a chemistry! It is a science well worth making a specialty of; for, what is the most divine poetry or the grandest prose but a skilful combination of these word-elements? - what but a product of our magic chemistry?

これらのわれわれの語要素、その名称は数限りなく多い。語要素にはそれぞれ特別の意味と機能があり、それぞれにはそれ自身の結合、構文、連想がある。そして、それぞれ語要素の本来の価値と多様な結合における価値を学ばなければならない。ちょっと考えてご覧なさい。数千もの諸要素と無限とも言っていいそれぞれの結合。なんという化学であろうか！これは特別に研究する価値のある科学である。なぜなら、これらの語要素の巧みな結合がなければ、どんな神聖な詩もどんな壮大な散文もありえないではないか。われわれの魔法のよう

な化学の産物なしに何があるというのだろうか。

"The story of Benkei and the temple acolyte is a case in point. They held a wager as to which of them should be the first to knead an ohachi-ful of rice into rice-paste. You must all know that rice-paste is made by crushing the grains of boiled rice with a sort of bamboo ferule on a piece of board.

「弁慶とお寺の小坊主の話が適切な例である。彼らはどちらが最初にお鉢一杯のご飯を練って糊にできるか賭けをした。皆さんご存知のように、糊は1枚の板の上で竹のへらのようなものを使い、蒸した何粒かの米を押しつぶして作られる。

The story runs how the redoubtable hero went about his task truly Benkei-fashion, and emptied all his ohachi-ful upon his nori-boaed, and how in his eager hurry he tried to knead all the rice at once. On the other hand, our incipient bonze, who, like the proverbial acolyte, seems to have been a cute chap, proceeded business-like to knead the grain one by one.

話の流れはこうだ。尊敬すべき英雄は真に弁慶流に仕事にとりかかり、お鉢すべてを空にして糊の板にあけてしまい、やる気満々に急いで米粒すべてを一度に練ろうとした。他方、新前の坊主の方はというと、名うての小坊主のように、ついこのあいだまで可愛いい子供のようだったのが、几帳面に米粒1つ1つを練り続けた。

One grain at a time looks like slow work, but that is the best and surest way to do it. By the time the sun went down, his ohachi-ful of rice was a beautiful mass of paste. The boy then looked to see how his heroic competitor was getting along, and there knelt Benkei kneading with might and main-painting and puffing and wheezing-all in a glow and perspiration-Benkei in a glow, just mark that! - with great beads rolling down his fiery face. His task was not half done-he had made a glorious mess of it. He was striving with his ohachi-ful, as if each grain of the rice were a Heike warrior. In a word, Benkei was out-Benkeiing Benkei in his struggle to effect the impossible. （以下省略）

一度に1粒というのは時間がかかるようにみえるが、それが最善で最も確実な方法である。日が落ちるまでに、小坊主のお鉢一杯のご飯はきれいな糊のかたまりになっていた。それで小坊主が競争相手の英雄の進み具合はどうかと顔を向けてみると、ひざをまげた弁慶が一生懸命で練っている。息を切らしてぜいぜい言いながら、顔を真っ赤にして大汗をかいている。真っ赤な顔の弁慶。それは見ものだ。大きな数珠玉がその火のような顔に転がり落ちている。弁慶の仕事は半分も終わっておらず、見事なほどめちゃめちゃにしていた。弁慶はお鉢一杯と奮闘していたが、米粒の1つ1つが平家の武者のようであった。一口で言えば、弁慶は不可能なことを成し遂げようとする戦いのなかで弁慶らしからぬ弁慶を演じてしまったのだ。（以下省略）

この序文で斎藤は、「私が意味する事実とは、言語は単語から成り立っており、その単語が言語構造に対する関係は物質要素が化学に対する関係と同じだということなのである」と述べ、さらに化学がわずか30余りの無機質な元素の結合を扱っているのに対して、言語は数千もの諸要素と無限とも言っていいそれぞれの結合を研究し、しかもそれは「生きた人間の魂の活動を扱う」すばらしい科学であると高らかに宣明している。さらに、弁慶とお寺の小坊主の例を引いて、この無数ともいえる単語の結合の研究・習得は地道に各個突破していくしか方法はないと言っている。

斎藤のイディオモロジーを理解するための第2の文献は第4章で既に述べた**Advanced English Lessons**の序文である。この序文のエッセンスは「植物や昆虫の蒐集や分類が興味深いなら、人間の思想の開花の研究もこの上ない興味のひとつになってしかるべきである。音の科学というようなものがあるなら、**意味の科学**（a science of sense）というものがきっとあっていいはずである」と

いうところにある。イディオモロジーは、あくまで「意味」の観点から厖大なイディオムやコロケーションを蒐集・分類してそれらを一段上の概念・カテゴリー別に整理し、相互の意味の相違を比較対照したものである。確かに、著作には現代文と古典からの引用文が混在している。そして、この英語の時間的発展を無視した点をもって「科学的文法以前」という烙印を押され今日に至っている。では、意味を主軸に英語の慣用語句を分類・比較することは本当に非科学的なのだろうか。分類という発想なしに近代科学は成立しえないという事実から従来の説を再検討するべきではなかろうか。

　斎藤は文法書があまりに有名なために、文法研究家と見られることが多いが、本人が
　「『私を grammarian と言う者はまだ私を知らないのだ』とは斎藤さんが常に口ぐせにしておられたように記憶する」（出所 3）
　といつも自分は grammarian ではなく idiomologist であると言っていたことも斎藤イディオモロジーを理解する上で重要であろう。
　「斎藤先生を英語の文法家と思っている人がまだ世間にボツボツあるようであるがこれは大きな誤解であると思う。先生は自分の研究を idiomology と称していたように、言葉や語法の陰にある心理、考え方、あるいはその言葉を話す人の心持を研究解剖してその甘味を生徒に伝えたのである。これは先生の文法書や辞書を見ただけではとても味わえない甘味で直接先生の講義を聴いた人だけが楽しめることができた luxury である。先生の講義を聴いていると、ぼんやりしていた言葉の正体がはっきり分かってきてその言葉をへてその人の心持がしっくり自分の胸に入るような気がした。したがって英語に対する興味が湧いてきて、英語というものはこんなに面白いものかと感じたのは僕ばかりではないだろう。先生の Byron の Don Juan の講義を傍聴したとき僕は本当にそう思った。先生が多数の生徒を魅惑したのは実に英語のこの甘味を味あわせたためである。日本人にしっくり意味のとれない idiom を分析解剖してその心持をはっきり伝えてくれた人は先生をおいて他にあるまいと思う。

先生はかって自分の写真に題して I am as wild as nature made me. と言ったように、天にそびえる自然のままの巨木で風雨をへるごとに、ますます緑をふやすというところがあった。

　先生にとって仕事は duty ではなく一種の pleasure であった。仕事が面白くてたまらなかったのである。仕事と自分をまったく identify してしまわれたのである」（出所 4）

「斎藤先生の講義ぶり」

　では、斎藤は実際に教育の現場でイディオモロジーをどのように教授していたのであろうか。当時の講義ぶりを伝える貴重な文献が残されている。

　「Do の使用法でも研究してみるとなかなか馬鹿になりませんよ。一体、English はまず each word を十分研究することが必要ですね。そうするとそこに言葉の連絡―語句構成上の関係法則が自然に分かってくるのです。実に面白いですな。また言葉の使用で極めて微細なことも知っていないと安心して文が書けないですよ。昔の山陽や徂徠は平素読書の際、漢文語句の微細な difference までもよく見ていたんですよ。昔の人はそれを決して発表しなかったのです。こんど辞書（筆者注：『熟語本位英和中辞典』のこと）を編纂して知ったことは English の使用も idiomology によって調べた材料以外にはあまり接しなかったことです。おおいに自信を得ましたね。English はある法則によって完全に研究しうるものだという信念をますます確かめることができました。昔は English に成功したのは皆ゴマカシの上手な人ですよ。今からはペテン英語はもうだめですね。scientific study によってのみ成功しうる、つまりは勉強家が勝つんですな…」とご気炎を上げられていよいよ本文に入る。

　　You have had an addition to your family, have you not?　　I wish you joy.
　　Thank you. It is a boy this time.
　　Are mother and child doing well?
　　Yes, they are doing as well as can be expected.

had an addition to your family は出産のあったことだね。

I wish you joy. は「おめでとう」の口語で、congratulate を使えば文章語になってしまう。いいですか、また Give you joy とも言いますね、この場合ふつう I を省くようです。

do well これは、無事、繁盛する、病気の経過のよいこと、成績のよいことに用いる字だが、ここでは「無事」くらいでしょう。しかし I have done well とは別物ですよ。

can be expected.、産婦だからこう言ったんだね、いくら達者だといってそれ以上望まれないからなハハハ。

I wonder how I can have done wrong?
You have done wrong in deceiving him.
But I did it for his good.
You would have done better to have said nothing.

You have done wrong=You have much a mistake（失錯）で You are mistaken. も You have done wrong もその後に in を伴うことがあるね、本文がそれだ。これは I have a friend in my dog の in とまったく同じですよ。すなわち、I made a mistake in choosing that man.. は「あの人を選んだのが失錯だ」と訳さなければならないですね。

{ do well
{ do right

の distinction はどうですか？ こう言うことは本の１～２冊読んでもなかなか出くわさないですよ。教えるときはいい加減に訳しておくが一度はぜひとも研究してその意味をきめておく必要がありますよ。do right はね、多くの場合それだけで止まるが、do well は後に in または to が続くのです。

I am conscious of having done right. 自分は曲がったことはしないという自覚がある。

You have done well **in** telling me. 私に話してくれたのはよかった。

Why does he not attend to his duties?
He talks of quitting your service and doing business on his own account.
Did he really say that?
Yes, I had much to do to keep from laughter.

talk of の of は I think of の of と同じだ。　You must not think of--- は念頭に浮かべるようなことをしてはならないという意味で prohibition を強めた言い方です。　そこで He talks of は「～などと言う」の意味ですなわち「口ばかり」と訳したら面白かろう。much to do は Have you anything to do? に対して Yes, I have something to do と答えるが、この代わりに　I have much to do と言えば、忙しいことになるね、これから転じ much to do は much ado　すなわち much trouble の意味になったのだ。　much to do from laughter は、可笑しくてたまらないという意味です。

Shouldn't you miss the train?
No, I can do very well without him.
What do you think of Mr. B to take his place?
I think he will do.

miss は意味の多い字ですね, hit the mark の反対が miss the mark。この miss は外れるの意味ですよ。　miss the train もそうだね。Miss ばかり知っていてもこれに伴う object を人並みに知っていなければ駄目です。　object という noun を知っていても、attain を知らなくては「目的を達する」の意味を通じさせられないからね、ハハハハハ。

time to spare（いらぬ時間、すなわち閑）

book you can spare（いらぬ本）　　spare= do without

money to spare はどうです。こんなこと言えますかね（とニコッとされる）。これは言えるのですよ。安心なさい（注：遊んでいる金）。これなんかは別になんでもないが、僕はこういう類の question をいつも念頭からたやしたことはないですよ。

I find a man **to take his place**, （口語）

I find a man **for his successor**. （文語）

口語と文語とは十分区別して覚えておかないといけないですね。

That man is unnecessary to me.

と言えば、むろん grammatically correct であろうが、西洋人は決してこんな言い方はしませんからなハハハハ。

How do you like him for a teacher?

と言ったらどう訳しますか。

「あの男を先生としてどうですか」

だね。

he will do の do は do the business の elliptical construction（注：言葉を省略した構文）で目的を達するという意味をもっているんですよ、僕が子供の時分先生に何か読まされて That will do と言われるとすぐ席に着いたもんだ、それで do は sit down の意味かと思った時代もあったのですよ、ハハハ。

英語にはこんな奴がちょくちょくあるんですよ。たとえば、lest に「…することを恐れて」というような意味はもとはなかったので for fear lest と昔は使ったものです。ですから今の lest はやはりその elliptical construction と見ていいでしょう。

How has he performed his task?

111

His performance does him credit.
What do the papers say of his performance?
They do not do him justice.

do はなすこと。perform は手並み、手際、accomplish はなしとげることを言いますね。

do one credit ── do to one's credit ── creditable　彼として恥ずかしくない、すなわち、見事にまたは立派にの意味。本文はこうも書けるのですよ。
He has acquitted to his credit.
= It is a creditable performance.
こんな用法はなにも新しい言い方ではなく古いお馴染みの句ですよ。honor もこれとまったく同じですね。
do one honor ── to one's honor ── honorable　　　あっぱれの意味ですね
Your conduct does you （or your heart） honor.　　君の行為はあっぱれだ。

say of は「評判する」こと。 not do him justice　これはよくても良いといわないことで不平の意味を含んでいます。
do him injustice　はどうです？　こう言えますか？　決してこんな言い方はしないですよ。
'do' に関する phrase を集めてみるとなかなかたくさんあるものですよ。まあ、諸君は do でも get でも何でもよろしい、1つ特別に研究してみたまえ。年に1つずつ研究題目を改めていっても大したものですよ。そして訳語を決めていくことも必要ですね。急いじゃだめですよ。僕なんか3年もかかってやっとわかったというのがいくらもあります。今じゃ大概分かっていますがね、それでも1日すくなくとも1つはきちっと学んでいきます。10年以上も英語をやっていてこうです。英語研究は実に難事業ですな。英国あたりでは外国語教師は職業として割合下級に見られているようです。そりゃあ当然ですね。英国人が French

をやったり、German をやるのは、さほど困難なことではないからね。われわれが English をやるのとは雲泥の差ですよ。さあ、do の phrase を続けましょう。

What is to be done? (どうしたものだろう) は What shall I do? (どうしようか) と同じだね、この to be done は adjective (形容詞) で Nothing is to be seen but sea and sky. (海と空以外は何もみえない) の to be seen と同じ用法ですね。

She does nothing but cry all day. (一日泣いてばかりいる)。この do nothing but は had better などと同じく1つの助動詞ですね。助動詞がしっかり頭には入っていないうちは English は分かりませんよ。

Nothing but には2つの意味があるのです。

Nothing but ｛ (1) only
　　　　　　 (2) no more than

She does no more than cry all day. この場合 only を用いてもいいですが、no more than というとね、ただ泣くばかりでそれ以上悪いことをしないという idea が入ってますね、これがいわゆる shade of meaning (意味の微妙な差) ですね。

How has he done his task?　　Well done!

これは「手際」を聞く expression だね。このときはかならず present perfect (現在完了) ですよ。「成し遂げる」という場合には How did you accomplish your task! と言って多く　past tense (過去時制) を用いますね、いいですか。

Well done! (あっぱれ、お見事)　　Well said! (よく言った、そのとおりだ)

I am doing a problem in Algebra. (代数の問題をやっている) の doing は do sums (演算する) の do と同じ用法ですね。I am learning my lessons. の learning を doing に代えて doing my lessons と言えますか、どうです？　これは絶対に言えないですよ。極めて microscopic な question だが、いわゆる大家は皆黙って読書中よく見ているんですよ。僕だから安売りに言ってしまいますがねハハハ。

doing her hair (女が髪を結うこと) とか Cakes are doing (蒸している最中

とか verb の代わりに do を代用した例はこの他たくさんありますが、なかでも
He is doing in Nikko.（彼は日光観光中）はもっとも奇抜でしょう。

I must do my duty to my country and my family.

この duty を職務と訳すのはよくないですね。　duty は「人間の道」ですよ。duties は職務ですね。もっとも陸海軍では職務を duty と使っていますがね。duty はちょうど「忠孝」に当たりますね。loyalty とか filial piety（親孝行）などは普通口語には使わないですよ。殊に「孝」は厳格に訳せば filial obedience でしょうね。You have forgotten your duty to your sovereign. で「不忠」の idea は十分ですよ。もっとも Rome 史には loyal などよく出てきますがね、Latin から来ているんですから仕方ないでしょう。孝子貞女は　good son , good wife で結構ですね。

He has done his duty by me.（私に義理立てする）

$\begin{cases} \text{duty to （忠孝の時）} \\ \text{duty by （義務のないのに義理立てする時）} \end{cases}$

$\begin{cases} \text{duty well by} \\ \text{deal well by} \end{cases}$　　duty by　の極めて軽い expression

She does well by the child.（子供によくする）
I will do my best.（最善をつくしてみよう）
この do は、endeavor の意味で類句がたくさんある。これなんかは一度訳語をぜひ決めておく必要がありますよ。
I do all I can.（全力）
I do utmost.（極力）
I do everything in my power.（身にかなうことなら何でも）

I do { what I can.
       what little I can（及ばずながら）

Have done!　　I have done eating.

Have done! は「もう用事がない」の意、have eaten は have done eating. の変化したものですべて今の present perfect の形は皆そうですよ。ところでね、この have done は研究してみると、なかなか面白いですよ。

I have done with you.（君には用がない）

I have done with this book.（この本に用なし、すなわち、この本は用済みの意）

to do with は to deal with の意味で、このまた deal with がなかなか意味の多い字ですよ。ただし、一般的には「相手次第に扱う」と言うこと、言い換えれば「相手にすること」ですね。

Women and children have nothing to do with the affairs of state.
　　（女子供の知ったことではない）

Japanese で「知らない」ということがよく「無関係」という意味になるのはちょっと面白いですね。

I can do nothing with this obstinate fellow.

英語の can に know what（how） to の意がよくありますね、この文もそれで、すなわち

I don't know what to do with this obstinate fellow.
（この頑固な人には処置に困った）

で、I have nothing to do with you. となると、「君には用はない」したがって「君には関係ない」という意味になる。そこで、I have nothing more to do with you. は「君と絶交する」の　Idea を生じてくるのです。

I am completely done up.

この done up は exhausted または tired out の意です。外人はね、tired out と

言いそうで

　実際はあまり言わないですね。たいていは done up と言ってしまいます。僕らがこんな使い方をするとなんだかこう pedantic（学者ぶった）様でね、ハハハ。

　He has done me out of my money.

　（彼にお金をまんまとしてやられた）

　の out of は frightened out of wits（びっくりして狼狽する）の out of で out は「失わせる」の idea だね、そして done は cheat の代動詞とみていいでしょう。

$$\begin{cases} \text{Change of air will do you good.} \\ \text{do one good= benefit　クスリになる} \end{cases}$$

$$\begin{cases} \text{do one harm=　毒になる} \\ \text{do no good = be no use} \\ \text{do no harm= 害にならない} \end{cases}$$

It is no good trying. = There is no good in trying　（ダメだからよせ）

I am conscious of having done right.（胸にやましいところはない）

do の説明はここらで打ちきることにしましょう」（出所5）

　『中辞典』の序文で、斎藤は英語の研究・学習は各個突破しか方法はないと述べた通り、この講義でも英語の多彩な結合表現をならべ、1つずつその意味するところを最もピッタリ表す日本語表現を徹底して追求していく姿をうかがい知ることができよう。

　斎藤の講義風景を描写した資料は、とても貴重なので、もう1例挙げておこう。斎藤の英語でかかれた著作のほとんどは、講義のための大まかな骨組みをしめした素材にすぎないのであって、以下のような実際の講義内容も含めて吟味しないと、彼の仕事の真の評価はできないことがわかる。

「斎藤秀三郎氏の講演大要」

「今日ではいずれの地においても教える者学ぶ者ともにおおいに勉強しているので、そのために英語教授がますます正確になりつつあることは喜ぶべきことである。昔は教科書のなかに何か分からないところがあると、乱暴なやり方ではあるが、全生徒の多数決で決めたりしたことがあった。でも今でも時にはそんなことがあるんじゃないでしょうか。英語の大家といわれる人々もすましているが、ずいぶん赤恥、とまではいかずとも恥をかいたもの、またはかきつつあるのです。少なくとも僕などはそうです。VerbとPrepositionの2つだけに十幾年かを費やしてきたがまだまだ難関がたくさん残っています。英語は楽なものだと言う人もあるようだが、僕にはどうしてもそうは思えません。一例を引いてみても、sureという字は平凡な字であり、よく見る字であるがなかなか分かりにくい字である。I am sure とは

<u>私なる者は確かな人物だ</u>というのかというとそうではない。これを<u>私は確かである</u>等と訳してそのまま通していくなどは実によろしくない。

I am sure you will succeed.

これを直訳すると、<u>私が確かである、君が成功する事を</u>、となるがこれではさっぱり分からない。しかし、この文は<u>君は成功する</u>くらいのところで、まあだいたい分かったとしてもよいが、He is sure of success. となるとさあ分からない。<u>彼なる人は確かな人間である</u>とすると後のsuccess. をどうすればよいか。それならば、<u>彼の成功を私が予言するんですか</u>、それも変だ。実に難しい。そうかと思うとまた、to be sure などという句がでてくる。さあ、

sure をどう訳したらよいか、そこで少しくこの sure の説明をしてみましょう。

He is sure of success.

He is sure to succeed.

この2文を比べてその差は何かと西洋人の所へ持って行って尋ねると、分かったようでもあり、分からないようでもあり、曖昧なところがある。そこで、こういう場合には、まず to be (feel) sure of から始めなければならない。to be sure of は堅く信じる、でただの believe だけでなく、確信する　の意味である。堅苦しく言えば to be convinced of というところを to be sure of というので、つまりこれは俗文体である。いったい英語には確信するという動詞がない。そこで to be proud of, to be afraid of, to be ashamed of 等と同じ組立によって、be sure of の 3 字で 1 つの動詞を形造るのである。I am sure you will succeed. がもとで、I am sure of your success. は君は、きっと成功するだろうと思う、すなわち、君の成功を確信する　の意味であるが、このきっと　思う　の　思うは英語では sure なる形容詞に含めてある。もっとも sure を純粋の形容詞として、sure means（間違いのない手段）、sure method（信頼できる方法）などのように用いることもあるのだから、客観的には sure だけに確信するという意味もないではない。そこで、

He is sure of success.

は彼すなわち he の確信で、だいじょうぶ成功するつもりでいるの意味であるし、

He is sure to succeed.

の方は、この is sure to の中に , I am sure you will succeed. などというときの will が含まっているので、換言すれば、sure が will に代わっているので、つまり

He will certainly succeed.

すなわち、彼はきっと成功するの意味である。ここで第 1 の文は、彼の確信であるが、第 2 の文は発言者の予言であるということが分かる。これはほんの一例にすぎないが、この類がいくつあるか知れない。それにもかかわらず、真の意味を捉えずに形だけの訳をつけてすませており、生徒の方でも黙ってこれを見逃していくのは実に不思議である。

わが英語界における the most pressing want（最も切迫した欠乏）　the needs of the time　（時代が必要としているもの）は何かと言えば、それは実に Classical Element(古典的要素)である。英語研究から文学を欠いたら実に弱いものでまっ

たくヨボヨボである。ここに1つの文学があってそれを標準として行くからその言語に力が入ってくるのである。それでそのClassicsは何でもよい、ともかく言葉のnucleus（中心部分）となるべきLiterature（文学）がぜひ必要である。こういうわけですから、文部省で何か立派なClassicalの標準を示してもらいたいと思うが、これはなかなか困難な仕事でもあり、また色々と異論もあろう。しかし、この欠乏、この必要に対して私のとりつつある態度および考えを一例によって述べてみましょう。

　It is no use trying‥‥

というような文を説明するのに、<u>試みるも益なし</u>とか　<u>そんな事はダメだからよせ</u>という意味だけ教えても、生徒が初めての時にはなかなかこの意味が呑みこめない。　そこで僕は次の1文を引く、

　It is no use crying over spilt milk.

<u>泣くのはよせ、泣いてもダメだ、帰らぬ事は断念せよ</u>

で、死んだ子の歳を数える、とか覆水盆に還らず等に当たる味わいある語である。

なお、overが出たからついでに少し説明をつけ加える。

<u>死骸に取りすがって泣く</u>という日本語があるが英語で言うと、

　She was crying over his remains.

となる。

これをもととして、analogize（類推）させると

　She was crying over his grave.

　墓前に哭していた。

　She is mourning over his death.

　彼の死を弔っている。

　She is crying over a novel.

　小説を読んで泣いている。

などがよく分かるし、この考えが進んでついに見上げるものにまでおよび、

119

She is crying over a play.
芝居を見て泣いている。
というようなこと、また
laugh over a joke
冗談を言うと笑う

などもよく呑みこめるようになる。

つまり、教師は自分で Classics を持って行かねばならない。しかし、そりゃ難しいし骨が折れるという人がいるかもしれないが、専門というものは面白いから専門で、嫌なものとは夫婦になれぬ、惚れているから専門にしているのではないか。英語研究や英語教授に対するお守り札というようなものはない。やっぱり hard labor （苦しくともコツコツ頑張り続けること）が最後の勝利である。

〔続いて斎藤氏は、英語の教授法を、Classical Method, Scientific Method, Natural Method の3つに大別してこれについて細論された。また、to give one advice; to take counsel; to take advice 等の意味の微妙な区別を詳細に説明し、正しい英語、正確な英語を教えるべき教師は、各 Phrase にはそれぞれ異なった意味があるのだから、この微細な点をも十分に捉えておかねばならない、という話があった。最後に、孟子や論語を読むとその中には立派な処世の教訓があるが、しかし、それらは今日われわれが教えている英語の中にすっかりある、たとえば、

義を見てせざるは勇なきなり

という句があるが、英語にもちゃんと
I do what is right in my sight.
という句がある、との一言を付け加えてこの講演を終わられた」（出所6）

ここで、斎藤が頭から読んでいってただちに意味をとる方法、校名にもなっている「正則的」訳読法である直読直解法の例をあげておこう。直読直解法は正則英語学習システムのなかで重要な位置をしめていることは明確な形で指摘

されることが少なかったように思う。例えば正則英語学校講義録の英文読解はすべて直読直解法でなされているほど重要な点である。

　変則的に下から遡って訳す習慣から脱しない限り、ヒヤリングも英会話や自然な英文の作成は決して上達できないのは言うまでもない。

正則システムとしての直読直解法

　直読直解による英文の読解が、正則英語学校の英語教育システムで大変重要な部分を形成していることはもっと認識されるべきであろう。英語の文章を文頭から意味の１つの塊り（チャンク）としてとらえ頭から訳し下していくこの方法は、正則英語学校講義録の中でも一貫して行われ、以下に紹介するように、『中学文庫』などの注釈物でも頭からすらすらと読み下せるように工夫されている。

　一般の英語学習書では、直読直解法を正面から取り扱ったものはほとんどないので、以下長くなるが、直読直解法の例文を熟読されたい。

1. **The news** will be good sauce to my dinner.
   それを聴けば晩飯もうまく食える。
2. One glass led him to another **till** he was dead drunk.
   一杯もう一杯と重なって<u>とうとう</u>泥酔してしまった。
3. **Anger** will mend nothing.
   <u>怒ったって</u>仕方がない。
4. **The location of the place** brings a great deal of business.
   <u>場所がいいので</u>商売が繁盛する。
5. Mr. Ito was **the first to** come.
   伊藤さんが<u>真っ先に</u>来た。
6. That cook **reminds** me **of** the time I was in America.
   あのコックさん<u>を見ると</u>アメリカにいた頃<u>の</u>ことを思い出す。

7. He is **a good baseball player**.
   彼は野球がうまい。
8. He is **a fine writer**, but **a poor penman**.
   彼は文章はうまいが、書は下手だ。
9. **What makes you think so**?
   なぜそう思うか。
10. His perseverance **makes** him successful in anything.
    彼は忍耐があるから、何をしても成功する。
11. His wealth **enables** him **to** do anything he likes.
    彼は金があるからすきなことができる。
12. My uncle **never** comes **without** a present for me.
    叔父さんが来るときっとお土産をもってきてくれる。
13. She **cried herself blind**.
    彼女は眼を泣きつぶした。
14. He **worked himself into** consumption.
    勉強しすぎて肺病になった。
15. The child **cried itself to** sleep.
    子供が泣き寝入った。
16. He **gambled himself out of** house and home.
    ばくちで家も家庭も無くした。
17. I **was talked into** compliance.
    口車に乗せられてついうんと返事をした。
18. I **reasoned** him **out of** his fears.
    さとして恐れを解いてやった。
19. I **combine** business **with** pleasure, and thus kill two birds with one stone, as it were.
    僕は仕事と道楽がいっしょだから、言わば一挙両得だ。
20. **How he manages to keep body and soul together**, is more than I can tell.
    彼がどのようにして露命をつないでいるか、さっぱりわからない。

21. **One desire accomplished** gives rise to another.
    思うことが一つかなえばもう一つ。
22. **I had** to explain the passage to him several times **before** he got the meaning.
    何回も説明してやってようやく彼にはその意味がわかった。
23. **Astonishment** deprived me of my power of speech,
    呆れてものが言えなかった。
24. **Your ignorance** surprises me.
    君の無学には驚いた。
25. **The fall** killed him.
    彼は落ちて死んだ。
26. Will **this** please you?
    これで気に入るか。
27. **My vanity** misled me.
    虚栄心で身を誤った。
28. **The book** won him a reputation.
    その本で彼は有名になった。
29. **His misfortune** gained him public sympathy.
    その不幸にあって彼は世間の同情を得た。
30. **Heat or cold** has no effect on him.
    暑いも寒いも彼は感じない。
31. He **went over** to America **for safety**.
    彼は米国に渡って難を避けた。
32. **The fire** destroyed many houses.
    火事で家がたくさん焼けた。
33. They all **come to** the same thing.
    帰するところは同じだ。
34. Your sin **will** find you out.
    悪いことはできないものだ。
35. You **can not talk** her **into** marriage.

123

彼女はいくら勧めても結婚しないと言っている。

36. He is **a hard drinker**.
    彼は大酒飲みだ。

37. I **am sorry to** say he did not speak the truth.
    遺憾なことに彼は真実を言わなかった。

38. Pleasure **makes** the hours pass quickly.
    遊んでいると時間が早くたつ。

39. It **rarely** thunders in mid winter.
    真冬に雷が鳴ることは滅多にない。

40. The roof of the school **was struck by lightning**.
    学校の屋根に雷が落ちた。

41. **What has brought** you here?
    何の用でここに来たのか。

42. He **shamed** her **into** going.
    彼女を恥ずかしさでいたたまれなくした。

43. I **opened my eyes to** find myself lying in a strange place.
    目を開けてみたら知らないところに寝ていた。

44. I **hardly knew** what I had done.
    夢中であのようなことをやってしまった。

45. I **had the good fortune to** succeed in my first attempt.
    幸いにも初めから成功した。

46. He **had the kindness to** lend me the money.
    親切にも金を貸してくれた。

47. He **had the imprudence to** ask for money.
    厚かましくも金をくれと言った。

48. I **had the folly to** trust him.
    愚かにも彼を信用した。

49. He **had the insolent to** write me such a letter.
    無礼にもこんな手紙をよこした。

50. **It is more than probable that** he will succeed.
    十中八九彼は成功するだろう。

51. He can **no more** swim **than** fly.
    あの男に泳ぎができるなら飛ぶこともできよう。

52. Do you **understand me**?
    僕の言うことがわかりますか。

53. **It is certain that** we shall succeed.
    きっとわれわれは成功する。

54. **How is it that** you are desirous to resign?
    なぜ辞職したいのか。

55. **It is a pity that** it is raining.
    惜しいことに雨が降っている。

56. He went to sea, **which** he did in order to improve his eyesight.
    彼は水夫になった。それは眼をよくするためであった。

57. My spirits were **too** low **for** work.
    あまり元気がなくて仕事もできなかった。

58. I was going to bed, **when** I heard a knock at the door.
    僕が寝ようとしていると、戸をたたく音がした。

59. I was about to start, **when** he came.
    出かけようとしていると、彼が来た。

60. I had **not** waited long **before** he appeared.
    待つまでもなく彼がきた。

61. **His early struggle with poverty** has taught him the value of money.
    幼いときから貧乏であったので、カネの有難みを知っている。

62. I **made a child of myself** and joined in the game.
    僕も子供になっていっしょに遊んだ。

63. I **made the most of** all my strength and bore my burden.
    力いっぱい出して重いのを我慢した。

64. **One street looked just like another** that I might easily have lost my way.

125

道がどれもこれも同じようで迷いそうでした。

65. This **will never do**. This **will do**.
これではいかん。これでいい。

66. **This door opened into** a large beautiful room.
このドアを開けると、大きな美しい部屋があった。

67. He has been dead **for** three years.
彼が死んでから三年になる。

68. We **loaded** our ship **with** pebbles.
舟に小石を積み込んだ。

69. This door **will not** shut.
このドアがどうしても閉まらない。

70. **That ticket** will gain you ready admission.
この切符を持っていくとすぐ入れてくれる。

71. He **ordered** them **to** clean the house.
かれらに命じて家の掃除をさせた。

72. The rain **caused** the river **to** rise.
雨が降って川の水が増した。

73. Circumstances **oblige** me **to** practice economy.
境遇上やむをえず倹約をしなければならない。

74. They **compelled** me **to** drink against my will.
いやだというのを皆して飲ませた。

75. They **forced** him **to** sign the paper.
うむを言わさず書類にサインをさせた。

76. These circumstances **led** me **to** regard him as my enemy.
こうした事情から自然と彼を敵視するようになった。

77. I have at last **persuaded** him **to** undertake the work.
とうとう彼を説得してその仕事を引き受けさせた。

78. He **fought his way to** his present eminence.
彼は苦戦奮闘して現在の高い地位を得た。

126   13. 斎藤のイディオモロジー

79. **No time should be lost** in rescuing the sufferers.
一刻も早く罹災者を救出しなければならない。
80. The thief he caught **proved to** be his own son.
泥棒を捕らえてみれば、わが子なり。
81. **It is strange that** the books I ordered should not have arrived yet.
妙なことに注文した本はまだ届かない。
82. They **left** me **out** in the cold.
僕を外の寒いところに残しておいた。
83. I worked hard **in vain**.
僕は勉強したかいがなかった。
84. **All the sorrow in the world** will not bring the poor boy back to life.
いくら嘆いてもかわいそうに少年は生き返りはしない。
85. Your aid will **render** my success **certain**.
ご助力いただければ私の成功は間違いなしです。
86. Anxiety nearly **drove** him **mad**.
心配のため彼は発狂しかかった。
87. His illness **prevented** him **from** going abroad.
病気のために留学できなかった。
88. The wind **shakes** the house.
風で家が揺れる。
89. The roof **shelters** us **from** the rain.
屋根で雨をよける。
90. The world owes me a living **provided** I earn it.
世の中は私に生計の道を与える義務がある。私がそれだけの働きをすれば。
91. Speculation is **the shortest road to** wealth.
一攫千金は投機に限る。
92. I shall **avail myself of** your kind invitation and come this evening.
お招きにあずかりまして今晩お伺いいたします。
93. One of the prisoners, **who** even in this extremity, retained some presence of

127

mind offered large bribes to the jailers.

　　囚人の一人は、かくも絶体絶命の窮地にありながら、まだ幾分かの沈着を失わないで、多額の賄賂を獄吏に贈ろうと申し出た。

94. The sun was shining brightly on Saxon England on a summer's day more than a thousand years ago. A freeman, resting lazily after his midday meal, lay on the cliffs above the little village of Bosham, every now and again casting his eye across the still waters.

　　太陽は燦燦とサクソン時代の英国の上に輝いていた。今をさる千年以上前のある夏の日のことである。ひとりの農夫が、昼飯をすませた後のうのうと休みながら、ボスハムという小さな村を見下す崖の上に横になっていた。そして時折波穏やかな海の彼方に眼を注いでいた。

95. The linguistic gift may always be known by the power of thinking in foreign tongues, but it is difficult to recognize the presence of this power **before** the student has supplied himself with a full vocabulary.

　　語学の才能は外国語で物を考える力があるかによってかならずわかるものであるが、難しいのはこの力のあることを確かめることで、まず外国語を学ぶ人が、十分に単語を覚えこんだ後でなければできない。

96. Zeuxis, a famous Greek artist of ancient times, painted so naturally a dish of grapes held by a boy that birds flew down to the canvas and pecked at the fruit. But while his friends regarded the act as the best compliment ever paid to an artist, Zeuxis signed, exclaiming: "Had I painted the boy as true to nature as the grapes, the birds would have been afraid to touch them!"

　　ゼークシスという古代ギリシャ時代の有名な芸術家が、皿に盛ったブドウを一人の少年が手に持っているのをあまりに真にせまっているように描いたので、鳥がカンバスに飛び降りてきてブドウをつついた。しかし彼の友人たちがこのことをかって芸術家が受けた最上の賞賛であると言ったところが、ゼークシスはため息をついて叫んで言った。「もし私が少年を描いてブドウのように真にせまっていたならば、鳥は恐れてブドウに触れなかっただろうに」と。

97. Students of the present day do not attain proficiency in English, **because** they neglect practical exercise in the use of the language.

今日の学生が英語に上達しない<u>のは</u>、実地に訓練を怠る<u>からである</u>。
98. **It is hard that** a few idle men should be rolling in wealth, while many poor people work hard and earn scarcely enough to keep body and soul together.
<u>ひどいのは</u>、遊惰な少数の人が巨万の富を有する一方で、大多数の貧乏人が一生懸命働いても得るところは露命をつなぐのが精一杯である<u>ことです</u>。
99. **I am ashamed to** do such a thing.
<u>恥ずかしくて</u>そんなことはしない。
100. Heat **turns** water **into** steam.
熱は<u>水を変えて蒸気にする</u>。
101. The thief **succeeded in** escaping.
泥棒は<u>まんまと逃げおおせた</u>。
102. I had **not** waited an hour **before** he came.
一時間も待た<u>ないうちにもう</u>彼はやって来た。
103. I **went out of my way** to visit him.
<u>わざわざ回り道をして</u>彼を訪問した。
104. **Divide** the money **between** the two men.
そのカネを<u>二人に分けて</u>やれ。
105. It was ten years **before** I had a chance.
10年たって<u>ようやく</u>機会を得た。

斎藤の著書には、文法に関する著作群の他に、多くのリーディング物もある。短文ではなく、長文の中で直読直解法がどのように実践されているかを見ておこう。読本でも注釈が詳しい "The Middle School Library"（中学文庫）10巻の中から紹介したい。(1)～(17)がページの下にある註である。現在刊行されている直読直解と銘打った他のシリーズ物と比較していただきたい。斎藤の方が時代的にはずっと古いのに註を読んでいくだけですいすいと頭から訳せるように実にうまくできていることがわかるだろう。

第6巻　コナン・ドイル『ギリシャ語通訳』から、

VII　THE GREEK INTERPRETER　(1)　　Adapted from Conan Doyle

　Mr. Melas was a short (2), stout (3) man, whose olive complexion (4) and coal-black hair showed (5) his southern origin (6), for he was a Greek by birth (7). But his speech was that of an educated (8) Englishman, for he was a remarkable linguist (9). He earned his living (10) partly (11) as interpreter in the law courts (12), partly (13) by acting as guide (14) to any wealthy (15) Orientals (16) who visited (17) the Oriental Hotel.

　He shook hands eagerly (18) with Sherlock Holmes, (19) and his dark eyes sparkled with pleasure (20) when he learned that the famous detective (21) was anxious (22) to hear his story.

　"The police will not (23) believe me," said Mr.Melas, in a complaining (24) tone of voice.

　"Because they have never heard of such a thing before (25), they think that it is impossible. But I shall never be easy in my mind (26) until I know what has become of the poor man with the sticking-plaster (27) all over his face.

1. Mr. Melas was a short(2), stout(3) man, whose olive complexion(4) and coal-black hair showed (5) his southern origin (6), for he was a Greek by birth (7).
　(1) ギリシャ語の通訳
　(2) 背が低くって
　(3) 太った（人で）
　(4) この人のオリーブ色の肌の色や
　(5) 真っ黒の頭髪を見れば（以下のことがわかる）
　(6) 出所は南方
　(7) 生まれはギリシャ人

130　13. 斎藤のイディオモロジー

(筆者による試訳)
　　メラス氏は背が低くって太った人で、この人のオリーブ色の肌の色や真っ黒の頭髪を見れば、出所は南方で生まれはギリシャ人だとわかる。

2、But his speech was that of an educated (8) Englishman, for he was a remarkable linguist (9).
　　(8)（しかし言葉遣いは）教育ある英国人の言葉遣い
　　(9) 語学の達人
(筆者による試訳)
　　しかし言葉遣いは教育ある英国人のものなのは、氏が語学の達人だからだ。

3.He earned his living (10) partly (11) as interpreter in the law courts (12), partly (13) by acting as guide (14) to any wealthy (15) Orientals (16) who visited (17) the Oriental Hotel.
　　(10) この人の生業は
　　(11) あるいは
　　(12) 法廷で通訳したり
　　(13) あるいは
　　(14) ガイドをしたり
　　(15) 金持ちの
　　(16) 東洋人が
　　(17) 東洋ホテルへくると
(筆者による試訳)
　　この人の生業はあるいは法廷で通訳したり、あるいは金持ちの東洋人が東洋ホテルへくるとガイドをしたりすることだった。

4. He shook hands eagerly (18) with Sherlock Holmes, (19) and his dark eyes sparkled with pleasure (20) when he learned that

the famous detective (21) was anxious (22) to hear his story.
　　(18)　(Holmes と) 熱心に (握手をする)
　　(19) 有名な素人探偵
　　(20) 嬉しそうに黒い目を光らす
　　(21) この有名な探偵が
　　(22) しきりに (自分の物語を聞きたがっていると聞いて悦ぶ)
(筆者による試訳)
　　彼はホームズと熱心に握手したが、彼が嬉しそうに黒い目を光らせたのは、この有名な探偵がしきりに自分の物語を聞きたがっていると聞いた時だった。

5. "The police will not (23) believe me," said Mr.Melas, in a omplaining (24) tone of voice. "Because they have never heard of such a thing before (25), they think that it is impossible.
　　(23) (警察では) 中々 (私の言うことを信じない)
　　(24) (と) 不平らしい (声で言う)
　　(25) こんなことは先例がないから (かれらは不可能だと思う)
(筆者による試訳)
　　「警察では私の言うことを中々信じてくれませんでね」とメラス氏は不平らしい声で言った。
　　「そんなことは前例がないから、不可能だと思っているのです。

6. But I shall never be easy in my mind (26) until I know what has become of the poor man with the sticking-plaster (27) all over (28) his face".
　　(26) 僕は安心ができない
　　(27) 膏薬
　　(28) 顔中に膏薬をはった男がどうなったか確かめないうちは

（筆者による試訳）
　だが僕は安心できませんよ、あの顔中に膏薬をはった男がどうなったかを確かめないうちはね」

　この中学文庫は、全巻、上のように辞書なしで、しかも頭から流れるように訳し下していけるような仕組みになっており今日でも十分に使用にたえるだろう。

14. 斎藤式英語研究法

　斎藤は、生涯 200 冊をこえる著作を主に英語で書いたが、こんどはその厖大な著作にもりこまれた有益な例文や的確な訳文をどのような方法を使って蒐集・整理していたかという研究方法の視点から見ていきたい。

　明治 26 年頃、斎藤が第一高等学校教授になり、処女作 English Conversation Grammar. を発表した頃、彼の家を訪れた英学者堀英四郎は、次の様な貴重な体験をしている。
　「応接間兼書斎のような部屋で、ふと座卓の上をみると、2 冊の小説が置き放しになっている。開いたままの The Evil Genius には青と赤の色鉛筆でアンダーラインが引いてある。The Dead Secret を手にとってみると、これまた全篇アンダーラインがびっしり、idiom には青鉛筆、colloquial idiomatic phrases には赤鉛筆の線である。斎藤先生の読書ぶりは、実に丹念で科学者のように徹底していた。書斎に現われた先生に向って『失礼ですが、先生はどういうお積もりでこんなに underline を引かれるのですか』と質問した。『英語の idiom を研究して、いずれ熟語辞典をつくろうと思ってね』。斎藤先生は工部大学で教えを受けた J.M.Dixon 先生の著書 A Dictionary of English Phrases よりも大部な辞書を出版したい希望であった」（出所 1）

　次の英学者中村勝麿氏の証言は斎藤が当時早くもカード方式による文例蒐集法を採用しており講義中でも貪欲に例文や的確な訳文を蒐集していたことを明らかにしている。
　「それとまた偉いのは斎藤先生で、斎藤先生の研究法なんです。私は色々先生にお話を伺ったのですが、一体先生はどういう風にして研究なさるのか、どこから材料を採っておいでになるのかということを伺ったところが、『俺のやり方は、名刺を紙入れに入れておいて、人と話している間でも、講義をしてい

る間でも、酔っ払って歌をうたっている時でも、思いついた時に、名刺の裏にちょいちょいと書いておく。それが山のようにある。それをある時期に整理をするのだ。学校で講義していてもちょっと思いつくとちょいとちょいとといって学生のペンを借りてすらすらと書いてポケットへ入れる』と仰った」(出所2)

さらに斎藤門下四天王の一人、佐川春水の思い出にも、斎藤は酒を飲んでいても、これはと思った英語の表現に出会うと即座になんにでもメモをとった。例文の蒐集は何事にも優先してなされたことが次の文章からも伺える。

「土曜などよく晩餐のお伴を仰せつかった。コップ酒が3,4杯片づくころから、だんだん豪傑笑いが高らかになってくるのだが、ご機嫌の方もとり結びにくくなって、座にはべる女たちの気のもみようも一通りではなくなってくる。が、英語がシンから好きな人で、よほどおかんむりの曲がっているようなときでも、なにか新聞・雑誌などで見つけたウマイ新語でも提供しようものなら、形勢はガゼン好転するのだった。もちろん熟語辞典を編むほどの人をムコウにまわしての離れわざ、だれにでも不用意にできる仕事でなかったことは言うまでもない。『かねがね用意しておく』という意味の、have a card up one's sleeve などにしても、酒を飲みながらの雑談に、ふと気づいてメモしておかれたもののように記憶する。そんな場合、先生はボタンをはめてない真白なカフスの外側へ、誰かに借りた鉛筆で乱暴に走り書きされるのが常であった」(出所3)

「先生のidiomを拾うことにかけては実に驚くほど敏感であった。ある酒席で、私がClarke氏か誰かと談話中 polish up and round off our crude English とか何とか言ったのを聞きつけて『うまい事をいう』とばかり、いきなり洋服の左袖をまくりあげて cuff を紙のように伸ばし、それへ惜しげもなく墨黒々と round off を書きつけるといった具合、「腰を抜かした」の His knees gave way. も確か私が献上（?）したのを即座に採用して、それまでの His knees smote together. と取替えられたのだと思う」

「斎藤のイディオモロジーは、極めて豊富な熟語を持っている英語を、また非常に豊富な熟語を持っている日本語と常に対決させることによって研究することである」(出所4)

このように、斎藤の英語研究法は、ある一定の内容をいうのに日本語ではこう言い、英語ではこう言うという日英対照比較研究であり、彼の頭のなかでは、常に日本語と英語の往復運動がなされていたにちがいない。そして、ピッタリの訳語が思いつくと庭に出て踊りだしたという伝説もあるくらいだ。訳例をひろってみよう。

I appeal from Philip drunk **to** Philip sober. 醒めての上の御分別
Impotent rage　ごまめの歯ぎしり
Inscrutable are the ways of Heaven.　人間万事塞翁が馬
Love and reason do not go together.　恋は思案の外
Life is **subject to** decay.　盛者必衰
Something has **disagreed with** me.　何かに当てられた
You are **the better for** your failure.　失敗がかえって薬になる

中辞典はこうした名訳もあるが、むしろすばらしいのは基本語彙の前置詞等との結合句、相関語句などに英英辞典などでは到底期待できない日本語への訳し方が定式化されていることだ。

May ④【譲歩—Concession】(たとえ…では) あろうけれども 【注意】この 'may' は認容の 'may' より出ず、譲るだけは譲っておいて譲れぬ点を 'but' 'and yet' 等をもって抑えるなり。
　It **may** sound strange, **but** it is true for all that.
　こう言うと変に聞こえようが、しかしそれでも事実である。

戦前の英語受験参考書に記載され「クジラの公式」と呼ばれているものも初出は斎藤の著作からと思われる。以下、斎藤が相関語句として定式化した例を挙げよう。

A whale is **no more** a fish **than** a horse is.
クジラは牛馬も同然魚ではない。

As the lion is king of beasts, **so** is the eagle king of birds.
獅子が獣の汪であるがごとく、鷲は鳥の王

Not that you resemble a monkey, **but that** the monkey resembles you.
あなたがサルに似ているのではない、サルがあなたに似ているのです。

Have 【助動詞】現在完了の意味は3つ。
I have done my work. 仕事をすましました。
　【注意】この文の意味は読んで名のごとく完了。
I have often been here. ここへはたびたび来たことがある。
　【注意】経験（度数）などの副詞を加えれば経験。
I have known him since our school-days. 小学校時代から彼を知っている。
　【注意】be, live, know のような継続状態を表わす場合は継続。

無生物主語

無生物主語構文では、「主語のために…である」（理由・原因）という訳語が定式化されている。

His wealth **enables** him **to** do anything.
金があるからなんでもできる。
His strength **enables** him **to** work.
身体がじょうぶだから働ける。

The difference of idiom **makes** it **difficult** for us to learn English.
慣用法が違うからか日本人が英語を学ぶのが困難なのである。
Their simplicity **makes** it **easy** to deceive them.
彼らは素朴だからだましやすい。

(参考) 無生物主語についての斎藤先生の禅問答
「大正2年の初め、熊本謙二郎先生は私をつれて麹町にむかい、斎藤秀三郎氏を訪れた。私は斎藤先生に挨拶しただけで、両先生の話を聴いていた。熊本先生は、英語に impersonal な物でも動詞の subject とする、あれが僕の宗教である、と言う。斎藤先生は、それは impersonal な物にこちらから心をもたせて行くというのだろう、と言う。両先生のこの禅的問答は今でも私の記憶に残っている」(出所5)

斎藤の英語学習法と研究環境

では、晩年の『和英大辞典』を執筆していたころの研究環境はどうだったのだろうか。

斎藤の住居は麹町5番町2番地で、英国大使館の下にあり、普通の住宅というよりお寺のような感じのする広大なもので、2階は2間で、15畳とその隣室は10畳の部屋であった。この2間が斎藤の書斎であった。斎藤の側近の一人、江田米作はこう述べている。

「先生の書斎は、2階の庭園を見下す南向きの10畳と隣室があてられており、書斎には万巻の書物が無造作に山のごとく積み重ねてあって、その間にわずかばかりあぜ道を通るように歩けるだけの間隔が設けられておりました。先生はその真中に立派な虎の皮を敷きその上に泰然と座り、大きなスタンダード辞典を膝の上におき、あらゆる洋書をひもといておられた。

先生は無造作に山と積まれた書籍に対し極めて正確な記憶をお持ちで、入用の書物は迷うことなしに、ただちにお取り出しになるのでした。

あるとき、ぶしつけにも先生にお尋ねしたことがあります。『この書物のう

ちどのくらいお読みになりましたか』と。すると先生は別にお気を悪くした風もなく、ごく簡単に『皆読んだよ、あたりまえじゃないか』というよう調子でお答えになりました。また、私たちがいかに難しい質問を突然お尋ねしても、常に手にしておられるペン軸の頭で「それはこういうことさ」と即座に懇切な指導と説明を与えてくださいました。

　先生は豪壮な邸宅にお住まいでしたが、朝から晩まで書斎ですごされ、家族の方もほとんど近寄らせず、分秒の時間も惜しまれて読書するか著述に専念しておられました。

　時間を惜しむと言えば、先生は時間的観念はことのほか強く、決して時間を浪費されませんでした。書物を読むか著述するか、それ以外の時間は自分にとっては無駄な時間だ、というくらいに、ご自分の進む道に努められておりました」（出所6）

　斎藤は冬でも開け放しで2階の縁側の小机で時計の歯車のようにこつこつ仕事をし続けていた。

「ただ通り路だけが残っている書斎のその突き当たりの縁側の小さな机の前に巨像のようなあぐらをかいていた、それが斎藤先生であった。先生は縁側の仕事場で、雨の日も風の日も日曜も祭日もなく、学校に出かける以外の時間は、銅像のように座ってこつこつとちょうど時計の歯車のように仕事をされたのである。夏も冬も開けっ放しで、ただ冬は小さな手あぶり1つあるだけである。よく、I am, as nature made me, wild　と言われたそうであるが、これは精神においてと同様その肉体においても真理であった。家の者がほとんど病気というものを知らず、家には薬がなく、掛かりつけの医者もなかった。なかでも父は特に健康であった。それで達磨以上に、長い年月を板張りの上にどっかと座って仕事が続けられたのであろう。小言のために呼びつけられた学校の職員などが、冬の真中この書斎で1時間も2時間も一緒に吹きさらしにされるのは、小言以上につらかったと聞いた」（出所7）

キリスト教無教会派の伝道者、新約聖書研究家で斎藤の娘婿にあたる塚本虎二は、晩年の斎藤と生活を共にしその生活ぶりを真じかにみる機会に恵まれた。
　「最初に斎藤の家にまいりまして驚きましたことは、義父の生活の何と申しますか、どうしたら人間というものは自分の精力を最も科学的に引用しうるか。自分の能率を最大限度に現すにはどうしたらよいかということを研究しまして、そうして割り出したことをそのままに実行しているように私には見えたのです。晩年の7～8年くらいを見ていまして実に驚くのです。朝起きます。時間は大概一定しておりましたが、関東大震災後しばらくは、地震が大嫌いな父は家の中に住まないで、門のわきに車を入れる小屋で畳をひいて寝ていました。一定の時刻が参りますと書生たちが待機の状態で先生がお起きになるのを待っています。先生は偉大なる、およそ6尺近くのタイプでしたが、起きるとすぐに風呂に入ります。風呂は朝早くから晩遅くまで沸いておりまして、小屋から玄関に入りずっと廊下を行くと突き当たりが更衣室で、風呂に入りじゃあじゃあ水をかぶりまして更衣室をでると廊下を通ってこちらの部屋で朝食を食べます。食事を終えると、今度は2階にあがり、縁側のはじの座布団のひいてある小机で勉強がはじまります。やがて学校へ行く時間をしらせるベルが鳴ると先生は冬なら火事の用心に火鉢をもって1階におり風呂に入って学校へ出かけます。学校で授業が終えて帰ると、まず風呂場に行き2階でまた勉強。晩は散歩に出かけますが風呂に入って天気を自分で判断して足駄と下駄とステッキと傘のうちから好みのものを選んで出かけます。帰宅後は風呂に入り、今度は書斎の下の大きな部屋で本を読みながら晩酌をします。時間がくると再び寝所にしている小屋へ。365日の間、正月も祭日も関係なく全く同じことの繰り返し。私はよくもこんなことができるものだと思いましたが、できるものと見えましてずっとやっておりました」（出所8）

　より詳しくは、塚本虎二著『死に勝つ』1936（昭和11）年 聖書知識社を参照されたい。

15. 斎藤秀三郎と彼をとりまく人々

□斎藤秀三郎　1866（慶応 2）〜 1929（昭和 4）年

　斎藤は本書の主役であるが、日本英学史からみた斎藤を、豊田實『日本英学史の研究』1939　岩波書店　（250-255 頁）が描いているので紹介しよう。
　「日本における英文法研究を真の研究の域に進めた人は斎藤秀三郎氏であった。
　斎藤氏が初めて世に出された英文典関係の本は、明治 17 年発行の『スウィントン氏英語学新式直訳』であった。同書の訳は文法用語においても、当時およびその後のものともかなり異なっているようであるが、ともかく Grammar を science と定義した文法書を斎藤氏が訳されたことは、同氏のその後の学風から顧みても有意義であったと思う。本書の発行は明治 17 年 12 月であり、同氏 19 歳の時であった。

斎藤秀三郎

　斎藤氏の英文法関係の著書は明治 26 年の *English Conversation Grammar* に始まり、概説、詳論、次から次へと発表され、同氏が日本の英語界に残された不滅の足跡は歴然としているのである。
　斎藤氏の英語研究の態度を示す文を引用してみたい（筆者注：すでに紹介したが、重要性を考慮し再掲する）。それは、明治 34-35 年にかけて出た *Advanced English Lessons* の序の一節であって、この中には同氏の英語研究の方針と体験とが同時に見られるように思う。

　If English is to be studied at all, it ought to be studied as a science. And it is well worthy to be made a scientific study of. I have always thought it strange that, while some men have devoted their lives to the collection and classification of plants and insects, and gained honors thereby, no attempt should have been made at systematizing the study of a language which is pursued with such laudable zeal and enthusiasm. If the study of flowers and butterflies is interesting, the study of the efflorescence of human thought ought to be one of supreme interest.

　斎藤氏は英語、英文法の研究が科学的に、真に学的になされるべきことを主張し、またできる限り、その方針を多くの著書において実践されたのであって、この意味において斎藤氏は日本における英語の研究を、系統的学問の域に進められたものと言いうるであろう」

　このように、斎藤の役割を評価しているが、彼を「英文法研究家」として捉えている点については再考を要する。斎藤は自らの立場を idiomologist と言っており、文法の研究家とは述べていない。前掲の *Advanced English Lessons* の序文の他のところでは、「確かに英文法というものは存在するが、その英文法は中身のない形式を扱う規則にしか過ぎず、言語学習の妨げにこそなれ、役には立たない。文法にしろ、修辞論にしろ、辞書にしろ、言語の生きた姿や個々の語の多様な機能、語や句の独特の微細な意味、英語のイディオムの精神・真髄を扱うものはない。ある表現をつかまえて、これは慣用的（idiomatic）だ、などというだけでは不十分である。イディオムは成長するものであり、すべての成長は自然法則に従っている。簡潔を好む傾向から生じたもの、強調のために生じたもの、目立たせる目的から生じたものがある。イディオム形成は、無秩序にできたものではなく、人間の思考の表現は物質世界を支配するよりもっと柔軟性のある経済の法則に支配されている。

　ここで述べられている idiom は、今日一般的な意味での idiom ではなく、広く phrase と考えてよい。すなわち、斎藤の idiomology とは、今で言う phraseology と同様な考え方をもっていた。

　斎藤の伝記を書いた大村喜吉は、「今ここで idiomology の定義を行おうとは思わないが、極めて豊富な熟語や言い方に富む英語を、同じく単語や熟語、言い方等の非常に豊富な言語である日本語と対比させて研究して行くことが常にその中心テーマであることは間違いない」（大村『斎藤秀三郎伝』407頁）

また飯塚陽平は、「(斎藤秀三郎)先生を英語の文法家と思っている人がまだ世間にボツボツあるようであるが、これは大いなる誤解であると思う。先生は自分の研究を idiomology と称えていたように言葉や語法の陰にある心理、考え方、あるいはその言葉を話す人の心持を研究解剖してその甘味を生徒に伝えたのである」(出所1)と述べている。

　英語学習の上での広い意味での idiom 習得の重要性を強調することは、今日の日本の英語教育にまでその影響が残っている。ひと世代前までは、山崎貞の受験参考書は大学受験生のバイブルという感があった。そこには、例文によって英語を学習するという姿勢があり、たとえば今でも有名な「クジラの公式」と呼ばれる、A whale is **no more** a fish **than** a horse is.（くじらが魚でないのは馬が魚でないのと同様だ）がある。受験参考書で80年近い恐るべき長年にわたってベストセラーを続けた山崎貞の『新々英文解釈研究』や『新自修英文典』の例文は、ほとんどが彼の師であった斎藤秀三郎の著作から採られたものである。

　斎藤自身が自分の英語学習について述べた資料があるので、要点を抜粋してみよう。
「父が宮城県の学務課に勤めていたが、たいそう進歩した考えを持っていたので、漢文をやらすよりは英語をやらした方が時勢に進運に伴うものとしていたのである。で私は小学校に行かずに宮城英語学校に通った。普通学も漢文もさらになくして英語の空気に触れたのである。毎日西洋人と往復し散歩などした。その時が9つの歳でした。この学校は上級に進むと生徒数は少ないから、私は西洋人をほとんど専有していることができた。これらも私の英語の素因といえば言うべきであろう。
　その時分読書しようと思っても書物がない。ただ家にバイブルがあったから、始めて創世記を読んでみるとその話がなかなか面白い。それで繰り返し繰り返し読んだ。英文学の根本となるべきものは他にもあるが、バイブルは確かにそ

の一つであるから、英語を学ぶものはこれを繰り返して読むがよい。

　明治13年東京に出て大学予備門から工部大学に入った。大学付属の図書館では多くの書物を読破した。書棚の中にならべてある英書をかたっぱしから読み始め、1年足らずでスコットもディケンズもサッカレイも皆平らげてしまった。それからというものは、書物を見ると何であろうが面白ければ読む。もし解らなければ解るまでほっておいてまた読む。工部大学では他の科学は放っておいて英語ばかりやっていた。

　詩は最初から好きでした。英語の詩も唱歌を歌うように愛読していれば、いつかはスコットもバイロンも解ってくるものである。和歌の翻訳でもしようと思うと、まず和歌そのもののもとの心を洞察し、それを分解して英詩の法則に当てはまるように翻訳しなければならない。和歌の翻訳は咀嚼した意訳である上に原文の香りを匂わせなければならないので、直訳では意味を移せない。例をあげると、「萩の戸の花に宿れる月影に賤が垣根も隔てざらなん」との御製は、天の上より見れば貴賤の区別はないとの御意を詠ったものであるが、翻訳にあたって「萩の戸の花」はいかに移すべきであろうか。到底直訳はできない。で私はその御意を体して次のようにした。

How sweetly sleeps the moonlight soft　　On mine idyllic flowers!
Yes no less sweetly must it fall　　Upon the humble bowers.

　工部大学を出て国もとに帰ったのがちょうど明治18年頃で20歳の時であった。その時、頼まれて英語を教え始めたが、教えるということは自分の知識を確かめる所以（ゆえん）であって、教えるとなると自分の英語は半可通であることを悟った。第二高等学校で教えたのであるが、人を教えるには完全な知識がいることを知った。**shall**、**will** などを1つ1つ研究したり、前置詞 **at** などの組織的研究を始めたのはこの時である。それをやると、これまで西洋人に一度見てもらわなければ不安なものも、見てもらわなくても安心できるようになり、英語一般に関しての知識が確実になった。その後、地方へ行って教えていたこともあるが、その間に組織的研究をいよいよ完成して、それを結果に現したも

のが今日神田で開いている私の正則英語学校である。

　元来、語学とか文学とかは人間学で、それをやるには正しい道を歩いてコツコツ勉強しているうちにインスピレーションを得なければならないものだ。英語の魂をとらえ生きた英語を常に学ばなければならないのだ。

　世間では私の学校は文法万能主義で文法にあまり重きを置きすぎるという人がいるが、このような人の英語はどういうものか追究したいものだ。文法と言えば言うべきだが、外国語は外国語として扱って、組織的に研究しなければならない。ブリンクリ氏が以前「私は日本に来て『語学独案内』を書いて始めて英語を自覚した」と私に語ったことがあるが、外国語はどうしても知識的に扱わなければ、あたら多くの時間を要するのみで到底完成しない。自国語は直覚的に扱うべしだが、外国語を自国語のようにせよとは無理である。

　で、私の学校では組織的に半ばは説明、半ばは暗記という風にやり、例は多く格言で示し、かつ同じ事を言うにも何年級はこの程度とちゃんと決めてある。

　たとえば、「彼は不幸にして富貴に生まれた」は次の順序によっている。

2 年：Unfortunately he was born rich.
3 年：He was so unfortunately as to be born rich.
4 年：He was unfortunately enough to be born rich.
5 年：He has a misfortune to be born rich. （出所 2）

　次に、斎藤に「辞書論」という聞き書きがあり、今では入手困難な資料があるのでこれも紹介しておこう。

　「言葉の働きはまず動詞構文法を研究し、それから前置詞にわたるべきである。前置詞を研究すればいきおいそれにかかわる名詞・動詞・形容詞の働きが自然に解かってくる。

　原書である英英辞典におよぶものはないというのか。たとえば、bridle up という言葉だが、原書には「頭を持ち上げてあごを引っ込ます」と説明している。これで学生に分かるかね。しかも、そこらの翻訳者はその通り訳すから、なん

のことやらさっぱりわからない。これは、日本語でいえば「反身になる」ということである。こんな例は他にいくらもあるだろう。

Standard はズサン極まるし、Oxford は材料に富んでいるだけである。一見識ある人間は Webster ただ一人だ。Century のごときは言語道断だ。もしあの大部なのがよいとすればそれはそれでいいだろうが。」(出所 3)

斎藤が大正 5 (1916) 年頃どのような英英辞典を使っていたかは重要かつ興味深いことなので調べてみた。

まず、Standard は、Funk & Wagnalls: *New Standard Dictionary of the English Language*, (Funk& Wagnalls, 1913) で、収録語彙 45 万余である。Century は Whitney & Smith : *The Century Dictionary* (New Edition 1911), 12 巻で収録語彙約 50 万、Webster は *Webster's New International Dictionary of the English Language* (First Edition, 1909) で収録語彙約 40 万である。Standard、Century はともに Webster に比べ百科事典的色彩が強く、長所も少なくないが、その後両書とも絶版となり米国における権威ある大辞典の座は斎藤の見立てどおり、Webster が独占することとなった。

NED、後年の OED である Marray, Bradley, Craigie, Onions:*A New English Dictionary on Historical Principles* (1884-1928) はまだ完結しておらず、その材料を先取り的に使用して Fowler 兄弟が刊行した *The Concise Oxford Dictionary of Current English*(Oxford U.P. 1911) は、斎藤の『熟語本位英和中辞典』(1915) に多大な影響を与えた。

これら Standard、Century、Webster の 3 つの辞書はすべて米国製であることに注意したい。英国では国家事業的な OED が編纂されるまでは、辞典の刊行はあまり熱心でなく、斎藤をはじめ明治時代の辞書製作者は百科辞典的色彩が濃い米国系の辞書の影響を受けている。だが、大正、昭和には COD の出現を皮切りとして Oxford 系の辞書が充実してくると日本の英和辞典も語彙中心に移行していった。

□南日恒太郎　　　1871（明治4）〜1928（昭和3）年

　富山県に生まれる。富山中学校を1889(明治22)年、病気のため退学。独学で、1893(明治26)年、文部省の国語検定試験に合格して同年富山中学校教諭になる。
　1895（明治28）年富山中学を辞して東京の国民英学会で英語を学ぶ。講師の斎藤秀三郎にも学んだ。1896(明治29)年、英語検定試験に合格。試験委員であった神田乃武に好感をもたれその後色々な仕事をまかされた。1900（明治33）年三高講師、1902（明治35）年学習院教授。1917（大正6）年学習院英語科主任、1922（大正11）年依願退職。翌1923（大正12）年富山高校の創立とともに初代校長に任じられた。1928（昭和3）年、富山市外の海岸で水泳中に心臓麻痺で死亡。
　著作は、『英文解釈法』（1905・明治38年）、『和文英訳法』（1907・明治40年）、『英文和訳法』（1914・大正3年）は大ベストセラーとなり、受験英語参考書のハシリとなった。その他、短文英語学習の欠陥を補うため、長文読解の参考書『英文藻塩草』『英詩藻塩草』（1916・大正5年）を出している。

□勝俣銓吉郎　　　1872（明治5）〜1959（昭和34）年

　神奈川県に生まれる。本名、銓吉。
　1885（明治18）年、横浜郵便局書記。1896（明治29）年、国民英学会に入学。斎藤秀三郎等に学んだ。1897（明治30）年、ジャパン・タイムス社創立と同時に入社。編集長は武信由太郎であった。『英語青年』の前身である『青年』は1898（明治31）年武信と勝俣の編集で創刊された。1902（明治35）年、三井合名の専務理事団琢磨の英文秘書となった。1906（明治39）年、早稲田大学講師、1911（明治44）年に教授。1943（昭和18）年、70歳で定年退職するまで早稲田に38年勤務した。第2次大戦後は外務省などで卓抜した英文力で終戦処理に貢献し、1950（昭和25）年立正大学文学部教授、1951（昭和26）年富士短期大学初代学長を務めた。

1909（明治42）年に発行された明治期英語熟語辞典の集大成というべき神田乃武・南日恒太郎共編『英和双解　熟語大辞典』はidiom重視の英語教育の流れをくんで編纂された今日まだ使用に耐える辞書であるが、この辞書の基本プランと例文の部分的蒐集に関与した勝俣銓吉郎は、1939（昭和14）年に『英和活用大辞典』を世に送り出した。これはidiom中心ではなく、12万におよぶcollocationをあつめた世界でも画期的な辞書であった。

　序文から昭和14年に氏の意図したところを引用しよう。

　「活動している英語の姿を捉えて1つの辞典を編纂する場合、第一に起こる問題は排列の問題である。本書の排列は、英語中の主要語である名詞に最も重きをおき、これに動詞・形容詞および前置詞を配し、また動詞には副詞または副詞性の連語および前置詞を、そして形容詞には副詞・前置詞を配するようになっている。

　この排列法は明治42年刊行の神田・南日の『英和双解　熟語大辞典』の基礎工作を私がやった時始めて採用したもので、今回また本書に採用したわけで、これが2回目である。

　名詞を主にして、これに他動詞を配する形を最も重要視したわけはこうである。

　Sentenceは通則として動詞を要する。従って動詞は表現単位として重要な位置をしめ、sentenceの魂（たましい）とさえ言われている。英語の動詞の大多数は他動詞であり、またすべて語の連結を支配する親和力の色彩がtransitive verb+objectなる連語において濃厚に現われているので、その連語は極めて重要な表現単位をなすのである。…」

　日本の戦前にこのような先駆的な思考と実践があったことはもっと世界に知られるべきであろう。

　ヨーロッパでは、collocationの本格的研究はやっと2004（平成16）年になって、*The OSTI Report*として出版された。同書のなかで、その中心的編者であるJohn Sinclairはこう述べている。

　「このcollocation研究も当初は「語」どうしの結合という捉え方であり、「語」

が意味の担い手であるという前提があった。しかし、研究が進む中で、phrase が基本的な意味の担い手であることが明らかになってきた。たとえば、dark night という collocation では、…

　night はプロトタイプ的には dark であって、dark が明るい夜などといったものと区別しているのではない。dark であることはすでに night の意味の中に折り込みずみである。dark はその night が持つ意味の一部を取り出す役割、すなわち「焦点化」(focusing) する役割を果たしている。形容詞と名詞の結合といっても、一元的ではない意味関係を生じている。すなわち、dark night は、「星もない、月も出ていない、真っ暗闇の夜」といった特別な新たな意味を生じていると解釈しなければならない。意味の基本的な担い手を「語」と考え、dark night の意味は dark と night の意味の「和」であるとするならば、dark night のような collocation の意味を正しく捉えることはできない」

　ちなみに、「闇夜」を『斎藤和英大辞典』で調べると、'A dark night' ; 'a moonless night' という適訳がズバリ付けられているのはさすがだ。

　「日本の phraseology ―歴史と展望」という論文の著者である、八木克正、井上亜依両氏は、同論文の結語の中で、

　「英語を理解し使えるようになるということは実のところ、文法を理解することよりも語彙・成句表現を理解し、自らが使えるようになることである。英語の文法をいくら勉強しても英語がわかるようにならないということが言われるが、それはまさにその通りである」と述べている。

□井上十吉　1862（文久2）～1929（昭和4）年

　徳島県で生まれた。斎藤より4歳年上であった。1873（明治6）年、旧阿波藩から選ばれた留学生として、渡英し小学校から大学（ロンドン大学）まで英国で教育を受けた。大学では採鉱学を学んだが1884（明治17）年に帰国後、秋田県三井銀山に赴任途中、豪雪にあって彼の心境に一大変化が起り、教育界に転じて東京大学予備門で英語を教授することとなった。さらに第一高等学校

（東京大学、1886年）、東京専門学校（早稲田大学）、東京高等商業学校（一ツ橋大学 1891-97 年）、東京高等師範学校（現筑波大学 1902-1907 年）でも英語を教えた。高師の教え子には、神保格、渡辺半次郎、佐川春水がいる。並行して、1894 年より外務省翻訳官も務めたが、1918（大正 7）年に著述に専念するために退官した。

著作には、『井上英和大辞典』（至誠堂、1915 年・大正 4），『井上和英大辞典』（至誠堂、1921 年・大正 10）等があるが、井上の名声を高めたのはこうした辞典類の成功である。中等教科書、学習用文典、英文著述なども多く、同時代の斎藤に次ぐ数であった。特に、「英語講義録」による通信教育はわが国最初の試みであってこれも成功であった。1929（昭和 4）年 4 月 7 日 68 歳で没したが、同年 11 月 9 日、斎藤秀三郎も後を追うように没している。

筆者の推測であるが、斎藤にとって井上は生涯最大のライバルではなかったであろうか。

井上の著述の数は斎藤に次ぐ多さを誇り、いくら英語育ちでも海外経験のない斎藤が、英国で小学校から大学まで途中挫折することなく本場の英語を学んだ井上に対抗意識をもったと考えるのが自然だろう。斎藤が辛酸をなめた末、花の都東京でやっとつかんだ第一高等学校教授の席は井上の後任であった。正則英語学校講義録の発行も井上の成功に強く刺激されたものと思われる。辞書類の発刊も斎藤は井上を追うような形になっている。大正 4 年の同じ頃、斎藤は『熟語本位英和中辞典』を、井上は『井上英和大辞典』を刊行している。

『井上英和大辞典』は大ベストセラーになったが、例文などは数年前に出たCOD のものでまるで COD の翻訳書の観があった。斎藤は、COD を参考にしたが例文の基礎材料や解説など過去の自分の著作を土台にしている。

ここで実力の差が判定しやすい和英辞典で両者の比較をやってみよう。

「李下に冠を正さず」をくらべてみよう。広辞苑によると、「他人の嫌疑を受けやすい行為は避けるようにせよ」の意味となっている。

【井上和英大辞典】

李下に冠を正さず　Every ground for suspicion should be avoided.

【斎藤和英大辞典】

李下に冠を正さず　　I will not compromise my honor.

井上は、「疑いを招くようなすべての根拠は避けられるべきだ」と受身構文で訳出しているが、斎藤は、「私は名誉にかかわるようなことはしない」という他動詞構文を使いネイティブに近い発想で訳してある。

飛んで火に入る夏の虫
【井上】"The fly flutters about the candle till at last it gets burned."
【斎藤】to fly in the face of Providence （この語句はイディオムとして辞書に記載）

往生際の悪い奴だ
【井上】You are a fellow who cannot readily resign himself to fate.
【斎藤】Why do you cling to a miserable life?（実際の場面を想定した訳になっている）

両辞書を全体的に比較検討してみると、概して井上は日本語の原文に近い訳となっており、斎藤は、あまり日本語原文にとらわれずこの日本語表現ならネイティブはどう表現するかという発想が常に根底にあるように思われる。長い海外生活の経験のある井上よりも一度も海外経験のない斎藤の方がネイティブに近い発想ができるのはなぜだろう。斎藤は正則英語学校設立以降、英語と日本語の表現比較という教授法を徹底し英日等価表現の追求を常に念頭においていたが、井上は日本語を仲介せずにネイティブの発想で英語を書くのは達者であったが、和英辞典編纂という日本語力が能力の6割近くをきめる分野では、斎藤に及ばなかったためと考えられる。

□佐川春水　　1878（明治11）〜 1968（昭和43）年

島根県松江に生まれる。1899（明治32）年、島根一中卒業。翌1900年、東京高等師範学校専修科に入学、1903年卒業後は高師の付属中学の教師となった。当時、全盛期をむかえていた正則英語学校に1906（明治39）年に移る。1908

（明治 41）年、正則の実質的機関紙『英語の日本』の編集の任にあたるとともに 1917（大正 6）年廃刊まで大いに健筆をふるった。正則では、伊藤豊守、大津隆、山田巖とともに「斎藤の四天王」と謳われた。著作には、後の英語テキストの訳注物に先鞭をつけたコナン・ドイルの『銀行盗賊』、『湖上の怪物』（1907・明治 40 年）、『滑稽誤訳集』（1916・大正 5 年）、以上は建文館より出版、『英語正解法』（1969・昭和 44 年） 朋友出版等がある。1919（大正 8）年、正則を退き、翌 1920（大正 9）年、日進英語学校を創立、純然たる英語学校で、講師に鈴木芳松、長谷川康、石原益治を擁し、軍部の圧力で 1944（昭和 19）年廃校になるまで、日進の名声は高かった。1945（昭和 20）年、学校は空襲にあい、佐川は郷里松江に帰り再び上京することはなかった。駿河台予備校の創設者の山崎寿春は「佐川先生が再び『日進』をおやりになったら、われわれの学校の発展はなかったでしょう」と回想している。1950（昭和 25）年島根大学講師として主に英作文を担当し井上靖の『氷壁』の教材で和文英訳を教え好評であった。晩年は英語よりも俳句の世界で活躍した。

□ 山崎貞　1883（明治 16）〜 1930（昭和 5）年

長野県に生まれる。1901（明治 34）年、長野中学を第 1 回生として首席で卒業。
1906（明治 39）年、早大政治科を卒業、さらに正則英語学校の文学科で英語を学ぶ。
1910（明治 43）年中等学校英語科教員検定試験に合格、11 年にわたり正則で教鞭をとった。同時に東大英文科に籍をおき、1919（大正 8）年卒業。翌 1920（大正 9）年早稲田高等学院新設とともに専任教授となり、正則を辞した。
1912（大正元）年に出版した『公式応用英文解釈研究』（後の『英文解釈研究』、『新々英文解釈研究』）は 1913（大正 2）年に出した『自修英文典』とともに、大ベストセラーとなり戦後 1970（昭和 45）年くらいまで受験生のバイブルとして 80 年近く受験界に君臨した。
『英文解釈研究』は程度が高いが、似た構文をグループ化して暗記しやすく

するなど工夫を加えてあり、『自修英文典』は斎藤の『実用英文典』を簡約して翻訳した斎藤英文法そのものと思われるものであるがわが国学校文法の成立に大きな影響を与えた。さらに言えば、『英語教育史資料』5（200頁）で大村喜吉が指摘したように、斎藤英文法は斎藤の英文で綴られた厖大な著作よりも、むしろ山崎貞の文法書によって広まったとも言える。

　その他の著作として『和文英訳新研究』（1917・大正6年）、『ナショナル読本解釈1～5巻』コナン・ドイル『水底の王冠』（1910・明43年）等がある。

　『新々英文解釈研究』および『新自修英文典』は2008（平成20）年12月に再び復刻出版された。両書に対する根強い需要は、その古書価格に数万円のプレミアムがつくほどになっていたのだ。1世紀近く英語の受験参考書が生き残ること自体、ギネスブックものと言ってもいいとおもうが、その根底にある斎藤秀三郎の仕事の時代を超えた確かさが立証されていると言えよう。

□　細江逸記　1884（明治17）-1947（昭和22）年

　三重県に生まれる。1906（明治39）年、東京外語卒業。1915（大正4）-1916（大正5）年東京外語講師。1931（昭和6）年大阪商科大学教授となり1944（昭和19）年の定年退官まで在職。Old Englishから現代英語にいたる実証的研究の指導的学者の一人であった。

　1917（大正6）年に出版した『英文法汎論』はわが国最初の体系的英文法書と言われる。

　同書によりOnions.C.Tの基本5文型を学校英語に普及させた功績は大きい。彼は「市河三喜の大正元年に出た『英文法研究』はすぐれた著作ではあるが、英語の断片的現象を扱ったものであり、『英文法汎論』は英語の体系的研究をめざしたものであると述べている。

☐ 村田祐治　1864（元治元）年〜1944（昭和19）年

　千葉県に生まれる。斎藤秀三郎の遺志を引き継ぎ、正則英語学校2代目校長に就任した。村田は1889（明治22）年、帝国大学文科大学英文科選科を卒業し、1892（明治25年）学習院教授をへて、1895（明治28）年に第一高等学校教授となった。　学習院時代、名古屋第一中学校にいた斎藤秀三郎の実力を高く評価し、第一高等学校就任に貢献した。また、正則英語学校の創立に関わり、斎藤の片腕として活躍してきた。

　以前から村田祐治は英語学校の他に商業学校の開設の構想を持っていた。関東大震災による校舎の全焼や財界不況などにより学校経営は困難を極めていたが、村田はこの難局を乗り切り自分の理想実現に向け、1933（昭和8）年4月、正則商業学校（現在の正則学園）を開校、初代校長に就任した。著作に、『英文直読直解法』（1915・大正4年）『サン英和辞典』（1939・昭和14年）等がある。

☐ 田中菊雄　1893（明治26）年〜1975（昭和50）年

　北海道小樽に生まれる。学歴は高等小学校を卒業しただけで、ほとんど独学で（正則英語学校で斎藤秀三郎に英語を習ったことは例外であろう）中等教員（1922・大正11年）および高等教員（1925・大正14年）の検定試験（英語）に合格し呉中学校、長岡中学校、旧制富山高校を経て、山形高校教授を歴任。太平洋戦争後の1949（昭和24）年、山形大学教授として幾多の学生を教え、学生に愛され、1960（昭和35）年定年退官。その後は神奈川大学教授となり、ここで教えた。英語学を専攻、長岡中学校および富山高校奉職中に岡倉大英和の編集に参加、その業績を買われて、島村盛助・土居光知と共に、語義の配列を歴史的な展開に従って行った点で英和辞典界にユニークな位置を占める『岩波英和辞典』（1936・昭和11年）の共著者となった。著書は辞書のほか『英和学習法』（1938・昭和13年）、『英語研究者の為に』（1940・昭和15年）、『現代読書法』（1942・昭和17年）、『英語広文典』（1953・昭和28年）など多数。自

叙伝とも言うべき『わたしの英語遍歴』(1960・昭和 35 年) がある。同書の中で 1921 (大正 10) 年頃の出来事が出てくる。

「斎藤校長の授業が終わってから榎本君と共にとうとう大塚まで歩いた。彼は言った。

『中心点を斎藤先生の講義に置け。そうすれば迷うはずがない。先生がもし逝かれたら誰がその衣鉢を伝えるのだ。ただの人ならば自分は何もすすめない。あなただからすすめるのだ。田舎へはいつでも行ける。斎藤先生の講義はいつでも聞けるものではない。恐らくこの数年が最も大切な時ではないかと思う』。自分は感極まって彼の手を握って再考を約した」(同書 148 頁)

この会話はその約 2 年前、斎藤の高弟たちの集団脱退事件があったことを背景にしている。

田中菊雄は 1936 (昭和 11) 年『岩波英和辞典』島村盛助・田中菊雄・土居光知共編, 岩波書店を発刊する。 同書は語義用法を英語辞書の最高権威である N.E.D.(現在の OED)に求め、「オックスフォード大辞典をポケットへ」を標語として編集された独創的な英和辞書。当時島村・田中は山形高校教授。7 年かけた労作であった。「私は多年にわたって元旦以外は一日も休まず、自分の書いた原稿を持参して島村先生の御宅へ伺って修正していただいた。私が英文とその訳文を読むのをじっと先生は聞いておられて、国語辞典をひいてちょっと直されるんだが、それが実にぴったりと原文のニュアンスに合致する。私は毎夜感激を新たにするのであった。」(同書 248 頁)。

大塚高信が『英語学論考』で明治＝斎藤時代、大正・昭和＝市河時代と区分した (280 頁) ことはすでに述べた。岩波英和辞典の企画は昭和 5 年頃たてられたが、時はオックスフォード大辞典の歴史主義全盛の時代にあった。田中が、斎藤の衣鉢を伝えて斎藤のイディオモロジーでの辞書編纂をしなかったと責めるのは酷というものであろう。

『岩波英和辞典』は日本で唯一の歴史主義配列によるもので学問的評価は現在も高く、絶版であるため古書価格も高い。だが、斎藤の『中辞典』は現在も需要があるが、田中の辞典はあまり売れなかった。やはり理論より実用が辞書

には求められるのだろう。もし、田中が斎藤の衣鉢を伝えて、厖大な斎藤組織慣用語法学体系を整備し、戦後に出現した多くの熟語表現を含め、斎藤の遺稿となった『熟語本位英和大辞典』を完成していたら日本の英語界により貢献したように思うが、斎藤英学を神田の英語とさげすんで欧米の英語研究法をもって金科玉条とした時代風潮にあって実現はきわめて厳しいものであったことは認めざるを得ないだろう。

□　伊藤和夫

「山崎貞という人がいた。‥‥この人が大正元年に出した英文解釈の本が、もちろんその間に手を加えているんだが、以来、半世紀以上にわたってまだ図書館じゃない、本屋にあるんだよ。‥‥昭和52年に『英文解釈教室』（研究社）を出して、これが山崎貞を駆逐した。」（出所4）

「単語さえ知っていればそれで英語が読めるものでないことも自明である。‥‥言語を構成する線が、点の総和を越えたものであることに気づいた時、人々の関心がまず熟語に向かうのは自然であるが、熟語の大部分はその成立の過程において偶然的なものであり、それを熟語と感じるのは（私たち日本人のような）外国人に限られる場合も多いのである。‥‥（山崎貞『英文解釈研究』は単なる）熟語集にとどまって、英語自体の構造に目が向かなかったこと、それがこの本の限界であり、その後の無数の類書が同じレベルにとどまってなんらの発展を見せなかった理由だと思うのである」（出所5）

「英文解釈で昔から「公式」と呼ばれてきたものの多くは、what you call＝「いわゆる」、　hardly…before＝「…するやいなや」のような形で、その言い換えとしての日本語を示すだけに終始している。この場合、「公式」選択の基準となっているのは、そのような表現が英語の次元で多数の表現の基礎または母体になっているということではなく、‥‥<u>英米人にとっては本来は熟語ですらない</u>

ものを、日本人に理解しにくいという理由で‥‥「公式」として取り上げていることが多いのである。‥‥文法に依拠しようとしている点で、発展の可能性を秘めていたのは、山貞より小野圭の方であった。」(下線は筆者による)(出所6)

「‥‥入試問題の変質は、受験参考書の世界にも大きな影響を及ぼしている。『下線部を訳せ』という英文和訳の問題が、多くの大学の入試問題から姿を消し、‥‥英語を「訳す」ための方法を教えることを目的としていた従来の参考書には致命的であった。A whale is no more a fish than a horse is. に代表される特殊な熟語構文を収集し、訳という形でその意味を教えるやり方を支えていたのは…この種の英語問題が入試に出ることであった。その楼閣が崩れた…山崎貞『新々英文解釈研究』の流れを汲む参考書がこの十年で書店から姿を消したのはこのためである」(出所7)

それでは山崎貞、さかのぼれば斎藤秀三郎が蒐集し、重要構文として訳し方も定式化した、たとえば、It goes without saying や no less than は最早時代遅れの産物になってしまったのであろうか。慶応大学教授の田中茂範氏は『データに見る現代英語表現・構文の使い方―ネイティブ100人に受験英語の使用実態を徹底調査』1990年の「おわりに」で「調査結果をみていくうちに、受験のための学校英語はあまり役に立たないとか、表現が古いなどとよくいわれてきたことが、実はそうではないということもわかってきた。実際、予想していたより多く、学校英語で習う慣用表現のほとんどが、現代英語の表現とみなすことができるようである」という結論を出している。また下線をほどこした伊藤の「英米人にとっては本来は熟語ですらないものを、日本人に理解しにくいという理由で…「公式」として取り上げている」という発言は日本人が英語学習の強い必要性から構文公式や熟語概念をコロケーションの領域まで拡張していたこと、それが戦前のパーマーやホーンビーを驚嘆させ、なかでも斎藤のIdiomologyが1世紀も前に今日のPhraseologyを先取りしていたという日本人の努力とその優れた先行性を傷つけるものであろう。

伊藤和夫は、『長文読解教室』の「私の訳出法」（255頁）で「君たち、後から返って訳すなどということをしていたら、英文が読めるようにはならないし、まして訳せるようにもなりません。…しかし『前からとらえよ』『前から訳せ』と言われることが多いが、そのための方法が具体的に示されることはまれである」（281頁）と述べているが、本書でとりあげた『正則英語学校講義録』の長文和訳は全文、徹底して前から訳す直読直解法で見事に訳出してある。この事実を伊藤氏が知らなかったのは誠に残念であった。斎藤の著作を土台にした山崎貞の『新々英文解釈研究』と『新自修英文典』が一昨年（2008年）ふたたび復刻された事実は斎藤の偉大さを物語っている。

　（直読直解法について詳しく知りたい方は、竹下和男『英語は頭から訳す―直読直解法と訳出技法14』北星堂をご参照ください）

関係言語学者の生没年と享年

	生年	没年	享年
ブリンクリ	1841（天保12）	1912（大正元）	72歳
スイート	1845（弘化2）	1912（大正元）	68
ロレンス	1850（嘉永3）	1916（大正5）	67
ディクソン	1856（安政3）	1933（昭和8）	78
神田乃武	1857（安政4）	1923（大正12）	67
イェスペルセン	1860（万延元）	1943（昭和18）	84
井上十吉	1862（文久2）	1929（昭和4）	68
武信由太郎	1863（文久3）	1930（昭和5）	68
村田祐治	1864（元治元）	1944（昭和19）	81
斎藤秀三郎	1866（慶応2）	1929（昭和4）	64
岡倉由三郎	1868（明治元）	1936（昭和13）	69
南日恒太郎	1871（明治4）	1928（昭和3）	58
勝俣銓吉郎	1872（明治5）	1959（昭和34）	88
パーマー	1877（明治10）	1949（昭和24）	73
オニオンズ	1878（明治11）	1965（昭和40）	88
佐川春水	1878（明治11）	1968（昭和43）	91
山崎貞	1883（明治16）	1930（昭和5）	48
細井逸記	1884（明治17）	1947（昭和22）	64
豊田實	1885（明治18）	1972（昭和47）	88
市河三喜	1886（明治19）	1970（昭和45）	85
ファース	1890（明治23）	1960（昭和35）	70
田中菊雄	1893（明治26）	1975（昭和50）	83
大塚高信	1897（明治30）	1979（昭和54）	83
ホーンビー	1898（明治31）	1978（昭和53）	81
チョムスキー	1928（昭和3）	—	
シンクレア	1933（昭和8）	2007（平成19）	74

資料出所

1. (1) a) A Synopsis of linguistic theory. 1930-1955. Studies in Linguistic Analysis. Special Volume. Philological Society.

    b) Papers in Linguistics 1934-1951（1957） London: Oxford University Press.
   (2) English Collocation Studies　The OSTI Report 2004. Continuum）
   (3) 市河三喜監修『英語教授法事典』107 頁
   (4) 伊村元道『パーマーと日本の英語教育』1997、182 頁、Cowie『学習英英辞典の歴史』2003、65、75 ～ 76 頁
   (5) The Bulletin　第 63 号、（1930（昭和 5）年 4 月 28 日）
   (6) 訳は筆者による。The Bulletin　第 63 号、（1930（昭和 5）年 4 月 28 日）
   (7) The Seisoku Mirror, 斎藤秀三郎先生追悼号、（昭和 14 年 12 月 20 日）
   (8) カウイー『学習英英辞書の歴史』2003
   (9) 参考文献：八木克正・井上亜依「日本の phraseology 一歴史と展望」
   (10) Estudios Ingleses de la Universidad Complutense 2007. vol.15 9-12）
   (11) Rundell.M. 1994　: Truer words have never been spoken. EFL Gazette. April 1994

    （参考文献：南出康世「イディオモロジー・慣用原則・基本 5 文型」言語文化論叢弟 12 号）
   (12) 参考文献：八木克正・井上亜依「日本の Phraseology 一歴史と展望」 6 ～ 7 頁

4. (1) 大村喜吉『斎藤秀三郎伝』240 頁
   (2) 同 374 頁
   (3) 同 246-248 頁
   (4) 同 252 頁
   (5) カウイー著『学習英英辞書の歴史』75 頁

5. (1) シュリーマン『古代への情熱』岩波文庫 36 頁

6. (1) 『英語の日本』第 1 巻第 1 号、32-33 頁、長谷川康執筆、筆者が若干の古い語義の修正・省略を行っている。
   (2) The Current of the World, 内山常治「教壇における斎藤先生」昭和 24 年 2 月 1 日号

(3) The Seisoku Mirror, 第 20 号、校祖斎藤秀三郎先生追悼号、村田祐治 （昭和 14 年 12 月 20 日）
(4) 英語青年、第 62 巻第 9 号 21 頁
(5) 福原麟太郎『日本の英学』21 頁
(6) 石橋湛山『湛山回想』岩波文庫 40 ～ 45 頁
(7) "The Current Of The World." 高柳賢三 「英語の勉強」昭和 10 年 4 月号
(8) 『英語青年』市河三喜　弟 62 巻 9 号
(9) 市河三喜『小山林堂随筆』278 ～ 296 頁　（1949（昭和 24）年 8 月）

7. (1) 『英語の日本』第 2 巻 5 号、佐川春水　（明治 42 年 4 月）
(2) 『近代文学研究叢書第 61 巻　細江逸記』　177 ～ 178 頁
(3) 大塚高信『英語学論考Ⅳ　本邦英語学研究小史』286-297 頁
(4) 斎藤兆史『日本人と英語』もうひとつの英語百年史：第 2 章大正時代の英語　市河三喜『英文法研究』56 ～ 62 頁より
(5) Higher English Lessons 名著普及会、出来成訓氏の解題から
(6) （『英語の日本』佐川春水「細江氏の文法教科書改訂論を読みて」（大正 6 年 8 月号））

8. (1) 『英語青年』第 62 巻第 10 号 25 頁、斎藤未亡人と語る、(昭和 5 年 2 月 15 日)
(2) 大村喜吉『斎藤秀三郎伝』398 頁

9. (1) 正則英語学校学友会の機関紙『学友』第 1 巻第 3 号（昭和 5 年 12 月 15 日）
(2) 『英語の日本』大正 6 年 7 月号 7 頁
(3) 斎藤勇、昭和 11 年 3 月岩波書店パンフレット
(4) 岡倉由三郎「本邦最近辞書界の三産物」雑誌『英語教授』第 9 巻第 1 号、36 頁
(5) 田中菊雄『わたしの英語遍歴』42 ～ 43 頁　1960（昭和 35）年
(6) 柳瀬尚紀『辞書はジョイスフル』84 頁
(7) 文部省夏期講習会における『斎藤秀三郎氏の講演』、『英語教授』大正 4 年 10 月号、29 頁、筆者注：この講演は 15 ページにわたり斎藤イディオモロジーを知る重要な資料である。

10. (1) 柳瀬尚紀『辞書はジョイスフル』87-88 頁

11. (1) 『英語青年』第 61 巻第 7 号、1929（昭和 4）年 7 月 「斎藤和英大辞典完成祝賀会」258 頁

(2)『英語青年』第 61 巻第 7 号、1929（昭和 4）年「市河三喜の斎藤和英大辞典への言及」

(3) 市河三喜『旅・人・言葉』115 ～ 116 頁

12. (1) 本稿 can の部分の資料は、インターネット記載の「山岸勝榮英語辞書・教育研究室：辞書家としての斎藤秀三郎」より転載し組み方を横組みにした。

13. (1)『英語青年』岩崎民平「実用英文法の要点」創刊 50 周年記念号　1949（昭和 22）年 4 月

(2)『英語の日本 』第 10 巻第 4 号 2 頁

(3)『英語青年』第 62 巻第 9 号　今井信之「斎藤さんのこと」26 頁

(4)『英語青年』第 62 巻第 9 号　飯塚陽平「英語界の巨人斎藤先生」

(5)『英語青年』第 34 巻第 2 号 80 頁、4 号 118 頁、5 号 148 頁　『斎藤先生の講義ぶり』筆記者の蘇比那嬢というペンネームが誰かは不明。

(6)『英語青年』第 34 巻第 2 号 56 頁「文部省夏季講習会における斎藤秀三郎氏の講演大要」筆記者のペンネームは愛勇生で誰であるかは不明である。

14. (1) 堀英四郎「英語のイディオムの面白さ」英語教育、昭和 28 年 4 月号、大村喜吉『斎藤秀三郎伝』128 ～ 129 頁

(2) The Seisoku Mirror、追悼講演

(3)『斎藤秀三郎先生生誕百年記念文集「追憶」』1965（昭和 40）年 10 月

(4) 大村喜吉『斎藤秀三郎伝』115 頁

(5)『英語青年』第 80 巻第 10 号喜安？太郎 28 頁

(6) The Current of The World　江田米作『斎藤先生の書斎生活について』昭和 24 年 2 月号

(7) 塚本虎二『死に勝つ』.「斎藤の父」159 ～ 160 頁　聖書知識社

(8) The Seisoku Mirror, 斎藤秀三郎先生追悼号、塚本虎二、斎藤先生の日常生活、（昭和 14 年 12 月 20 日）

15. (1)『英語青年』昭和 5 年 2 月号

(2)『英語世界』第 7 巻第 2 号

(3)『英語界』大正 5 年 1 月　11 頁

(4)『駿台予備校のあゆみ』「師たちの回顧　英語科 伊藤和夫先生（故人）にきく」

(5) 伊藤和夫『予備校の英語』単語と熟語　35-37 頁

(6) 伊藤和夫『予備校の英語』熟語と文法 「公式」という熟語　39 ～ 40 頁

(7) 伊藤和夫『予備校の英語』「英語参考書の変貌」 95 頁

資 料 編

1. 斎藤の著作は、ほとんどが英文で書かれており、日本語訳はついていないが、読者の便を図るため、斎藤の辞書類・章末の英作問題の日本文などを参照して、なるべく斎藤自身による訳を調べて書き加えてある。

2. 限られた紙幅で斎藤の多数の著作の詳細を少しでも知ることができるように目次全体を掲げた。書籍の構成は、原文→模範文→日英翻訳練習の形をとっているが、サンプルとして模範文の部分を取り上げ、訳文をつけた。

SAITO'S ENGLISH CONVERSATION GRAMMAR
英会話文法

1. The Noun（名詞）
2. The Adjective（形容詞）
3. The Article "An"（冠詞 An）
4. The Plural Form of the Noun（名詞の複数形）
5. "How many"
6. Names of Materials（物質の名前）
7. On the Plural Form of Certain Nouns（特定の名詞の複数形に関して）
8. The Pronoun（代名詞）
9. "Where are you going?"（どちらへお出かけですか）
10. The Possessive Form（所有格）
11. The Verb（動詞）
12. Three Forms of the Pronoun（代名詞の3つの形）
13. Two Uses of the Object Form（目的形式の2用法）
14. "My" and "Mine"
15. "What are you doing?"（何をおやりですか）
16. "Do" and "Does"
17. "Can", "May", and "Must"
18. The Verb Form with the Preposition "To"（前置詞 To の付いた動詞形）
19. "Shall I?"
20. "Will you?"
21. The Proper Noun（固有名詞）
22. The Past Tense（過去時制）
23. "Did"
24. "Who wrote it for you?"（誰がその手紙をあなたに書いたのですか）

25. "What do you go to school for?"（何をしに学校に行くのですか）
26. The Adverb（副詞）
27. Adverbs of Time（時の副詞）
28.   Negation（否定）
29. Grammar Review: the Sentence and the Parts of Speech
（文法の復習：文と品詞）
30. Sentence-Analysis（文の解剖）
31. The Numerals（数詞）
32. "Some", "Any", "No", and "None"
33. "Many" and "Much"
34. "All", "Each", and "Every"
35. "Either", "Neither" and "Both"
36. "More" and "Most"
37. Comparison（比較）
38. Use of the Comparative and Superlative Forms（比較級と最上級の用法）
39. The Clause（節）
40. Passive Verbs（受身動詞）
41. The Relative Pronoun（関係代名詞）
42. The Relative Pronoun Continued（続関係代名詞）
43. The Future Tense（未来時制）
44. "Shall" and "Will" in Question
45. "Shall" and "Will" Continued
46. "May" and "Mustn't"
47. "Must" and "Needn't"
48. The Perfect Tense（完了時制）
49. Use of the Perfect Tense（完了時制の用法）
50. "Have you been in America?"（君はアメリカに行ったことがありますか）
51. "What have you been doing?"（何をしていたのですか）

52. "What are you going to do?"（何をするつもりですか）
53. The Passive Form（受動形）
54. Past and Future Perfect（過去時制・未来時制）
55. Grammar Review: Grammatical Forms（文法の復習：文法上の正しい形）
56. "We have" and "There is"
57. Impersonal Verbs（非人称動詞）
58. "Is it right to tell a lie?"（ウソをつくことは正しいか）
59. The Participles（分詞）
60. Verbal Complements（動詞補部）
61. Adverbial Expressions of Time（時の副詞的表現）
62. Adverbial Expressions of Place（場所の副詞的表現）
63. Irregular Verbs of the First Class（第1種不規則動詞）
64. Irregular Verbs of the Second Class（第2種不規則動詞）
65. Irregular Verbs of the Third Class（第3種不規則動詞）
66. Irregular Verbs of the Forth Class（第4種不規則動詞）
67. Irregular Verbs of the Forth Class Continued（続同上）
68. Irregular Verbs of the Forth Class Continued（続同上）
69. Irregular Verbs of the Forth Class Continued（続同上）
—— "Would", "Could" "Might" after "Said", "Thought", etc.

SAITO'S ENGLISH CONVERSATION GRAMMAR
『英会話文法』サンプル（193〜197頁より抜粋）

LESSON XLIX　　Use of the Perfect Tense

CONVERSATION

1. Have you seen the new teacher?　Yes, I have.

   When did you see him?　I saw him yesterday.

2. Does your brother like horses?　Yes, he does.

   Has he seen my father's new horses?　No, he hasn't.

3. Is your sister fond of reading novels?　Yes, she is very fond of novels.

   Has she read this novel?　I don't think she does.

4. Have you read the "Hakkenden"?　Yes, I have.

   When did you read it? I read it when I was very young.

5. Has your brother found his watch?　Yes, he has.

   Where did he find it?　He found it in the playground.

6. What have you done with your inkstand? My servant has broken it.

   How did she break it? She let it fall on the floor.

7. Have you heard the news?　Yes, I heard it just now.

8. Has your father arrived?　Yes, he arrived last evening.

9. Has the bell rung?　Yes, it has rung already.

   Has the school begun? No, it has not begun yet.

10. Have you ever seen a lion?　No, I have never seen one alive.

    Have you heard the story called the "Lion's Share"? No, I have never heard it.

11. Have you heard from your brother lately?

    I have not heard from him this month.

    Is he still in Kyoto?

No, he has left Kyoto; he is now in Nagasaki.

12. How far did you go?

I went as far as the new bridge over the river N.

You must be tired after your long walk.

Yes, I am very tired. I have walked over ten miles today.

GRAMMAR

RULE:-The Perfect Tense must not be used with an adverb denoting past time.

（完了時制は、過去の時を示す副詞とともに用いてはならない）

When a definite past time is mentioned, the Past Tense must be used. （Conv. 1,4,7,8)

（はっきりと限定された過去の時が示されている場合は、過去時制を用いなければならない）

Therefore it is wrong to say ——

（したがって、次のように言うのは間違いである）

"I have seen the new teacher yesterday."

Notes:-

1. The Perfect may be used with such adverbs of time as **already, yet, ever, never, always, lately, often,** etc. （Conv. 9,10,11）

2. The Perfect is used when we speak of an action which has taken place **today, this week, this month, this year**, etc. （Conv. 10.11）

3. The Perfect must not be used in questions beginning with **when?**（Conv. 1,4）

（完了は "when?" で始まる質問に用いてはならない）

EXERCISE　　（a）　　　（（b）は割愛します）

1.　君は加藤君のお兄さんに出会ったか。

2. 僕らが今会ったのは加藤君のお兄さんではなかったのか。
3. 君は、いつ高瀬君に会ったか。
4. 私は、この前の日曜日に公園で彼に出会った。
5. 君は、僕が買った辞書を見たか。
6. これは、この間僕と一緒に行って買ったのではないか。
7. 君の友人は、僕の伯父の庭園を見たか。
8. もしまだ見ないなら、僕が連れていってあげよう。
9. 君は今晩私と食事をしに来ませんか。
10. 私は佐藤君と一緒に食事をする約束をしてしまいました。
11. 私の妹は象を見たがっている。
12. 彼女はまだ見たことがないのだ。
13. 君はまだ若い。世の中を見ていない。
14. 君は Macaulay の論文を読んだことがあるか。
15. 私は田舎にいた時 Warren Hastings を読みました。
16. 私はこのがま口を見つけた。それは君のではないか。
17. 君はそれをどこで見つけたか。
18. 私は学校へ行く途中でそれを見つけた。
19. 君はなぜ自分のめがねをかけないのか。
20. 壊したのだ。
21. どうして壊したか。
22. 石の上に落とした。

（解答）

1. Did you meet with Mr. Kato's brother?
2. Wasn't he Mr. Kato's brother whom we met just now?
3. When did you see Mr. Takase?
4. I met with him in the park last Sunday.
5. Have you seen the dictionary that I have bought?
6. Isn't this the one that you went with me and bought the other day?

7. Has your friend seen my uncle's garden?
8. If not, I will take him with me.
9. Won't you come to supper with me this evening?
10. I have already made a promise to supper with Mr. Sato.
11. My sister wants to see an elephant.
12. She has never seen one.
13. You are still young. You have seen little of the world.
14. Have you ever read any of Macaulay's essays?
15. I read his Warren Hastings while in the country.
16. I have found this purse. Isn't it yours?
17. Where did you find it?
18. I found it on my way to school.
19. Why don't you wear your spectacles?
20. I have broken them.
21. How did you break them?
22. I dropped them on a stone.

PRACTICAL ENGLISH GRAMMAR
実用英文典(目次)

1. NOUNS(名詞)

  CLASSES OF NOUNS (名詞の種類)

    Proper and Common Nouns (固有名詞・普通名詞)

    Collective Nouns (集合名詞)

    Material Nouns (物質名詞)

    Abstract Nouns (抽象名詞)

  INFECTION OF NOUNS (名詞の変化)

    First Inflection of Nouns: Number (数)

    Second Inflection of Nouns: Case (格)

    Third Inflection of Nouns: Gender (性)

2. ARTICLES(冠詞)

  Meaning of the Articles (冠詞の意味)

  Uses of the Articles (冠詞の用法)

  Uses of the Definite Article (定冠詞の用法)

  Special Uses of the Definite Article (定冠詞の特別用法)

  Uses of the Indefinite Article (不定冠詞の用法)

  Special Uses of the Indefinite Article (不定冠詞の特別用法)

  Material Nouns and Articles (物質名詞と冠詞)

  Abstract Nouns and Article (抽象名詞と冠詞)

  Proper Nouns and Articles (固有名詞と冠詞)

  Adjectives and Articles (形容詞と冠詞)

  Position of the Article (冠詞の位置)

  Repetition of the Article (冠詞の反復)

Omission of the Article（冠詞の省略）

3. ADJECTIVES（形容詞）

CLASSES OF ADJECTIVES（形容詞の種類）
Pronominal Adjectives（代名形容詞）
Adjectives of Quantity（数量形容詞）
Adjectives of Quality（性質形容詞）
Comparison（比較）

4. PRONOUNS（代名詞）

PERSONAL PRONOUNS（人称代名詞）
DEMONSTRATIVE PRONOUNS（指示代名詞）
INTERROGATIVE PRONOUNS（疑問代名詞）
RELATIVE PRONOUNS（関係代名詞）

5. VERBS（動詞）

CLASSES OF VERBS（動詞の種類）
Intransitive Verbs（自動詞）
Transitive Verbs（他動詞）
Transitive Verbs used Intransitively（自動詞的他動詞）
Intransitive Verbs used Transitively（他動詞的自動詞）
Reflexive Verbs（再帰動詞）
Verbs taking Verbal Complements（動詞補語をとる動詞）
Auxiliary Verbs（助動詞）
Impersonal Verbs（非人称動詞）
INFLECTION OF VERBS（動詞の変化）
Principal Parts of the Verb（動詞の主要形）
PERSON AND NUMBER（人称と数）

VOICE（態）

TENSE（時制）

The Present Tense（現在時制）

The Past Tense（過去時制）

The Future Tense（未来時制）

The Present Perfect Tense（現在完了時制）

The Past Perfect Tense（過去完了時制）

MOOD（法）

The Imperative Mood（命令法）

The Subjunctive Mood（従属法）

The Conditional Mood（条件法）

INFINITIVES（不定詞）

Forms of the Infinitive（不定詞の形式）

Uses of the Infinitive（不定詞の用法）

The Infinitive as Object（目的語としての不定詞）

The Infinitive Complement（不定詞補語）

The Infinitive without "To" as Compliment（補語としてのTOのない不定詞）

The Infinitive of Purpose（目的の不定詞）

PARTICLES（分詞）

Forms of the Particle（分詞の形）

Uses of the Particle（分詞の用法）

The Participle as Adjective（形容詞としての分詞）

The Participle Construction（分詞構文）

The Participle as Complement（補語としての分詞）

GERUNDS（動名詞）
Gerunds and Infinitives after Verbs（動詞に続く動名詞・補語）
Gerunds and Infinitive after Adjectives（形容詞に続く動名詞・補語）
Gerunds and Infinitives after Nouns（名詞に続く動名詞・補語）
Gerunds preceded by Prepositions（前置詞に続く動名詞）

AUXILIARY VERBS（助動詞）
    1.DO
    2.HAVE
    3.BE
    4.BE GOING
    5." SHALL" and "WILL"
    6."SHOULD" and "WOULD"
    7."MAY" and "MIGHT"
    8."CAN" and "COULD"
    9."MUST" and "NEEDE NOT"

6. ADVERBS（副詞）
CLASSES OF ADVERBS（副詞の種類）
1.Pronominal Adverbs（代名詞的副詞）
2.Simple Adverbs（単純な副詞）
COMPARISON OF ADVERBS（副詞の比較）
FORMATION OF ADVERBES（副詞の形成）
SUBSTITUTES FOR ADVERBS（副詞の代用語）
USES OF ADVERBS（副詞の用法）
POSITION OF ADVERBS（副詞の位置）

7. PREPOSITION（前置詞）
1.Forms of Prepositions

（前置詞の形式）

2.Forms of the Object of Preposition

（前置詞の目的語の形式）

3.Preposition as Other Parts of Speech

（他の品詞としての前置詞）

4.Separation of Preposition and Object

（前置詞と目的語の分離）

5.Repetition and Omission of the Same Preposition

（同一の前置詞の反復と省略）

6.Two Prepositions with One Object

（1つの目的語についた2つの前置詞）

7.Meanings of the Chief Prepositions

（主要な前置詞の意味）

8. CONJUNCTIONS（接続詞）

   1. Coordinate Conjunctions（等位接続詞）

      Copulative Conjunctions（連結接続詞）

      Alternatives Conjunctions（選択接続詞）

      Adversative Conjunctions（反意接続詞）

      Illative Conjunctions（推論接続詞）

   2. Subordinate Conjunctions（従属接続詞）

     Subordinate Conjunctions of Time

     （時の従属接続詞）

     Subordinate Conjunctions of Cause or Reason

     （原因・理由の従属接続詞）

     Uses of the Conjunction "That"

     （接続詞 "That" の用法）

     Uses of "If", "Whether" "Though"

("If", "Whether" "Though" の用法)

Uses of the Conjunction "As"

(接続詞 "As" の用法)

Uses of the Conjunction "Than"

(接続詞 "Than" の用法)

"Now" as a Conjunction

(接続詞としての "Now")

9. USES OF PREPOSITIONS（前置詞の用法）

1. Meanings of the Chief Prepositions
   （主要な前置詞の意味）
2. Prepositions classified according to Meaning and Use
   （意味と用法による前置詞の分類）
   ① Place（場所）
   ② Time（時）
   ③ Source or Origin（根源）
   ④ Cause or Reason（原因・理由）
   ⑤ Agency and Instrumentality（媒介と手段）
   ⑥ Material, Contents, Parts（材料・内容・部品）
   ⑦ Effect, Consequence, Result（結果）
   ⑧ End, Object, Purpose（目的）
   ⑨ Quality and Manner（性質と様式）
   ⑩ State, Condition, Occupation（状態・状況・従事）
   ⑪ Standard, Measure, Valuation（標準・尺度・価値）
   ⑫ Limit or Extent（限度・限界）
   ⑬ Excess and Deficiency（過不足）
   ⑭ Superiority and Inferiority（優劣）
   ⑮ Union, Junction, Separation（結合・接合・分離）

⑯ Inclusion and Exclusion（包含・除外）
⑰ Comparison（比較）
⑱ Agreement, Adaptation, Conformity（一致・適合・順応）
⑲ Difference, Opposition, Contrast（差異・反対・対照）
⑳ Exchange and Substitution（交換・代替）
㉑ Negation（否定）
㉒ Loss, Absence, Concealment（喪失・不在・隠匿）
㉓ Prepositions of Reference（参照の前置詞）
㉔ Prepositions of Relations（関係の前置詞）
㉕ Usages of Prepositions in Certain Phrases（特別な句における前置詞の用法）

3. WORDS GOVERNING PREPOSITIONS
（前置詞を支配する語）

1. Verbs governing Prepositions
（前置詞を支配する動詞）

2. Adjectives governing Prepositions
（前置詞を支配する形容詞）

3. Words of Similar Meaning Governing Different Prepositions
（異なる前置詞を支配する類似した意味をもつ語）

4. Opposites governing Different Prepositions
（異なる前置詞を支配する反意語）

5. Words of Variable Government
（支配の仕方が変化する語）

6. Meanings of Certain Verbs with and without Prepositions
（前置詞の有無で変わる特定動詞の意味）

7. List of Words governing Prepositions
（前置詞を支配する語のリスト）

> **PRACTICAL ENGLISH GRAMMAR**
> 『実用英文典』（サンプル）（317〜326頁より抜粋）

The Present Perfect Tense.（現在完了時制）

"Perfect" means "completed" and the Perfect Tense denotes the **Completion of an Action**. The Past Tense refers to an action simply as a past event; the Perfect Tense lays stress on the fact of its being completed, no matter when the action may have taken place. We may, therefore, make use of either tense in referring to one and the same action, but the meaning conveyed is not the same. The notion of the completion of an action easily goes over to that of the present state of things arising out of the past action; and the Perfect Tense always conveys some information concerning the present.

Are you writing your composition?

No, I **have written** it already.（＝ I have finished writing it; the composition is written.）

When did you write it?

I **wrote** it yesterday.（Here the stress is on the action itself; the action of writing took place yesterday.）

The Perfect Tense is therefore used in referring to a past event **in order to covey some information about the present**, while the Past Tense generally gives no information about the present.

Some Verbs in the Past Tense may throw light on the present. For instance, a man who died once must now be dead. But such are exceptional and accidental cases, the chief end of the Past Tense being, not to give information about the present, but to recall the action itself before the mind. The Past Tense depicts the action itself; The Perfect Tense throws the action into the background, and lays before us the present state of things resulting from the action. The Past Tense is, therefore, generally accompanied by the attendant circumstances of Time, Place, or Manner; while **the Perfect Tense is never used with Time.**

He **has studied** English.
(He understands English, no matter when, where, or how he studied it.)
He **studied** English at Nagasaki, when he was a young man.
The result of an action may be (a) *the Immediate result abiding in the Thing*, or (b) *the Remoter Result abiding in the Person.*

(a) I **have written** my composition.
　　（作文を書いてしまった＝ The composition is ready.）
(b) He **has written** a book.
　　（本を書いたことがある＝　He is an author.）

(a) **Immediate Result** abiding in the Thing:
Here the Perfect Tense denotes the Completed State of the Action itself (〜してしまった), and usually refers to an action just completed.
A Verb in the Perfect Tense may generally be paraphrased into an equivalent expression in the Present Tense.
Would you like to see my new gun?
I **have seen** it already.　（Therefore I do not want to see it.）
Are you still writing your composition?
No, I **have written** it already.　（Therefore I am not writing it.）

(b) The **Remoter Result** abiding in the Person:
The result of an action may remain in the agent as **Knowledge, Experience**, or **Character**（〜したことがある）. The action itself may have been completed at any time in the past. In this case also, the Perfect has an equivalent in the Present.

I **have seen** a tiger. (Therefore I know what it is like.)

He **has seen** the world. (= He has a knowledge of the world.)

I **have read** Shakespeare. (= I know Shakespeare.)

He **has traveled** much. (= He is a great traveler.)

Practical Rules for the Correct Use of the Present Perfect (現在完了を正しく使用する実用的ルール)

1. The Present Perfect must not be used with any word denoting Past Time.

   (Incorrect) The new teacher **has arrived** a few days ago.

   (Correct) The new teacher **arrived** a few days ago.

   (Incorrect) I **have seen** him yesterday.

   (Correct) I **saw** him yesterday.

2. The Present Perfect may be used with the following Adverbs of Indefinite Time.

   already, always, now, once, yet, sometimes, just, twice, ever, since, often, three times, never, lately, seldom. etc.

   I have **always** lived in Japan.

   I have **often** been in Kyoto.

   I have not met Mr.Ito **lately.**

3. The Present Perfect must not be used in questions begging with "when?"

   (Incorrect) **When has** he arrived?

   (Correct) **When did** he arrive?

   (Incorrect) **When have** you begun English?

   (Correct) **When did** you begin English?(以下省略)

ADVANCED ENGLISH LESSONS
英文法精義（目次）

1. The Article （冠詞）

① The Definite Article（定冠詞）

② The Indefinite Article（不定冠詞）

③ Omission of the Article（冠詞の省略）

2. Uses of Verbs （動詞の用法）

① Transitive as Intransitive（自動詞としての他動詞）

② Intransitive as Transitive（他動詞としての自動詞）

3. Classes of Verbs （動詞の種類1）

① Incomplete Intransitive or Neuter Verbs（不完全自動詞あるいは中性動詞）

② Incomplete Transitive or Factitive Verbs（不完全他動詞あるいは作為動詞）

③ Incomplete Verbs taking Verbal Complement（動詞補語をとる不完全動詞）

4. Classes of Verbs （動詞の種類2）

① Dative Verbs（予格動詞）

② Passive Verbs（受身動詞）

③ Reflexive Verbs（再帰動詞）

④ Impersonal Verbs（非人称動詞）

5. Auxiliary Verbs （助動詞）

① "Shall" and "Will"

② "Should" and "Would"

③ "May", "Can" and "Must"

④ "Ought", "Need" and "Dare"

6. Mood and Tence （法と時制）

    ① The Indicative Mood（直接法）

    ② The Subjunctive Mood（仮定法）

    ③ The Conditional Mood（条件法）

    ④ The Potential Mood（可能法）

    ⑤ Conditional Sentences（条件文）

7. Infinitives, Participles,and Gerunds （不定詞、分詞、動名詞）

    ① Infinitives（不定詞）

    ② Participles（分詞）

    ③ Gerunds（動名詞）

ADVANCED ENGLISH LESSONS
『英文法精義』（サンプル）（361 〜 368 頁より抜粋）

Factitive Verbs of "Making"　　（作為動詞　make）

Idiomatic Phrases（慣用句）

(a) To **make good**. — This Phrase has various meanings: —

　(1) To *perform or fulfill*, as —— to *make good* one's word or promise
　　　　　　　　　　　　　　　　　　　　　　　　　　（約束を履行する）
　　　I'll see that he **makes** his promise **good**.

　(2) To *prove or verify*, as —— to *make good* a charge or an accusation
　　　　　　　　　　　　　　　　　　　　　　　　　　　　（立証する）
　　　You make a statement which you can not make good by proof.

　(3) To *compensate for, or supply*, as —— to *make good* one's loss
　　　　　　　　　　　　　　　　　　　　　　　　　　（損害をつぐなう）
　　　I will **make good** what is wanting.
　　　If you suffer any loss, I will **make** it **good** to you.

　(4) To *effect*, as —— to *make good* an escape, a retreat, a landing, etc.
　　　　　　　　　　　　　　　　　　　　　　　　　　　（逃げおおせる）

(b) To **make fast** = to fasten, as —— to *make fast* a door or a shutter
　　　　　　　　　　　　　　　　　　　　（縛る、（戸なら）締りをする）

(c) To **make even** = to square, to *leave nothing owing*　　（貸借がなくなる）

(d) To **make square** = to *make even*　　　　　　　　　（貸借がなくなる）
　　　I owe you ten yen; so this will **make** all **square**.

(e) To **make it one's business**　(to)　= to *do anything habitually.*　（商売・本

職にしている）

　　　　He **make it his business to** find fault with everything.

（f）　To **make oneself easy** （安心する）

　　　　You may **make yourself easy** with regard to this matter.

（g）　To **make oneself uneasy** （心配する）

　　　　You need not **make yourself uneasy** about it.

（h）　To **make oneself at home** ＝ To *behave without restraint as one does at home* （遠慮をしない）

　　　　make yourself at home, and call for anything you may want.

（i）　**To make oneself scarce** ＝ to *get out of the way* （Colloq）（その場を逃げる、去る）

　　　　If one keeps looking at his watch, it is a mild hint that you had better **make yourself scarce**.

（j）　To **make oneself master** （**of**）　＝ to *master*　（一芸を極める）

　　　　If you wish to teach anything, you must in the first place **make yourself master of** the subject.

（1）　To **make a point of** doing anything ＝ to *insist upon doing it as a point of honor*.（名誉に関する問題として、必ず〜する）

　　　　He **made a point of** calling on me whenever he comes to town.

（Compare）「いつも…することにしている」

　　To **make it a rule to** do something

　　To **make it a custom to** do something

　　To **make a custom of** doing something

　　To **make a point of** doing something

（2）To **make an example of** a person ＝ to *make him a warning to others*　（…を見せしめにする）

　　　　I will **make an example of** the first offender I catch.

（Compare）
> You must **make an example of** the offender.
> You must **set an example to** your inferiors.

(3) To **make an exception of** = t*o except*　（特別扱いにする）
　　Whenever I engage in anything, I make it a rule to devote myself entirely to it; and I **make no exception of** pleasure.

(4) To **make a study of** = to *make anything a special study*　（を専門に研究する）

（Compare）
> I have **studied**　（= **read**）　Shakespeare.
> I have **made a**　(**special**)　**study of** Shakespeare.

(5) To **make a boast of** = to *talk boastfully of.*　（を誇りとする）
　　Far from making a secret of his practices, he **makes a boast of** it.

(6) To **make a show of** = to *show off*　（見世物にする）
　　A warship is not built to **make a show of** .

(7) To **make a display of**　（見せびらかす）
　　It is bad taste to **make a display of** one's learning.

(8) To **make no secret of** = not to *conceal*　（を少しも隠さない）
　　He **make no secret of** the matter; on the contrary, he makes a boast of it.

(9) To **make a clean breast of** = to *make full confession of*（きれいに〜を白状する）
　　She resolved to **make a clean breast of** it before she died.

(10) To **make no doubt of** = to *have no doubt about*　（を疑わない）
　　I **make no doubt**　(**of** it)　that you will succeed.

(11) To **make no bones of** = to *have no scruples about*（に躊躇しない、平気でする）

He **make no bones of** ly**ing** and steal**ing**.

(12) To **make a present of** ＝ to *give as a present* (物を贈る)

Here is another of the fools of a family **made a present of** to his country.

(Marryat)

(13) To **make ducks and drakes of** ＝ to *squander foolishly* (乱費する)

He has **made ducks and drakes of** his property.

(14) To **make a fool of** ＝ to *deceive, make ridiculous* (をだます)

If you trust him, he will **make a fool of** you.

Don't **make a fool of** yourself. (＝ Don't be foolish)

(15) To **make fun** (**game, sport**) **of** ＝ to *turn into ridicule* (を嘲笑する、からかう)

I can't stand it; you **make fun of** everything I say.

(16) To **make an honest woman of** ＝ to *marry a woman after having had an illicit connection with her.* ((関係した女を) 天下晴れての女房にする)

Why doesn't he marry her at once, and **make an honest woman of** her?

(17) To **make an end of** ＝ to *finish* (をやってしまう、片付ける)

I shall **make an end of** my discourse.

(18) To **make short work of** ＝ to *overcome easily, dispatch quickly* (を容易に片付ける)

The combined troops **make short work of** the Chinese insurgents.

(19) To **make the most of** ＝ to *use to the best advantage* (最大限に活用する)

It is a duty everybody owes to himself to **make the most of** his life.

(20) To **make the best of** ＝ to *get all one can out of* (a bad thing) (最大限に活用する)

It is, at best, a bad bargain; but I am resolved to **make the best of** it.

That's what I call **making the best of** a bad bargain.

(21) To **make the best of one's way** = to *proceed with all possible speed under the circumstance.* （なるだけ急ぐ）

    He **made the best of his way** home by the fading light.

(22) To **make the best of both worlds** = to *manage so as to secure heaven, without sacrificing the good things of this world.* （現世の幸福を捨てないで来世の幸福を図る）

    Modern Protestantism is open to the reproach of trying to **make the best of both worlds**.

(23) To **make merchandise of** = to *sell* （…を売り物にする）

    Thou shalt not sell her at all for money; thou shalt not **make merchandise of** her. —— Bible.

(24) To **make boot of** = to *take advantage of.* （…を利用する）

    Give him no breath, but now
    Make boot of his distraction. —— Shakespeare

(25) To **make a virtue of** necessity = to *do as if of one's own accord what one really has to go by compulsion.* （せざるをえないことを潔くする）

    If you have to do anything, do it cheerfully. That's what I call **making a virtue of necessity**.

(26) To **make a mountain of a molehill** = to *magnify or exaggerate* （針ほどのことを棒のように言う、針小棒大に言う）

    Nonsense! There is no such danger as he speaks of.
    He is **making a mountain of a molehill**, as he always does.

(27) To **make an evening of it** = to *spend it in conviviality.* （今晩は飲み明かす）

    Here is Mr. A. comes to see us; let us **make an evening of it**.

    The verb "make" in this construction is frequently used in the sense of making account or considering: ——

    She makes （= thinks） nothing of boxing people's ears.

(28) To **make** (**much, little, no**) **account of** = to *value* (*much or little*) ; to *hold in* (*high or low*) *esteem*. (を重視する、軽視する、問題にしない)
  He **makes no account of** difficulties.
  We **make little account of** such trivial objections.

(29) To **make much of** = to *consider as important, treat with favor* (を大切にする、珍重する)
  Not being used to seeing foreigners, people **make much of** them in the country.

(30) To **make nothing of** = to *regard as nothing*. (をなんとも思わない)
  She **made nothing of** boxing the servant's ears.

(31) To **make light of** = to *treat as unimportant, disregard*. (を軽んずる)
  Up to the present time he had rather **made light of** the case, and as for danger, he had pooh-poohed it with good-humored contempt. (Reade)
  The verb "make" means "make out" , "find", or "understand," in the following phrases.

(32) **Can make nothing of** = to *be unable to understand* (の意味がさっぱり解らない)
  What sort of a man is he? —— He is such a close fellow;
  I **can make nothing of** him. (= I can't make him out.)

(33) **Can't make head or tail of** = To *be utterly at a loss to understand* ((彼が言うこと) はさっぱりわけがわからない)
  He said such queer things, that I **couldn't make head or tail of** what he said.

(34) Don't **know what to make of** = to *be at a loss to understand or account for* (がさっぱりわからない)
  I began to feel a pain. I **knew not what to make of** in the same joint of my other foot. (Sir W. Temple)

HIGHER ENGLISH LESSONS
英文法詳解（目次）

No.1　NOUNS AND PRONOUNS（名詞と代名詞）

PART1: NOUNS AND ARTICLES（名詞と冠詞）
1. General Introduction（概論）
2. The Articles（冠詞）
3. Proper Nouns（固有名詞）
4. Common Nouns（普通名詞）
5. Collective Nouns（集合名詞）
6. Material Nouns（物質名詞）
7. Abstract Nouns（抽象名詞）

PART2: PRONOUNS AND PRONOMINAL ELEMENTS
1. General Introduction（概論）
2. Personal Pronouns（人称代名詞）
3. Demonstrative Pronouns（指示代名詞）
4. Relative Pronouns（関係代名詞）
5. Interrogative Pronouns（疑問代名詞）
6. Pronominal Elements（代名詞的要素）
7. Indefinite Pronominal Elements（不明瞭な代名詞の要素）

No.2　VERBS（動詞）

PART1. GENERAL INTRODUCTION（概論）
1. Classes of Verbs（動詞の種類）
2. Grammatical Forms of the Verbs（動詞の文法的形式）

PART2. AUXILIARY VERBS （助動詞）

3. "Shall" and "Will"
4. "May", "Can" and "Must"

PART3　MOOD AND TENSE （法と時制）

5. the Indicative Mood （直接法）
6. The Subjunctive Mood （仮定法）
7. The Conditional Mood （条件法）
8. The Potential Mood （可能法）
9. Conditional Sentences （条件文）
10. Uses of "Should" and "Would" （Should と Would の用法）
11. The Imperative Mood （命令法）

PART4. INFINITIVES, PARTICIPLES, AND GERUNDS （不定詞・分詞・動名詞）

12. Noun-Infinitives （名詞不定詞）
13. Gerundial Infinitives （動名詞的不定詞）
14. Participles （分詞）
15. Gerunds （動名詞）
16. Condensation of Clauses （節の圧縮）

PART 5. VERBAL CONSTRUCTION　（動詞構文）

17. Transitive and Intransitive （他動詞と自動詞）
18. Neuter Construction （中性構文）
19. Factitive Construction （作為構文）
20. Dative Construction （授与構文）
21. Passive Construction （受動態構文）
22. Reflexive Construction （再帰構文）
23. Impersonal Construction （非人称構文）

> **HIGHER ENGLISH LESSONS**
> 『英文法詳解』（サンプル）（542～543頁より抜粋）

PART 5. VERBAL CONSTRUCTION　（動詞構文）

CHAPTER17. Transitive and Intransitive　（他動と自動）

Transitive with Neuter Subject　（他動詞に無生物主語がつく場合）
There are several pairs of corresponding Intransitive and Transitive Verbs, the latter of which may be used with neuter subjects to express the same ideas as the former: ―

【Intransitive】（自動）　………　【Transitive】（他動）

To become ……………………… to make
To come ………………………… to bring
To go …………………………… o take, send
To be able (can) ……………… to enable
To be unable (can not) ………… o prevent
To think of (remember) ………… to remind (one) of
Why is........? ……………………… What makes........?

(Compare)
　He has become rich by diligence.
　Diligence has made him rich.　（勤勉だったので金持ちになった）

　What have you come here for?
　What has brought you here?　（何の用でここへ来たのですか）

If a man is rich, he can be generous.

Wealth enables a man to be generous. （カネがあれば人は気前がよくなる）

I could not come on account of business.

Business prevented me from coming.（用事ができて来られなかったのです）

EXERCISE:　Change into Idiomatic Transitive with Neuter Subjects.
1. He became rich by persistent industry.
2. Why do you think so?
3. When I see him eat, I think of a pig.
4. Why is it difficult for us to master English?
5. He can do anything because he is rich.
6. Why is it necessary for you to leave school?

(Answer)
1. Persistent industry made him rich.
2. What makes you think so?
3. The manner of his eating reminds me of a pig.
4. What makes it difficult for us to master English?
5. His wealth enables him to do anything.
6. What makes it necessary for you to leave school?

MONOGRAPH ON PREPOSITIONS
前置詞大完（目次）

AT

    1. Aim or Direction（狙い・方向）

    2. Local（場所）

    3. Temporal（時）

    4. Presence, State and Condition（存在・状態・状況）

    5. Limitation（制限）

    6. Rate or Degree（比率・度合い）

    7. Cause or Occasion（原因・理由）

BY

    1. Local（場所）

    2. Temporal（時間）

    3. Instrumental（手段）

    4. Standard or Criterion（標準・基準）

    5. Measure（尺度）

FOR

    1. Destination（目的地）

    2. Purpose（目的）

    3. Purpose after Verbs（動詞の後の目的）

    4. Love and Regard（愛情と尊敬）

    5. Fitness（適性）

    6. Favor（好意）

    7. Exchange and Substitution（交換・代用）

    8. Reason and Cause（理由・原因）

    9. Reference（参照）

10. Duration and Distance（継続・距離）

FROM

1. Separation or Removal（分離・除去）
2. Source or Origin（根源・起源）
3. In Phrase（句中で）

IN

1. Interiority（内面性）
2. local（場所）
3. Temporal（時）
4. State or Manner（状態・様式）
5. Form or Shape（形式・形状）
6. Respect（点）
7. As a Governed Preposition（支配された前置詞として）
8. In Phrases（句中で）

OF

1. Separation（分離）
2. Origin（根源）
3. Partitive（部分関係）
4. Attributive（形容関係）
5. Reference（動作関係）
6. In Phrases（句中で）

ON

1. Superficial Contact（表面との接触）
2. Support（支持）
3. direction（方向）
4. Temporal（時）

TO

1. Direction（方向）

2. Direction after Adjectives（形容詞の後の方向）
3. Motion and Direction（動作と方向）
4. Limit or Extent（限界・限度）
5. End or Result（結果）
6. Relation or Proportion（関係・割合）
7. In Phrases（句中で）
8. Archaic（古風な）

WITH
1. Union or Association（結合・提携）
2. Possession and Instrumentality（所有・手段）
3. Manner（態度）

SECONDARY PREPOSITIONS

RELATED PREPOSITIONS

> **MONOGRAPH ON PREPOSITIONS**
> 『前置詞大完』（サンプル）（312~326頁より抜粋）

（ⅩⅢ）　**'In' in Phrases**

（32）　**PREPOSITIONAL PHRASES**

> (a) He has come **in quest of** work.　（彼は仕事を求めてやって来た）

Group1.

 （1）　**in search of** ～：～を探して、を求めて

   A party was sent out **in search of** the missing child.

 （2）　**in quest of** ～：～を求めて

   After seeing the invalid cared for, I went out **in quest of** lodgings.

 （3）　**in pursuit of** ～：～を追求して

   The reserve troops were sent **in pursuit of** the flying enemy.

Group2.

 （1）　**in honor of** ～：～を記念して

   A dinner was given **in honor of** the occasion.

 （2）　**in favor of** ～：～に有利に

   The judge decided **in favor of** the defendant.

 （3）　**in behalf of** ～：～のために

   I have called **in behalf of** my friend Mr. A.

 （4）　**in aid of** ～：～を助けるために

   There is a subscription afoot **in aid of** bereaved soldiers' families.

Group3

(1) **in memory of ～**：～を記念して

I shall keep your present **in memory of** our pleasant intercourse.

(2) **in commemoration of ～**：～を記念して

A monument was erected **in commemoration of** the event.

(3) **in praise of ～**：～を賞賛して、～を称えて

Poems are written **in praise of** the blossoms.

Group4

(1) **in token of ～**：～の印として

I wish to make you a present **in token of** my gratitude.

(2) **in proof of ～**：～の証明となる…

He produced papers **in proof of** the justice of his claims.

(3) **in support of ～**：～を支持して

He adduced many facts **in support of** his views.

(4) **in defense of ～**：～を守るために

He wrote a book **in defense of** his doctrine.

Group5

(1) **in explanation of ～**：～の説明として

To say something **in explanation of** one's conduct

(2) **in illustration of ～**：～の例証として

To cite instances **in illustration of** one's theory

(3) **in confirmation of ～**：～を確認する…

To adduce facts **in confirmation of** one's suspicions.

(4) **in corroboration of ～**：～を確証する…

To produce evidence **in corroboration of** one's testimony

(5) **in extenuation of ～**：～の情状を酌量して

There is much **in extenuation of** his guilt.

(6) **in consideration of ～**：～を考慮して

He was pardoned **in consideration of** his youth.

(7) **in recognition of** 〜：〜の功により

He was raised to the peerage **in recognition of** his services.

(8) **in imitation of** 〜：〜をまねて、ならって

The garden is laid out **in imitation of** localities famed for scenery.

(9) **in expectation of** 〜：〜を見込んで

The armament was fitted out **in expectation of** a war.

(10) **in anticipation of** 〜：〜を見越して

Preparations for rejoicing were made **in anticipation of** a victory

(11) **in contemplation of** 〜：〜を意図して

I have gathered materials **in contemplation of** a new work.

Group6

(1) **in possession of** 〜：（人が）（物）を所有している

I am **in possession of** the document.

(2) **in charge of** 〜：〜を管理・担当している

The first lieutenant was **in charge of** the landing party.

(3) **in command of** 〜：〜を指揮する…

Who is the general **in command of** the besieging army?

Group7

(1) **in spite of** 〜：〜にもかかわらず

He is poor **in spite of** all his labor.

(2) **in defiance of** 〜：〜にもかかわらず、をものともせず

The public was against me; but I went my own way **in defiance of** public opinion.

(3) **in contempt of** 〜：〜を無視して

He refused to answer **in contempt of** the rules of court.

Group8.

(1) **in consequence of** 〜：〜の結果、〜のために

The river has risen **in consequence of** the heavy rainfall.

(2) **in pursuance of** ～：～を実行：遂行して

I have finished the work this day **in pursuance of** the contract.

Group9.

(1) **in case of** ～：～の場合には

He secretly followed his master **in case of** his services being needed.

(2) **in time of** ～：～の時は

In time of peace or war

(3) **in default of** ～：～のない場合は

We must find some substitute **in default of** the right article.

Group10.

(1) **in front of** ～：～の前に

There is a flower garden **in front of** each house.

(2) **in the presence of** ～：～のいる所で、面前で

He was insulted **in the presence of** his family.

Group11.

(1) **in advance of** ～：～より進んでいる

He is far **in advance of** his class.

(2) **in arrear of** ～：～より遅れている

Asia is much **in arrear of** Europe.

Group12.

(1) **in sight of** ～：～の見える所に

The ship went down **in sight of** the port.

(2) **in view of** ～：～を考慮すると

In view of the situation, we have thought fit to defer matters.

(3) **in prospect of** ～：～を予想して

The ships were bought **in prospect of** a war.

Group13.

(1) **in point of** ～：～の点で

In point of perspicuity, no author can compare with Macaulay.

(2) **in respect of** 〜：〜の点で

The enemy surpasses us **in respect of** numbers.

(3) **in regard of** 〜：〜に関して

In regard of his viciousness, I was glad to be rid of the horse.

（筆者注記）今は、with regard to, in regard to が普通用いられる。

(b) **In addition to** his lectures, he always has some work or other in hand.

（講義に加えて、彼はいつもなにか著作に着手している。）

Group1.

(1) **in justice to** 〜：（人）を公平に評すれば

I must say, **in justice to** him, that he has faithfully kept to the terms of the contract.

(2) **in preference to** 〜：〜に優先して

I appointed him to the post **in preference to** the other candidates.

(3) **in deference to** 〜：〜を尊重して、従って

I gave up my previous choice **in deference to** your judgment.

(4) **in obedience to** 〜：〜に服して、従って

I have been waiting here, **in obedience to** your orders.

Group2.

(1) **in opposition to** 〜：〜に反対して

The satisfaction of the bodily man need not be made **in opposition to** higher interests.

(2) **in contradistinction to** 〜：〜と対照区別のため、〜と対比して

We speak of sins of commission, **in contradistinction to** sins of omission.

Group3.

(1) **in addition to** 〜：〜に加えて

He has a large income **in addition to** his salary.

(2) **in proportion to** 〜：〜に比例して

The people ought to make contributions **in proportion to** their wealth.

Group4.

(1) **in reply to** 〜：〜に答えて

He says nothing **in reply to** my inquiries.

(2) **in answer to** 〜：〜に答えて

What have you to say **in answer to** my charge?

Group5.

(1) **in relation to** 〜：〜について

He has told me everything he knows **in relation to** the affair.

(2) **in respect to** 〜：〜について

I shall endeavor to find out all I can **in respect to** the man in question.

(3) **in regard to** 〜：〜に関しては

I regret to say that I can say nothing **in regard to** your inquire.

(4) **in reference to** 〜：〜に関して

I have made inquires **in reference to** the matter in hand.

(c) The papers have been drawn up **in accordance with** the regulations.
（新聞は規制に従って制作されてきた）

Group1

(1) **in compliance with** 〜：〜に従って

I have engaged the man **in compliance with** your request.

(2) **in conformity with** 〜：〜に従って

On leaving college, he married **in conformity with** (or **to**) custom.

(3) **in accordance with** 〜：〜に従って

I gave up the idea of going abroad **in accordance with** my father's wishes.

Group2.

(1) **in accordance with** 〜：〜に一致して

The music is not **in accordance with** the sentiment.

(2) **in harmony with** 〜：〜に調和して

His occupation is not **in harmony with** his tastes.

(3) **in keeping with** 〜：〜に調和して

The office he has undertaken is quite **in keeping with** his character.

(4) **in concert with** 〜：〜と協力して

In everything, I act **in concert with** my colleague.

(5) **in unison with** 〜：〜と調和して

I have always acted **in unison with** my principal.

(6) **in sympathy with** 〜：〜に同情して

We ought to abstain from merrymaking **in sympathy with** the sufferers.

Group3.

(1) **in company with** 〜：〜と一緒に

I came to Tokyo **in company with** my cousin.

(2) **in league with** 〜：〜と組んで、〜と同盟して

He is suspected of being **in league with** the bandits.

(3) **in alliance with** 〜：〜と同盟して

The English waged war with the French **in alliance with** the Prussians.

(4) **in partnership with** 〜：〜と協同して

He has gone into business **in partnership with** his uncle.

(5) **in common with** 〜：〜と共通点がある

To have something （or nothing） **in common with** another

Group4.

（1） **in connection with** 〜：〜に関連して

In connection with his visit to Europe for his health, he made a collection of rare books.

（2） **in conjunction with** 〜：〜とともに、あわせて、連動して

The idiom of a language ought to be studied **in conjunction with** its grammar.

Group5.

（1） **in contact with** 〜：〜と接触して

It was then that the Japanese first came **in contact with** Europeans.

（2） **in touch with** 〜：〜と接触を保つ

He teaches that he may keep **in touch with** the world.

Group6.

（1） **in comparison with** 〜：〜と比べて

There is an oversupply **in comparison with** the demand.

（2） **in contrast with** 〜：〜と対照的に

The Japanese appear puny **in contrast with** the Russian giants.

(d) What did you give him **in return for** his present？
（返礼に何をあげたのか）

（1） **in return for** 〜：〜に対する返礼として

The king gave the peasant a thousand francs **in return for** the present.

（2） **in reward for** 〜：〜を賞して

His master granted him a pension **in reward for** his services.

（3） **in revenge for** 〜：〜に対する復讐に、〜の仕返しに

He killed his neighbor **in revenge for** his former wrongs.

(4) **in exchange for** 〜：〜と交換に、と引き換えに

I gave him a receipt **in exchange for** the money.

(5) **in recompense for** 〜：〜にたいする補償として

I must give you something **in recompense for** your trouble.

(6) **in compensation for** 〜：〜の代償・補償として

I must give you something **in compensation for** your loss.

(e) I have been waiting **in reliance on** your promise.
（あなたの約束をあてにしてずっと待っていました）

---

(1) **in reliance on** 〜：〜をあてにして

I set my mind at rest **in reliance on** your promise of assistance.

(2) **in dependence on** 〜：〜を信頼して

They cheerfully lay down their lives for their country **in dependence on** her faith to provide for their family.

(3) **in attendance on** 〜：（人）に付き添って

The lady is **in attendance on** the princess.

CLASS-BOOKS OF ENGLISH IDIOMOLOGY
英語慣用語法学研究 （Ⅰ）動詞篇 （Ⅱ）前置詞篇 （目次）
A Complete Course in the Study of English Idiom

（Ⅰ） 動詞篇

PART1: MOOD AND TENSE; AUXILIARY VERBS
　　　（法と時制 ; 助動詞）
　1. The Indicative Mood（直接法）
　2. The Subjunctive Mood（仮定法）
　3. The Conditional Mood（条件法）
　4. The Potential Forms（可能性の形式）
　5. Conditional Sentences（条件文）
　6. Auxiliary Verbs（助動詞）
　7. The Imperative Mood（命令法）

PART2: INFINITIVES, PARTIPLES AND GERUNDS
　　　（不定詞・分詞・動名詞）
　1. Noun-Infinitives（名詞不定詞）
　2. Qualifying Infinitives（修飾不定詞）
　3. Participles（分詞）
　4. Gerunds（動名詞）
　5. Condensation of Clauses（節の圧縮）

PART3: VERBAL CONSTRUCTION
　　　（動詞構文）
　1. Idiomatic Transitive Construction（慣用他動詞構文）
　2. Transitive as Intransitive（自動詞としての他動詞）
　3. Intransitive as Transitive（他動詞としての自動詞）

4. Neuter Construction（中間構文）

5. Factitive Construction（作為構文）

6. Dative Construction（授与構文）

7. Passive Construction（受動態構文）

8. Reflexive Construction（再帰構文）

9. Impersonal Construction（非人称構文）

STUDIES in ENGLISH VERBS
（英語動詞の研究）

No1: do, have, get, give, take, make, keep, hold, find, lose, leave, let

No2: go, come, run, stand, sit, lie, hang, fall, pass, turn

No.3: put, set, lay, bring, send, lead, carry, bear, wear, drive, throw, strike

（Ⅱ） 前置詞篇

PART1:

1.at

2.about, above, across, after, against, along, amidst, among, around

3.before, behind, below, beneath, beside, between, beyond

4.but

5.by

6.for

7.from

PART2:

1.in

2.into

3.of

4.out of

PART3:

    1.on, off

    2.over, under, underneath, up, down

    3.through, throughout

    4.to, till

    5.with, within, without

'IN', 'ON', and 'AT'

PART1: AT

    1.Direction

    2.Place

    3.Time

    4.State or Condition

    5.Limit or Extent

PART2: IN

    1.Inclusion

    2.Place

    3.Time

    4.State or Condition

    5.Form or Shape

    6.'IN after Verbs

    7.'IN in Phrases

    8.Idiomatic Expressions

PART3: ON

    1.Contact and State of Condition

    2.Support, Dependence or Basis

    3.Direction, Influence or Imposition

    4.Idiomatic Expressions

CLASS-BOOKS OF ENGLISH IDIOMOLOGY
『英語慣用語法学研究』「動詞篇」(サンプル)(414～418頁より抜粋)

IDIOMATIC FACTITIVE CONSTRACTION(慣用的作為動詞構文)

(a) I will **make** you **a teacher**. (君を教師に雇おう)
(b) I will **make a teacher of** you. (君を教師に仕立ててやろう)

"Make" has two constructions, when followed by Two Objects:
(a) I will **make you** my pupil ＝ You shall be my pupil. (私の生徒にしてあげよう)
(b) I will **make a man of** you ＝ I will make you into a man. (一人前にしてやろう)

1. To **make a man of** …. (人)を一人前にしてやる
2. To **make a fool of**…… (人)をだます
    To **make an ass of** oneself　馬鹿な振る舞いをする
    To **make a cat's paw of** (人)を手先に使う
3. To **make a hero of** (人)をもてはやす
    To **make a lion of** (人)をもてはやす
4. To **make a mess of** (物事)を台無しにする
5. To **make a mountain out of** a molehill　くだらないことを大げさに騒ぎ立てる　針小棒大に言う
6. To **make a night of it**　飲み明かす、遊び明かす
7. To **make a point of**　～ing　必ず～する
8. To **make a present of**　物を贈る
9. To **make a show of**　を見せびらかす
    To **make a display of**　を見せびらかす

To **make a boast of**　を誇りにする

To **make a clean breast of**　きれいに白状する

10. To **make a study of**　を専門に研究する、を専攻する
11. To **make a virtue of** necessity　せざるをえないことを潔(いさぎよ)くする,
12. To **make an end of**　を終わらせる
13. To **make an example of**　（人）を見せしめにする
14. To **make an exception of**　…を例外［特別扱い］とする
15. To **make an honest woman of**　関係した女を正式の妻にする
16. To **make account of**　を重んじる

    To **make much of**　を大事にする

    To **make little of**　を軽視する、なんとも思わない

    To **make no account of**　を無視する

    To **make nothing of**　を何とも思わない

    To **make light of**　を軽視する

    To **make ducks and drakes of**　《話》（金など）を浪費する、を湯水のように使う

17. To **make fun of**　を物笑いの種とする

    To **make game of**　をからかう

18. To **make no doubt of**　を疑わない
19. To **make no secret of**　について何も隠し事をしない
20. To **make no scruple of**　をなんのためらうもなくする

    To **make no bones of**　をためらわない、平気で…する．

    To **make nothing of**　を何とも思わない

21. To **make short work of**　を容易に片付ける

    To **make sad work of it**　へまをする、どじを踏む

22. To **make the most of**　を最大限に活用する

    To **make the best of a bad bargain**　悪条件の下で最善をつくす

    To **make the best of one's way.**　なるだけ急ぐ

23. To **make two bites of a cherry** 《通例、否定文で》二度目の試みをする、やり直す

（注意）〜はなんのことやらさっぱりわからない

    I can **make nothing of** 〜

    I can not **make head or tail of** 〜

    I do not **know what to make of** 〜

（比較）

  （1）To **make a point of** 〜

      To **make it a rule to** 〜

      （〜することにしている）

  （2）To **make** one **a present**

      To **present** one **with**

      （人）に物を贈る

  （3）To **study** 〜

      （〜を研究する）

      To **make a study of** 〜

      （〜を専門に研究する）

  （4）To **make an end of** 〜

      （をやってしまう）

      To **put an end to** 〜

      （をやめる）

  （5）To **make an example of** 〜

      （の見せしめにする）

      To **set an example to** 〜

      （の模範を示す）

  （6）To **make no doubt of** 〜

      To **have no doubt that** 〜

      （〜は疑わない）

CLASS-BOOKS OF ENGLISH IDIOMOLOGY
『英語慣用語法学研究』「前置詞篇」（サンプル）（81～93頁より抜粋）

SECTION V　　XXⅠ────"BY"

(a) **Proximity**（近接）
1. This is a regular cottage **by the seaside**.
（これは海岸によくある別荘だ）
2. The hotel is **close by** the station.
（ホテルは駅のすぐ近くだ）
3. I went there all **by myself**.
（まったく一人でそこへ行った）
4. **By the bye**, why has he resigned?　（やや稀）
（時に、なぜ彼は辞職したのか）
5. He **passed by** me without noticing me.　（by＝past）
（彼は私に気づかないですれ違った）
6. He has **done his duty by** me.　（by＝towards）
（彼は私に義理を立てたのだ）

(b) **Time**（時）
7. He must have arrived **by this time**.　（Completion）
（今頃はもう到着しているにちがいない）
8. To sleep **by day** and go abroad **by night**.　（Contrast）
（昼間眠って、夜間出かける）

(c) **Instrumentality**（手段・方法）
9. America was discovered **by** Columbus.　（Agency）
（アメリカはコロンブスによって発見された）
10. He that strikes **with his sword** shall perish **by the sword**.　（Instrumentality）

（剣で攻撃する者は剣で亡ぶだろう）
11. Are these goods made **by machinery**?（By+Abstract Noun）
（これらの商品は機械製か）
12. They are all made **by hand**.（By+Common Noun）
（それらは皆手作りです）
13. He fell **by the hand of** his enemy.（By+Representative Singular）
（彼は敵の手にかかってたおれた）
14. He took me **by the hand**.
（彼は私の手を取った）
15. Thought is expressed **by means of** words.（Prepositional Phrases）
（言葉をもって思想を言い表わす）
16. He gets his living **by teaching**.（By+Gerund）
（彼は教えて生計を立てている）
17. **By whom** shall I send the letter?（Personal Instrumentality）
（手紙を誰に持たしてやろうか）
18. We became acquainted **by chance**.（Manner）
（私たちは偶然知り合いになった）
19. Learn **little by little** every day.（Distribution）
（毎日少しずつ学べ）
20. Thus you will improve **by degrees**.（Distribution）
（そうすれば段々上達するだろう）
21. **By heavens**, this is too much.（Oath）
（おやまあ、これは大変だ）
22. **What by** threads, **what by** entreaties,……
（脅したり、すかしたりして…）

(d) **Standard**（標準）
23. I set my watch **by** the gun.（Regulation）
（時計を午砲に合わせた）
24. He does everything **by rule**.（Rule of Action）

（何をするにも規則通り）

25. Do not **judge** of a man **by** his looks.（Criterion of Judgment）
    （人を外見で判断してはいけない）
26. An Englishman, John Smith **by name**.
    （英国人で、名前はジョン・スミスという）

(e) **Measure**（尺度）

27. Beer is sold **by the gallon**.（By ＝ At So Much Per）
    （ビールはガロンいくらで売られている）
28. They drink beer **by the gallon**.（By ＝ Measured By）
    （彼らはガロンで量るくらい、ビールを大量に飲む）
29. He is my senior **by three years**.（Measure of Difference）
    （彼の方が僕より年が３つ上だ）
30. This is **by far** the better of the two.
    （これが２つのうちでははるかに優れている）

IDIOMATIC　EXPRESSION

（Ⅰ）

1. **by a long way**　＝　by far　（はるかに）
2. **by all means**　＝　without fail; assuredly　（ぜひとも…せよ）
3. **by all odds**　＝　by far　（はるかに）
4. **by dint of**　＝　by means of　（によって、を用いて）
5. **by fair means or foul**　＝　somehow or other　（どうにかこうにか、手段を選ばず）
6. **by fits and starts**　＝　impulsively; irregularly　（不規則に、時々思い出しては勉強するなど）
7. **by hook or by crook**　＝　somehow or other　（{話・古}（不正手段を含む）どんな手段を講じてでも、是が非でも）
8. **by leaps and bounds**　＝　by a series of rapid advance　（とんとん拍子で（昇るなど））

9. **by long odds** ＝ by far（はるかに）

10. **by no means** ＝ not in the least; certainly not（決して…というわけではない）

11. **by（good）rights** ＝ according to strict justice（本当は、当然）

12. **by snatches** ＝ in haste and a little at a time（とぎれとぎれに、知っているなど）

13. **by the bye** ＝ by way of digression（時に、と話題を転ずる言葉）

14. **by the same token** ＝ moreover（同様に、その上さらに）；{文語}その証拠には）

15. **by the side of** ＝ as compared with（{英}…と比べると）

16. **by the way** ＝ in passing; apropos of the matter in hand（{通例文頭で}話の途中だが、ついでながら、ところで、時に、つかぬことを言うようだが）

17. **by virtue of** ＝ by dint of; by reason or right of（によって）

18. **by word of mouth** ＝ orally（口上で、口づてに）

（Ⅱ）

19. **Cheek by jowl** ＝ side by side（あいならんで）

20. **What by…..,what by…..** ＝ partly by means of（…したり、…したりして）

（Ⅲ）

21. To **abide by the agreement** ＝ to adhere to it（（契約）を守る）

22. To **abide by the event** ＝ to await or accept the consequences（（人事をつくして）天命を待つ）

23. To **abide by the inevitable** ＝ to submit to necessity（仕方がないと諦める）

24. To **come by anything** ＝ to obtain it（〈物を〉（努力して）手に入れる）

25. To **come by one's own** ＝ to have one's due（受けるべきものを受ける、働けば働いただけのことはある）

26. To **do the handsome thing by** ＝ to act liberally towards.（…を優遇する）

27. To **do things by halves** ＝ to lack thoroughness （(物事)を中途半端にする）

28. To **get by heart** ＝ to commit to memory （暗記する）

29. To **get** （or **have; catch**） **the wrong sow by the ear** ＝ to have caught the wrong man
 （見当違いの人を捕まえる；お門違いの人を責める）

30. To **go by the name of** ＝ to be known by it （通称〜と呼ばれる）

31. To **go by rule** ＝ to act upon it （規則による）

32. To **go by the board** ＝ to be lost overboard; （**fig.**) to be ruined.
 （1）舷側越しに（水中に）落ちる．
 （2）〈習慣・考えなどが〉見捨てられる、忘れられる、無視される、廃止される；〈計画などが〉完全な失敗に終わる．

33. To **hang by a thread** ＝ to be in a critical situation.
 （生命が）今日明日にも危ない

34. To **have by heart** ＝ to know by memory （そらんじている）

35. To **hold one by the button** ＝ to buttonhole （人を引き止めて長話しをする）

36. To **lay** ‥‥ **by the heels**
 （1）…を捕らえて投獄する．
 （2）…に勝つ，…を打ち破る；…を無力にする：

37. To **lead one's followers by the nose** ＝ to cause to follow submissively
 （部下などを、好きなように引き回す、盲従させる）

38. To **learn** ‥‥ **by rote** ＝ to learn by heart mechanically
 （機械的に…を暗記する）

39. To **live by the sweat of one's brow** ＝ to live by toil
 （額に汗してその日を送る）

40. To **pass by anything** ＝ to pass over it in silence; to disregard
 （不都合なことを、黙って見過ごす）

41. To **pay by the job** ＝ to pay for each piece of work done

（正社員でなく、仕事ひとついくらで人を使う）臨時雇い

42. To **sell by the piece** ＝ to sell goods by retail（商品を小売する）
43. To **set much by** ＝ to make much of
44. To **set little by** ＝ to make little of　　（を重んじる）

　　To **set light by** ＝ to make light of　　（を軽んじる）
45. To **set store by** ＝ to value or esteem lightly　（を重んじる）
46. To **square oneself by another's views**（自分の行動を他人の意見に）合わせる、一から十まで人の言う通りにする
47. To **stand by a man** ＝ not to turn one's back upon him　（人の力になる）
48. To **stick by one** ＝ to stand by one; to be faithful to one.（人を見捨てない）
49. To **take by storm**

　　（1）To **take** a fortress **by storm**　（要塞を攻め取る）

　　（2）Such was the beauty and skill of the actress that she **took** the audience **by storm**.（その女優の容貌といい芸といい見物人）の魂を奪った。
50. To **be taken by surprise**（不意打ちを受ける、奇襲される）
51. To **take the bull by the horns** ＝ to face a danger boldly　（大胆な、断固たる処置をする）
52. To **take time opportunity by the forelock** ＝ not to let slip an opportunity（機会を逃さないよう待ちかまえる）
53. To **walk by faith** ＝ to live up to one's faith

　　Man walks by faith.（人間道は信仰なり）
54. To **win by a head** ＝ to win by the length of a head　(**said of a horse**)

　　(【競馬】頭ひとつの差で勝つ)
55. To **win by a length** ＝ to win by the length of a boat　(**used in boat-racing**)

　　(【競艇】艇身ひとつの差で勝つ)

SAITO'S STUDIES IN ENGLISH IDIOM
斎藤英語慣用語法学例文集成（目次）

THE ARTICLES

（冠詞）

1. Idioms with 'The' （The のついたイディオム）
2. Idiom with 'A' （A のついたイディオム）
3. Prepositional Phrases （前置詞句）
4. Verbal Phrases （動詞句）
5. Noun of Quantity （数量名詞）
6. Abstract Nouns （抽象名詞）

PRONOUNS AND PRONOMINAL ELEMENTS

（代名詞と代名詞的要素）

1. Personal Pronouns （人称代名詞）
2. Reflexive Pronouns （再帰代名詞）
3. Demonstrative Pronouns （指示代名詞）
4. Relative Pronouns （関係代名詞）
5. Correlative Pronouns （相関代名詞）
6. Interrogative Pronouns （疑問代名詞）
7. Indefinite Pronouns （不定代名詞）

VERBS

PART1:

Can, dare, had better, have, may, might, must, need, ought, shall, should, will, would

PART2:

    Index of Verbs

    Index of other words

    Absolute Infinitives（独立不定詞）

    Omission of Being, Having been

PART3:

    Index of Verbs

    Index of other words

    PREPOSITION　　前置詞

    MISCELLANEOUS IDIOMS　（その他のイディオム）

> **SAITO'S STUDIES IN ENGLISH IDIOM**
> 『斎藤英語慣用語法学例文集成』（サンプル）（12～13頁より抜粋）

103. That was **the last** I saw of him.
 (あれが見納めとなった)

104. Take the draft **the first thing** in the morning.
 (朝起きたら何はさておき深呼吸しなさい)

105. I used to write my diary **the last thing** at night.
 (以前は夜寝る前に日記を書くことにしていた)

106. The matter is of **the first** importance.
 The matter is of **the last** importance. (最重要の件)

> You are **the only** friend **I have**.
> You are **my only** friend.
> (＝ I have no other friend)
> (僕の友人は君だけだ - 他にはいない)

107. He is **the only** man that has succeeded.
 (成功したのはただ一人、彼だけだ)

108. Practice is **the only** way to learn to speak, no less than to swim.
 (会話を学ぶ方法は練習一つ、水泳と同じこと)

109. **The only** way to be happy is to be contented.
 (幸せになる方法はただ一つ、分に安んずること)

110. **The only** way to have a friend is be one. (Emerson)
 (友を得んと欲せば友となれ)

111. The beggar is **the only** free man in the universe. (Lamb)
 (乞食は満天下の人々のなかで唯一の自由人だ)

112. Tokyo is **the only** place in Japan worth living in.
（東京は日本で住むに値する唯一の所だ）

113. That must be the meaning, if it has any; that is **the only** possible explanation.
（その意味にちがいない、他にあったとしても可能な説明は唯一それだ）

114. **The only** merit to which I lay claim is that of patient research.
（私が所有権を主張する唯一の長所は気長に調査できることだ）

115. **The only** thing he lacks is perseverance.
（彼に欠けているのはただ辛抱だけだ）

116. This is **the only** school when English is taught on system.
（わが校は英語を系統立って教えている唯一の学校だ）

117. This is **the only** English school I have ever attended.
（この学校は私が通ったことがある唯一の英語学校だ）

118. You are **the only** foreign teacher I have ever had.
（あなたはかって学んだ唯一の外人教師だ）

119. Japan is **the only** country that can boast an unbroken line of sovereigns.
（日本は万世一系を誇ることができる唯一の国だ）

120. English is **the only** language that is spoken all over the world.
（英語は世界中で話されている唯一の言語だ）

121. That is **the only** course open to me.
（私が取り得る道はこれだけだ、他にはない）

NEW HIGHER ENGLISH LESSONS
新英文法詳解（前置詞篇）（目次）

No. 3 a: MEANING OF PREPOSITION   （前置詞の意味）

at, by, for, from, in, of, on, to, with

No. 3 b: GOVERNED PREPOSITION   （支配される前置詞）

（前置詞を支配する動詞）at, by, for, from, in, into, out of, of, on, to, with

Verbs of Variable Government（変化する支配の動詞）

Synonymous and Antonymous Verbs（同意的・反意的動詞）

Synonymous and Antonymous Expression（同意的・反意的表現）

（前置詞を支配する形容詞）in, on, at, for, to, from, of, with

Adjectives of Variable Government（変化する支配の形容詞）

Synonymous and Antonymous Adjectives（同意的・反意的形容詞）

No 3 c: USES OF PREPOSITIONS   （前置詞の用法）

 1) LOCAL PREPOSITIONS （場所）

 2) TEMPORAL PREPOSITIONS （時）

 3) STATE OR CONDITION （状態）

 4) INSTRUMENTARY （手段）

 5) CAUSE OR REASON （原因・理由）

 6) PURPOSE AND RESULT （目的・結果）

 7) STANDARD AND MEASURE （標準・尺度）

 8) EXCESS AND DEFICENCY （過不足）

 9) COMPARISON, AGREEMENT, DIFFERENCE （比較・一致・差異）

 10) ADAPTATION AND OPPOSITION （適応・対立）

 11) UNION AND SEPARATION （結合・分離）

> **NEW HIGHER ENGLISH LESSONS**
> 『新英文法詳解(前置詞編)』(サンプル) (364〜370頁より抜粋)

Verbs governing 'At'

1. To **aim at** a mark （標的）を狙う

   To **fire at** a man （人）を狙撃する

   To **shoot at a target**　射的する、射撃演習する

   (Hence) To **aim a blow at** a man （人）を狙って打とうとする

   　　　　To **make a spring at** the thief （犬が泥棒）に飛びかかる

   　　　　To **present** a pistol **at** a person （人）に銃をむける

   　　　　To **point a gun at** a mark （標的）に銃をむける

   　　　　To **level a gun at** a person （人）を銃で狙う

   　　　　To **let fly at** the game （獲物）を目がけてぶっぱなす

   　　　　To **let drive at** the game　同上

2. To **point at** a person （人）に後ろ指をさす

   To **drive at** （…という）意味で言う

   　　I can't comprehend what he is **driving at.**

   　　彼が何を言おうとしているのかわからない。

   To **hint at** （…を）言外にほのめかす

   (Hence) I know what you **would be at.**　君の謎が解けました。

3. To **throw** a stone **at** a dog　犬に石を投げつける、ぶっつける。

   To **fling** a book **at** a man's head　人の頭に本を投げつける、ぶっつける。

   To **hurl** a lance **at** the enemy　敵に槍を勢いよく投げつける。

   (Hence) To **throw oneself at** one's adversary （相撲の相手などに）ぶっかる、烈しく当たる、攻め立てる

   　　　　To **throw dirt at** に口汚い悪口を言う

   　　　　To **have a fling at** the authorities （当局者）を攻撃する、一本やっ

つける

To **cast sheep's eyes** at a woman　　（女）に目尻をさげる

4. To **bark at** people　　（人）に吠えつく

 To **butt at** each other　　（山羊などが角、頭で）互いに突きあう

 To **hiss at** a person　　（人に静かにしなさいと）シーシー言う

 To **laugh at** a person

  （1）〈人〉をあざ笑う、嘲笑する ; 笑いものにする、馬鹿にする ;

  （2）〈困難・危険などを〉何とも思わない、物ともしない、平気であしらう

  （1）**You are laughing at me.**　人を馬鹿にしている。

  （2）**Love laughs at distance.**　惚れて通えば千里も一里。

 To **peck at** something　　（何をくちばしなどで）つつく

 To **snap at**（one's leg）（犬が足）をパクリと食いつこうとする、(at a person)（人）にがみがみ意地悪を言う、(at an offer)　（相談など）に喜んで応ずる

 (at a chance) これ幸いと（機会）を利用する。

 To **run at large**　（牛馬が）放し飼いにしてある

 To **spit at** a man　（人）に唾を吐きかける

 To **spurn at** an offer　（人の申込）をはねつける、つっかえす。

 To **thrust at** one with a gagger　（短刀）で（人）を突こうとする。

（Hence）

 To **set one's cap at**　（女が男）にむかって手練手管を使って取り入ろうとする、夫にしようとする。

 To **make eyes at** a man（or a woman）に色目を使う

 To **make faces at** a person　（人）にむかってからかい面をする

 To **turn up one's nose at** a person　（人）を小馬鹿にした扱いをする

5. To **bark at** people　　（人）に吠えつく

 To **growl at** a man　（犬が人）にむかって怒ってうなる

To **snarl at** a man　　(犬が人)に歯をむき出してうなる

（Hence）　To **bark at** the moon　　むだに騒ぎたてる

6. To **rage at** someone **for** 〜 ing　　(誰が〜した)ことで叱りとばす

　　　To **storm at** a man　　(人)を叱りとばす

　　　To **swear at** a man　　(人)を叱りとばす

　　　To **grumble at** something　　に愚痴をこぼす

　　　To **murmur at** something　　ぶつぶつと（…の）不平を言う

　　　To **repine at** something　　に不平を言う、愚痴をこぼす

7. To **laugh at** a person

　　　To **jeer at** a person　　(人)をあざける

　　　To **jest at** a person　　(人)をあざける

　　　To **scoff at** a religion　　(宗教など)をあざける

　　　To **sneer at** people　　(人)をあざ笑う

　　　To **sneeze at** anything　　(何)を馬鹿にする

　　　To **rail at** anything　　(何)をののしる

　　　To **gibe at** a person **for** something　　(誰の何)をからかう

　　　To **flout at** something　　(何)をあざ笑う

　　　To **mock at** one's scruples　　(人の主義)をあざける

　　　To **hoot at** a person **for** something　　(誰の何)を大声で野次る

（Hence）　**not to be sneezed at** something（口語）(何)を軽んずべきでない

　　　His offer is **not to be sneezed at**.

　　　彼の申し出は馬鹿にしたものじゃない。

8.

　　　To **smile at** a person　　笑い顔して（人）を見る、を迎える、

　　　(**at one's threats**)　　(人の脅迫を何が怖いものかという顔をして) 笑ってあしらう

　　　(**at one's claims**)　　(人の法外な要求などを) 馬鹿にして取り合わない

　　　To **frown at** a naughty child　　(いたずら子)を怖い顔をしてにらみつけ

る

To **scowl at** one　（人）に眉をひそめる、怖い顔をしてにらみつける

9.

To **peck at** faults　（過失）のあら探しする

To **carp at** faults　（過失）のあら探しする、けちをつける、難癖をつける

To **cavil at** faults　口やかましくとがめ立てする、あら探しをする

10.

To **rush at** the enemy　（敵）に突撃する

To **fly at** a man or something　（人・物）に飛びかかる

To **fly at** higher game　もっと高い望みを抱く

11.

To **make at** a person　（人）に走りかかる

To **go at** one's task　（仕事）をやる　(**at** the mailman)（犬が郵便配達人）に襲いかかる

(Hence)　They **went at** it tooth and nail. 全力を出してやっつけた。

12.

To **reach at** a flower　（手を伸ばして花に）届こうとする（が届かない）、取ろうとする（が取れない）

To **strike at** one　（人）を打とうとする、打ってかかる

(Hence)　To **strike at the root of the evil**　（病などを）根治する

13.

To **get at** anything　（手を伸ばして）届こうとする　(**at** a man)　（人）に賄賂を使う、(また) 攻撃する、からかう、だます (**can not get at** a man)（捕らえようとする人）がつかまらない、（会おうとする人）に会えない、会う機会を得ない。

To **come at** anything　（物）を取ろうとする（が取れない）、届こうとする（が届かない）It is hard to **come at the exact meaning of** matter.（事の真相を

NEW HIGHER ENGLISH LESSONS　新英文法詳解　225

明らかにするのは難しい）

　To **guess at** one's meaning　（人）の心を察してみる（が概してわからない）

14.

　To **catch at** a ball　（ボール）を捕ろうとする（概して捕り損ねる）、(**at** the wall)（転ぶかと思って壁）にすがろうとする　(**at** an opportunity)（機会）を捕えようとす

　　る、A drowning man will catch at a straw. 人は窮するとどんなものにでもすがる気になる。

　To **clutch at** the opportunity　（機会）を捕まえようとする

　To **grasp at** an offer or opportunity　（申し出・機会）に飛びつく

　To **snatch at** something　をひったくろうとする、ふんだくろうとする。

　To **jump at** an offer or a proposal　（申し出・提案）に喜んで応ずる

15.

　To **knock at** the door　（門）をドンドンたたく

　To **tap at** the door with one's knuckles　（指の節で戸口）を軽くたたく、トントンとたたく

16.

　To **pull at** anything を引っぱる　(**at** a rope)（縄）をかけて（何かを）引く

　To **strain at** anything を引っぱる、強く引く

（Hence）

　To **give a pull at** anything　をひとつ引っぱる

　To **give a push at** anything をひとつ押す

17.

　To **look at** the moon　（月）を見る、眺める

　To **gaze earnestly at** a scene　（風景）をじっくり眺める

　To **glare at** a person　（人）をにらみつける

　To **stare at** a person　（人）をじろじろ見る

　To **glance at** one's watch　（時計）をちらっと見る

To **leer at** a woman　　（女性）に色目を使う、を横目［流し目］で見る
　　To **gape at** anything　　（驚きなどで）口をぽかんと開けて見る
　　To **wonder at** a person or thing　　（人・物）に驚く
18.
　　To **wink at** a person　　（人が人）にウインクする、目配せする
　　To **connive at** an offence　　（反則）を見て見ぬふりをする、大目に見る
（Compare）　　To **wink at** one　　（人が人）にウインクする、目配せする
　　　　　　　To **wink at** one's fault　　（人の過失）を見て見ぬふりをする
19.
　　To **marvel at** anything　　に驚く、驚嘆する
　　To **shudder at** the bare idea　　（想像しただけでも）にぞっとする
　　To **tremble at** some sight or sound　　（見て、聞いて）震える
20.
　　To **hesitate at** a step　　（あと一歩）をためらう、躊躇する、二の足を踏む
　　To **scruple at** doing wrong　　（悪事をする）のに躊躇する
　　　　To **scruple at** nothing　　どんな悪いことでも平気でする
　　To **boggle at** anything を躊躇する　　（ **at** a difficulty）（困難）を見て二の足を踏む
　　To **stick at** doing wrong　　（悪いこと）をするのを躊躇する
　　　　To **stick at** nothing　　どんな悪いことでも平気でする
　　To **rejoice at** the sight of, **at** the news of something　　（何）を見て、聞いて喜ぶ
　　To **grieve at** sad news　　（悲報）に接して悲しむ
　　To **weep at** sad news　　（悲報）に接して泣く
　　To **cry at** sad news　　（悲報）に接して泣く
　　To **cry at** parting　　泣き別れする
　　To **sigh at** one's misfortune　　（不運）に接してため息をつく

21.
　　To **arrive at** some spot　　（どこどこ）に到着する
　　To **stop at** a station　（列車が駅）に停車する、To **stop at** home　外出しない
　　　　To **stop at** no expense　金がいくらかかっても驚かない
　　　　To **stop at** nothing　どんなことがあっても驚かない
　　To **stay at** home　（外出せずに）自宅にいる　　（at a hotel）ホテルに宿泊する
　　To **call at** a house　（人の家）を訪問する
　　To **pull up at** a door　（車などが玄関）に着く
　　To **put up at** a hotel　（旅人が）投宿する
　　To **put in at** a port　（船が港）に寄港する
　　　　put in at the hotel **for** a meal　食事のためにホテルに立ち寄る
　　To **touch at** a port　（船が）寄港する
　　The two trees **touch at** the top　この2本の木はてっぺんで触れ合っている
22.
　　To **assist at** a ceremony　（儀式）に出席する、参列する
　　　　To **assist at** a childbirth　（助産婦などが）赤ん坊を取りあげる
　　To **preside at** a meeting　会議の司会［議長］を務める
　　　　To **preside at**　｛話｝（主要楽器）の演奏者を務める
　　（at piano or organ）ピアノ・オルガン奏者を務める
23.
　　To **work at** a trade [profession]　商売［職業］を営む
　　（at some exercises）（練習問題をいくつか）やる
　　（hard at mathematics）（数学を一生懸命）勉強する
　　（at social reform）（社会改革）に従事する
　　To **play at** some game　（ゲーム）をする
　　（at war or soldiers）　戦争ごっこ、兵隊ごっこをする

(Hence) **Two can play at that game.**　その手ならこちらも負けない。

24.
　　To **keep at it**　　根気よくやり続ける、忍耐して勉強する、
　　To **go at it**　　猛烈にやっつける

(Compare) What **are** you **at**?　君は何をしているか。
　　　　　What **would** you be **at**?　君の謎は解けない。

25.
　　To **value the goods at** so much　（商品をいくら）と評価する
　　The goods are **valued at** 100,000 yen. その商品は10万円と評価される。
　　To **assess property at** so much　（課税・保険などのために財産をいくら）と評価する
　　The property is **assessed at** 1,000,000,000yen. 財産は10億円と評価される。
　　To **estimat**e anything **at** so much　（建築などいくら）と見積もる
　　The cost of building is **estimated at** 100.000.000 yen. 建築費は1億円と見積もられる。
　　To **be calculated at** so much　（…はいくら）と計算される、算定される
　　　　The cost of the project is **calculated at** three million dollars.
　　　　プロジェクトの費用は300万ドルと算定されている。
　　To **rate** anything **at** so much　（何）を（ある価格）に見積もる
　　To **put** the number **at** so many　（いくつ）と見積もる、(the price **at** so much)（いくら）と価格を決める、
　　To **lay** anything **at** so much　（代価をいくら）と見積もる

(Hence) To **set** ‥‥ **at naught**　…を無視する、軽視する、軽蔑する
　　　　He entered a milieu that **set** his ideals **at naught**.
　　　　彼は自分の理想が無視されてしまうような環境に入った．
　　To **set** ‥‥ **at defiance**　…を無視する、軽蔑する、ばかにする
　　　　He **sets** conventions **at defiance**.
　　　　彼は慣例を無視する。

> **STUDIES IN RADICAL ENGLISH VERBS**
> 基本動詞大典（目次）

answer, ask, back, be, bear, become, bend, bid, bide, abide, bind, blow, bow. break,breed, bring, burn, burst, buy, call, can, care, cast, catch, choose, clear, close,come, cost, cross, cry, cut, dare, dash, deal, die, do, draw, drag, draft, drive, drift,drop, drip, droop, dwell, earn, eat, fade, fail, fall, fell, fare, fear, feed, feel, fetch,flight, fill, find, fit, flex, fasten, fly, flee ,fling, flow, float, follow, get, gain, gather,give, go, grow, hang, happen, have, hear, heed, help, hit, hold, hope, hunt, hurt, jump,keep, know, laugh, lead, lean, learn, leave, lend, let, lie, lay, live, look, listen, lose, make, may, mean, meddle, meet, mind, miss. mix, mingle, must, need, ought, owe, own, pass, pay

> **STUDIES IN RADICAL ENGLISH VERBS**
> 『基本動詞大典』（サンプル）（232～242頁より抜粋）

1. "The old trundle-cart isn't worth twenty-five cents," said Jack Harris, "and Ezra Wingate ought to thank us for getting the rubbish out of the way. But if any fellow here doesn't want to have a hand in it, let him **cut and run**, and keep a quiet tongue in his head ever after." ———————————————— B.B.
2. He **cut** you **dead**, you say? Did it occur to you that he could not see you clearly enough to know you? ———————————————————— Holmes
3. He went about the yard, trying his new hatchet on everything to see **how** it would **cut**.

4. "**Cut and come again**" was the order of the evening, and I had no time to ask questions, but help meat and ladle gravy. ——————————— Blackmore

5. You must **cut** this flesh **from off** his breast;
The law allows it, and the court awards it. ——————————— Shak.

6. Conform thyself then to thy present fortune, and **cut thy coat according to thy cloth**. ——————————— Burton.

7. He is **cut out for** a teacher.

8. The small detachment was surrounded by a superior body of the enemy, and **cut to pieces**.

9. "**To cut the Gordian knot**" is to solve a difficulty by bold or unusual measures.
The Gordian knot was a hard knot tied by the Phrygian king, Gordius. The oracle said that whoever should loose the knot should make himself master of all Asia. Alexander the Great **cut** the knot **in two** with his sword and thus fulfilled the prophecy.

10. Then came the answer: "If Croesus crosses the Halys, a mighty kingdom shall fall." Great was the joy of Croesus; for he did not see that the oracle was of the two-edged kind, which **cuts both ways**.

11. His compliments are **cut and dried**.

12. Ireneus was likewise **cut off** by martyrdom. ——————————— Addison.

13. A large forest **cut out** into walks. ——————————— Addison

14. Achilles **cut** him **short**, and thus replied. Dryden.

15. Before the whistling winds the vessels fly,
With rapid swiftness **cut** the liquid way. ——————————— Pope.

16. Why should a man whose blood is warm within him
Sit like his grandsire **cut** in alabaster? ——————————— Shak.

17. The pleasantest angling is to see the fish
Cut with his golden oars the silver stream. ——————————— Shak.

18. No bird is safe that **cuts** the air

From their rifle or their snare. ——————————————— Emerson.

19. The soldiers were **cut short of** their pay. ——————— Johnson

20. The child is **cutting** its teeth.

21. When the teeth are ready to **cut**, the upper part is rubbed with hard substances. ———————————————————————— Arbuthnot.

22. He saved the lives of thousands by his manner of **cutting for** the stone. — Pope.

23. So great is his natural eloquence, that he **cuts down** the finest orator as soon as ever he get himself to be heard. ———————————— Addison.

24. An Australian **cuts off** the right thumb of a slain enemy, that the ghost may be unable to throw a spear. ————————————— Herbert Spencer.

25. Gallant men, who are **cut off** by the sword, move rather our veneration than our pity. ———————————————————————— Steele

26. The Abyssinians were **cut off** from the rest of the world by seas and deserts almost inaccessible.

27. A blue jacket **cut and trimmed** in what is known as "man-of-war" style ———————————————————————— The Century.

28. Jezebel **cut off** the prophets of the Lord. ——————— Bible

29. Far on its rocky knoll descried,
Saint Michael's chapel **cuts** the sky. ——————— M. Arnold

30. We sure in vain the cards condemn:
Ourselves both **cut and shuffled** them.. ——————— Prior.

31. Tired out with **cutting** eights upon the pond. ——————— Tennyson.

32. He swore that he would **cut** the service. ——————— Marryat.

33. I **cut** the Algebra and Trigonometry papers **dead** my first year, and came out seventh.

34. That he had **cut** me ever since my marriage, I had seen without surprise or resentment. ———————————————————————— Jane Austen

35. The weather was bad, and I could not go over to Brooklyn without too great

fatigue, and so I **cut** that and some other calls I had intended to make. - Bowles.

36. The King [George IV.] was in good looks and good spirits, and after dinner **cut** his jokes with all the coarse merriment which is his characteristic. ―― Greville.

37. A tall gaunt creature **cut**ting a most ridiculous **figure**. ―――― Capt. Marryat

38. Some of the soldiery were killed while sleeping, others were **cut down** almost without resistance. ―――――――――――――――――――― Irving

39. My bosom underwent a glorious glow,
And my internal spirit **cut a caper**. ―――――――――――― Byron

40. I knew that he thought he was **cutting a dash**
As his steed went thundering by. ――――――――― O. W. Holmes.

41. Lived on his means, **cut no great dash**,
And paid his debts in honest cash. ―――――――――― Lowell

42. And **jokes** will be **cut** in the House of Lords,
And **throats** in the County Kerry. ―――――――――― Praed.

43. **Cut your stick**, sir ― be off with you! ― go ――――― Barham

44. You know, sir, you gave them leave to **cut out** or omit whatever they found heavy or unnecessary to the plot. ――――――――― Sheridan.

45. Sufficient work was **cut out for** the armies of England. ――― Goldsmith.

46. The Chancellor of Exchequer selected the moment for **cutting down** the estimates for our naval and military defenses when all Europe is bristling with arms. ―――――――――――――――――――― Edin.Rev.

47. "You think, then," said Lord Eskdale, **cutting in** before Rigby, "that the Reform Bill has done us no harm?" ――――――――――― Disraeli.

48. Decision by a majority is a mode of **cutting a knot** that can not be untied ――――――――――――――――――――― G.C.Lewis.

49. A poem which was **cut up** by Mr. Rigby, with his usual urbanity. ― Thackeray

50. Poor fellow, he seems dreadfully **cut up**. ―――――― T. Hughes.

51. A ship appeared with a flag aloft; which we **cut after**, and by eleven at night

came up with her, and took her. ―――――――――― Arber's Eng.

52. I mighty easily **cut and run**. ―――――――――― Carlyle.
53. Doing his best
    To perform the polite, and to **cut out** the rest. ―――――― Barham.
54. These oxen **cut up** well.
55. How did the old gentleman **cut up**?
56. The only question of their Legendre, or some other of their legislative butchers, will be, how he **cuts up**. ――――――――――――― Burke
57. Diamond **cut** diamond. ――――――――――――― Prov.
58. She didn't **cut up rough** a bit; she took it quite good-naturedly. ―――― Dixon.
59. By moving against Jackson, I uncovered my own communication. So I finally decided to have none ― to **cut loose** altogether from my base and move my whole force eastward. ――――――――――――― U. S. Grant.
60. I'm such a good-natured brother; you know I might get you turned out of house and home, and **cut off with a shilling**. ―――――――――― Eliot.
61. Spiteful testators used to leave the disinherited one a shilling, that he might not be able to say he had been inadvertently omitted, and it was all a mistake. ――――――――――――― Reade (quoted by Dixon)
62. Tom pulled himself together, and began an explanation, but the Colonel **cut** him **short**. ――――――――――――― Quoted by Dixon
63. She would **cut** her dearest friend if misfortune be fell her or the world turned its back upon her. ――――――――――――― Thackeray
64. "I shall simply **cut** the fellow **dead** in future," said Francis. ― Quoted by Dixon
65. She **cut** quite **a figure** in her velvet costume, as she drove out in her pony carriage. ――――――――――――― Dixon.
66. That's another circumstance which makes us **cut** such **a sorry appearance** in the eyes of the natives. ――――――――――――― Dixon
67. Poor Master! He was awfully **cut up** at having to leave you.

———————————————————— Quoted by Dixon.

68. Them 'ere fellers **cut their eyeteeth** afore they ever set foot in this land I expect.
———————————————————— Haliburton

69. I **cut the ground from under** him by proving that the document on which he relied contained an important erasure. ———————————————————— Dixon.

70. In a few weeks some fellow from the West End will come in with a title and a rotten rent-roll and **cut** all us city men **out**. ———————————————————— Thackeray

71. He that **cuts off** twenty years of life **cuts off** so many years of fearing death ———————————————————— Shak.

72. Eve had played with edged tools till she **cut** her fingers **to the bone**.

73. **Cut** men's throats with whisperings. ———————————————————— Ben Johnson.

74. **Cutting** honest throats by whispers. ———————————————————— Scott.

75. **Cut** your coat according to your cloth. ———————————————————— Prov.

76. **Cut** large thongs **of** another man's leather. ———————————————————— Prov.

77. **Cut off** even in the blossoms of my sin;
No reckoning made, but sent to my account
With all my imperfections on my head. ———————————————————— Shak.

78. Can ready compliments supply,
On all occasions **cut and dry**. ———————————————————— Swift.

79. You are always **cutting in**, when others are talking.

80. He is up to a thing or two. He has **cut his eyeteeth**.

81. **Cut off** by course of justice. ———————————————————— Shak.

82. The new book was terribly **cut up** by the reviewer. ———————————————————— Kwong

83. A Japanese in a swallow-tail **cuts a queer figure**.

84. The teacher could not decide which of his two best scholars were the more entitled to the prize, so he **cut the knot** by giving them each a prize. ——— Kwong.

TYPICAL EXPRESSIONS

1. He played with an edged tool and **cut his finger**.
（彼は刃物を弄んでいて手を切った→飼犬に手を咬まれた）
2. One **cuts** the hair or nails.
（人は頭髪を刈り、爪を切る）
3. He will **cut** your throat. （Hence: A **cutthroat**） のどを切る人、人殺し
（彼はあなたを裏切るだろう）
4. One **cuts** timber or firewood.
（人は材木を切り、薪を割る）
5. A boat **cuts** the water with its stem.
（船は船首で水を切る）
（Hence: The **cutwater**） （船首の）水切り、波切り
6. One **cuts** glass or diamond.
（ガラスやダイヤをカットする）
7. Diamond **cut** diamond.
（（機知・策略など）しのぎを削る好勝負、竜虎相搏つ）
8. The lines **cut** each other at right angles.
（線は直角に交差している）
9. The ecliptic **cuts** the equator.
（黄道は赤道と交差する）
10. The tailor **cuts** a garment.
（仕立屋が衣服を裁断する）
（Hence: French or English **cut**） フランス・英国仕立て
11. **Cut** your coat according to your cloth.
（分相応の生活をせよ、収入に見合った暮らしをせよ）
12. The besiegers **cut** trenches.
（攻囲軍が塹壕を掘る）

13. One **cuts** one's way through anything.
   （何を切り開いて道をつける）
14. They **cut** their passage through the forest.
   （森林をぬける道路を切り開く）
15. The enemy **cut** the railway.
   （敵は線路を遮断した）
16. One **cuts** a speech or a play.
   （話や芝居をはしょる）
17. To **cut** rates is to reduce them.
   （割引するとは値下げすること）
18. A child **cuts** its teeth.
   （子供に歯が生える）
19. A player **cuts** and shuffles the cards.
   （競技者はトランプを切り混ぜ合わせる）
20. Vinegar **cuts** oil.
   （酢は油を溶かす）
21. One **cuts** lampblack with vinegar.
   （酢でランプのススを溶かす）

> (a) One **cuts** an acquaintance.
>   （手を切る）
> (b) Then I'll **cut the concern**.
>   （それなら関係を絶とう）

22. He has **cut** the business and started for himself.
   （彼は仕事をやめて起業した）
23. She wanted to **cut** the connection.
   （彼女は手を切りたがっていた）

24. A student **cuts** a lesson.
（学生が授業を欠席する）

25. I never **cut** my recitations at school.
（僕は決して学校の授業時間を休んだことがない）

Cut with Prepositions （前置詞付き Cut）1

26. **Cut** the cake **in two**.
（ケーキを 2 つに切ろう）

27. **Cut** the bread **into slices**.
（パンを薄片に切ろう）

28. The army was **cut to pieces**.
（軍隊は皆殺しにされた）

29. Sharp words **cut** one **to the heart**.
（その烈しい言葉はしゃくにさわった）

30. His ingratitude **cut** me **to the quick**.
（彼の恩知らずは私をひどく傷つけた）

Cut with Complements. （補語が伴う Cut）

31. A tumor is **cut open**.
（腫瘍が切り開かれる）

32. He **cut** me **dead**.
（彼は私に挨拶もせずにすれ違った）

Idiomatic Expressions （慣用表現）

33. **Cut and dried** = not spontaneous
（型にはまった、月並みな、無味乾燥な）

34. To **cut a caper** （or **capers**） = to frolic
((うれしさのあまり) 踊りはねる)

35. To **cut a dash** = to make a display

（{話} 人目を引く、見えを張る）

36. To **cut a feather** = to make the water fly from under the bows.

（(船が両側に) 水煙を飛ばす）

37. To **cut a figure** = to be conspicuous　　(To **make a figure**)　左同

（(人の) 注意を引く、異彩を放つ）

38. To **cut a poor** (or **sorry**) **figure** = to make a poor appearance in public.

（みすぼらしく見える）

39. To **cut a ridiculous figure** = to make an absurd appearance

（おかしな恰好に見える）

40. To **cut a horse** = to castrate him

（骨抜きにする、去勢する）

41. To **cut a joke** = to make (= crack) a joke

（冗談を言う）

42. To **cut both ways** = to be ambiguous in meaning; to injure both sides.

（〈行為・議論などが〉有利不利両面を持つ、よしあしである、両刃の剣である）

43. To **cut one's coat according to one's cloth** = to live within one's means.

（分相応の [収入に合った] 生活をする）

44. To **cut one's own throat** = to ruin oneself

（自滅を図る）

45. To **cut one's wisdom-teeth** = to come to the age of discretion

（分別がつく）

46. To **cut one's eye-teeth** = to learn the ways of the world

（世間に明るくなる）

47. To **cut one's stick** = to run away

（{話} 去る、逃げる）

48. To **cut the** (**Gordian**) **knot** = to solve a difficulty by summary means

((非常手段により）難問題を一挙に解決する, 一刀両断にする 快刀乱麻を断つ)

49. To **cut the ground from under** one = to leave one in an illogical position.
((論客の）立脚地を失わせる,〈人を〉論破する、やり込める;〈人の〉裏をかく,〈人を〉出し抜く)

50. To **cut to pieces** = to scatter and slaughter
(皆殺しにする)

Cut with Adverbs （副詞に伴う Cut）

To **cut away**

51. The wreckage on a ship is **cut away**.
(難破船の残骸が切りとられている)

52. One **cuts away** a coat.
(Frock-coat の前を切り取って morning-coat にする)
(Hence: A **cutaway** coat) 前すそを斜めに裁った上着（モーニングコートなど)

To **cut down**

53. One **cuts down** a tree.
(樹を切り倒す)

54. They used to **cut down** insolent commoners.
(彼らは横柄な庶民を切り倒したものだ)

55. I must **cut down** my expenses.
(経費を節減しなければならない)

56. His salary has been **cut down** 500 dollars.
(彼の給料は 500 ドルだけ減らされていた)

57. The essay must be **cut down**.
(このエッセイは文章を切り詰めなければならない)

58. One **cuts down** （= puts to the blush） one's rival.
（競争相手の面目を失わせる）

To **cut off**

59. They **cut off** his head.
（彼の首をはねた）

60. I **cut off** a yard from the line.
（その線から1ヤード切り離した）

61. All communications were **cut off**.
（連絡はすべてが絶たれた）

62. The troops were **cut off from** the ship.
（軍隊は船との連絡を中断された）

63. They were **cut off** —— **from** supplies —— **from** all succor.
（補給品やすべての援軍から切り離された）

64. We **cut off** a detachment of the enemy.
（敵の派遣隊を遮断した）

65. His life was **cut off** by accident.
（事故に会って非業の死をとげた）

66. He was **cut off** in the flower of his youth.
（あたら盛りの花を散らした）

67. He was **cut off with a shilling**.
（彼は廃嫡された）

To **cut out**

68. One **cuts out** a figure.
（挿絵など切り抜く）

69. One **cuts out** a piece of anything.
（（何）を切り取る）

70. The tailor **cuts out** a garment.
（仕立屋が衣服を裁断する）

71. The account is **cut out of** the Jiji Shimpo.
    （その記事は時事新報から切り抜いたものだ）
72. It was not easy to **cut out** a path through the woods.
    （森をぬける道を切り開くのは容易ではなかった）
73. He is **cut out for** an author.
    （彼は生来作家に向いている）
74. He is **cut out for** the work.
    （彼はその仕事にはお誂え向きの人だ）
75. The work is **cut out for** him.
    （その仕事は彼のためにあるようなものだ）
76. I must **cut out** a day's work **for** each man.
    （それぞれの人にその日の仕事を決めなければならない）
77. One **cuts out** one's rival in love.
    （かたき（の男または女）を寝取る）
78. He tries to **cut** me **out**.
    （彼は私を罷免しようとしている）
79. They used to **cut out** ships in naval warfare.
    （彼らはもとは海戦で船を奪い取ることをしたものだ）

To **cut short**

80. I was going to speak, when he **cut** me **short**.
    （私が話しをしようとすると、彼が急に引きとめた）
81. I **cut** my speech **short** owing to the lateness of the hour.
    （時間が遅くなったので演説を切り詰めた）
82. Bad weather **cut short** the operations.
    （悪天候のため作戦は中止となった）
83. **To cut the matter short**, ‥‥
    （早い話しが、…）

    To cut up

84. The butcher **cuts up** the beef.
（肉屋は肉を切り裂く）

85. The wall is **cut up** with windows.
（窓が多くてこせついた壁）

86. The book has been **cut up** by the reviewer.
（その本は書評家によって酷評されてきた）

87. His wife's death **cut** him **up** terribly.
（細君に死なれてひどく弱った）

88. He was dreadfully **cut up** by the criticism.
（著述を批評されてひどく怒っていた）

89. The custom was **cut up root and branch**.
（その習慣は根本的に絶やされた）

Intransitive Cut　　自動詞の Cut

90. He **cut** freely **into** the tumor.
（彼は腫瘍に遠慮なく切りこんだ）

91. His sarcasm **cuts to the quick**.
（彼の皮肉は腹に据えかねる）

92. Does this knife **cut** well?
（このナイフはよく切れるか）

93. He tried his sword on a beggar to see how it would **cut**.
（彼は刀の切れ味を確かめようと乞食を試し切りにした）

94. A Japanese sword **cuts clean**.
（日本刀はすっぱりとよく切れる）

95. Sandstone **cuts** easily.
（砂岩は削りやすい）

96. Stale bread **cuts** better than fresh.

（焼き置きのパンの方が焼きたてよりよく切れる）

97. This cloth is too narrow to **cut** well.

（この布地は幅が狭すぎてうまく裁てない）

98. The child's teeth are ready to **cut**.

（この子は歯が生えるところだ）

99. He **cut in** and said, ‥‥

（彼は口をさしはさんでこう言った、……）

100. The work **cuts into** my hours.

（授業が勉強時間にはさまって具合が悪い）

101. The army **cut loose from** all communications.

（軍は連絡がすべて絶たれて孤立している）

102. The attack was so sudden that the enemy **cut and ran**.

（奇襲にあって敵はあわてて逃げ出した）

103. I might easily **cut and run**.

（僕もたぶんあわてて逃げるかもしれない）

104. "**Cut and come again**" was the order of the day.

（「豊かなもてなし」がいつものことでした）

105. Let us **cut across** the field.

（野原を横切って近道しよう）

（Hence: A **shortcut**）　近道

106. He threw his spear and **cut away**.

（彼は槍を投げて逃げた）

107. We **cut after** him.

（われわれは彼を追いかけた）

108. We **cut on** in spite of the badness of the road.

（われわれは悪路にもかかわらずどんどん急いだ）

109. We **cut it** quickly after him.

（われわれはめざましい早さで彼を追いかけた）

244　資料編

110. He **cuts under** all his competitors in the trade.
（彼は商売がたきの誰よりも安く売っている）

To **cut up** ＝ （a） To turn out （well or ill） when cut up.

　　　　　　（b） To be noisy or riotous

111. The boys **cut up** when the teacher is away.
（先生がいないと子供たちがふざけまわる）

112. This ox will **cut up** to advantage.
（この牛は切り出がある）

113. How did the old gentleman **cut up**?
（老紳士はどれだけ遺産を残して死んだか）

114. He will **cut up rough**. （＝ become dangerous）
（彼はけんか腰になるだろう）

TRANSLATION EXERCISE

　　(1) 試し切りをする。
　　(2) 彼は細君を亡くしてひどく落胆している。
　　(3) あの人は教師にむいている。
　　(4) 決まり文句
　　(5) あの人が燕尾服を着ると可笑しな図だ。
　　(6) 人を呪えば穴二つ。
　　(7) 身分相応に生活せよ。
　　(8) 一刀両断
　　(9) 経費節減
　　(10) 連絡を絶つ
　　(11) 盛りの花を散らしたのは惜しい。
　　(12) 彼は男盛りに死んだ。
　　(13) 飼い犬に手をかまれるな。

(14) この子は歯が生えるところだ。

(15) 彼の言草が癪にさわった。

(16) 紙を2つに切る

(17) 紙を細かに切る

(18) 日本刀の切れ味

解答（筆者による）

　　(1) To **try a sword** on a man

　　(2) His wife's death **cut** him **up** terribly.

　　(3) He is **cut out for** a teacher.

　　(4) **Cut and dried** expressions

　　(5) He **cuts a ridiculous figure** in evening dress.

　　(6) To **cat both ways**

　　(7) **Cut your coat according to your cloth**

　　(8) To **cut the Gordian Knot**

　　(9) To **cut down** one's **expenses**

　　(10) To **cut off the communication**

　　(11) He was **cut off in the flower of his youth**.

　　(12) He **died in the prime of manhood**.

　　(13) Don't **play with an edged tool and cut your finger**.

　　(14) The child's teeth are ready to **cut**.

　　(15) His words **stung** me **to the quick**.

　　(16) **Cut** the paper **in two**.

　　(17) **Cut** the paper **to pieces**.

　　(18) **The cutting power of a Japanese sword**.

正則英語学校講義録インデックス

正則英語学校講義録　内容

	1	2	3	4	5	6	7	8
1年	発音・綴り字	読本1	英語1	英習字	発音略表			
2年		読本2	英語2 甲・乙			おやゆび太郎	滑稽小話	格言集
3年	初等英文法	読本3	英語3 甲・乙	正則式和文英訳法	模範和文英訳	フェイマスストリーズ		格言集
4年	中等英文法	読本4	英語4 甲・乙	正則式和文英訳法	模範和文英訳	伝記物語		格言集
5年	高等英文法	読本5	英語5 甲・乙	正則式和文英訳法	模範和文英訳	悪童物語		格言集
受験科		高等読本	高等英語 甲・乙		模範和文英訳	牧師の家庭		試験問題集
専攻科	前置詞	時制	助動詞					

[中学1年]

　　発音と綴字　1-22

　　正則英語読本・巻の1　23-106

　　英習字法講義　107-124

　　発音と綴字　125-142

　　正則英語読本・巻の1　143-240

　　英習字講義　241-248

発音と綴字　249-260

正則英語読本　巻の1　261-284

正則組織英語学　巻の1（甲部）285-372

英習字講義　373-374

正則英語読本　巻の1（前編）375-400

正則組織英語学　巻の1（甲部）401-480

英習字講義　481-482

正則英語読本　巻の1（前編）483-512

正則組織英語学　巻の1　513-570

正則英語読本　巻の1（後編）571-598

英習字講義　599-600

正則英語読本　巻の1（前編）601-716

英習字講義　717-718

[中学2年]

正則英語読本　巻の2

　　　　1.I am a Japanese boy. 我は日本の少年である。1-7

　　　　2.Johnny and the Little Bird. ジョンと鳥の子　8-14

正則組織英語学　　会話　some の用法　15-20

　　　英作　同じ　　21-32

　　　会話　any, no の用法　33-36

　　　英作　同じ　　36-46

おやゆび太郎　The Adventures of Tom Thumb

　　　Chapter 1　The Birth of Tom Thumb　おやゆび太郎の誕生　47-68

正則組織英語学　　会話　be の用法　69-74

　　　英作　同上　75-84

　　　会話　Will you , Won't you の用法　85-90

　　　　　　文法　同じ　90-91

　　　　　　英作　同じ　92-100

滑稽百話　One Hundred Anecdotes　101-108

　　　　　　1.Can't Look a Doctor in the Face 医者にあわせる顔がない

　　　　　　2.Ariosto　アリオストーの話

　　　　　　3.Traveller's Stories　旅人の物語

格言集　109-120

正則英語読本　巻の2　3.Playing at Doctor お医者ごっこ 121-132

　　　　　　4.The Two Wrens 二羽のミソサザイ　132-144

正則組織英語学　巻の2（甲部、名詞）145-186

　　　　　　会話　文法　英作

おやゆび太郎　Chpter2　The Christening　命名　187-194

正則組織英語学　巻の2（甲部、助動詞）195-210

　　　　　　会話、文法、英作

滑稽百話　4.Annihilation 涅槃 ｛全滅｝　211-214

　　　　　　5.The Diamond and the Millstone 金剛石と碾臼　215-222

　　　　　　6.Saying Too Much いい過ごし　222-226

格言集　227-238

正則英語読本　巻の2

　　　　　　5.Ali Shah アーリ・シャーの話 239-256

　　　　　　6.A Brave Girl 健気な少女　257-266

正則組織英語学　巻の2　（甲部）267-

　　　　　　会話　文法　英作　People say…

　　　　　　不定複数・無限複数・有限複数 292

おやゆび太郎　Chapter3　Tom and his Garden 太郎とそのお庭　293-308

正則組織英語学　巻の2（乙部、助動詞）309-338

　　　　　　can, may, must　309-322

　　　　　　Let us

正則英語学校講義録インデックス　　249

滑稽百話
    7.Stentor ステンター 339-344
    8.The Secretary' Watch 秘書官の時計　344-346
    9.One spur will do. 拍車１つでよい 347-349
    10.How to keep Eggs fresh　卵の保存法　350 ― 352

格言集　353-364

正則英語読本　巻の２
    7.Aunt Mary's Parrot メリー伯母さんのオウム　　365-378
    8.The Monkey Bridge 猿橋　378-390

正則組織英語学　巻の２（甲部）物質名詞　　391-406　　407-426
おやゆび太郎　Tom and the Cow 太郎と牝牛　427-438
正則組織英語学　巻の２（乙部、現在完了）439-456

滑稽百話
    11.Alexander and Parmenio アレキサンダー大王とパーミーニオ
    457-461
    12.Keeping a Secret 秘密を守ること　462-465
    13.A True Miracle 真の奇跡　465-470

格言集　471-482

正則英語読本
    9.Shearing the Sheep 羊毛刈り　483-499
    10.How Johnny Earned his First Sixpence ジョンの初鳥の６ペン
    ス　　499-508

正則組織英語学　巻の２（甲部）some, any, no 509-524
おやゆび太郎　Chapter 5　Tom and the Wasp 太郎と山蜂 525-538
正則組織英語学　巻の２（乙部）現在完了　539-564
滑稽小話　14.The Proud Corporal 傲慢な伍長　565-573
    15.Newton and his Cats ニュートンと飼猫　573-578

格言集　579-588

正則英語読本　巻の2
　　　　　11.The Turnip and the Horse かぶらと馬　589-597
　　　　　12.The Idle boy's Story 怠け小僧の物語　597-606
正則組織英語学　巻の2（甲部）How much, How many　607-620
おやゆび太郎　Chapter4 Tom meddles too much　おせっかいのし過ぎ
　　　　　621-640
正則組織英語学　巻の2（乙部）現在完了進行形
滑稽小話　16.Which can be true? いずれか果たして真　677-679
　　　　　17.Why they liked the English? 英国人が好きなわけ　679-682
　　　　　18.The King and the Critic 国王と批評家　683-688
格言集　689-700

［中学3年］
　正則英語読本　巻の3
　　　　　1.A Letter from the Seaside 海岸便り　1-18
　　　　　2.Uncle George's Tiger Story ジョージ伯父さんの虎噺　19-30
　正則組織英語学　巻の3　冠詞　31-60
　著聞百話　1.King Alfred and the Cakes アルフレッド王とケーキ　61-72
　正則組織英語学　巻の3（乙部）受動態　73-90
　英文法初歩　　総論
　　　　　8品詞と文　91-98
　正則式和文英訳法　99-110
　和文英訳模範　111
　正則英語読本　2.The Mouse without a Tail 尾のないネズミ　113-132
　正則組織英語学　巻の3（甲部）冠詞　133-166
　著聞百話　2.The Schoolboy's Answer　学生の答え　167-169
　　　　　3.The Banns of Marriage　結婚の披露　169-174
　正則組織英語学　巻の3（乙部）時制　175-188

正則英語学校講義録インデックス　251

英文法初歩　189-204

正則式和文英訳法　205-216

和文英訳模範　217

正則英語読本　巻の3

　　　　　4.Tommy and the Crows　　トミーとカラス　219-250

正則組織英語学　巻の3（甲部）　冠詞　251-266

著聞百話　4　Gratitude　感恩　267-283

　　　　　5.Let her be. 女に構うな　283-286

正則組織英語学　巻の3（乙部）　297-314

英文法初歩　　名詞　315-334

和文英訳模範　　335

正則英語読本

　　　　　5.The House-mouse and the Wood-mouse 家ネズミと山ネズミ
　　　　　337-354

正則組織英語学　巻の3 （甲部）　冠詞　355-384

著聞百話　6.King Canute on the Seashore　カヌート王岸辺に立ち給う
　　　　　385-398

正則組織英語学　巻の3（乙部）不規則動詞、399-422

初等英文法　名詞　423-432

正則式和文英訳法　433-441

訳文練習

和文英訳模範　443

正則英語読本　6.The Swiss　　スイス人　445-454

　　　　　7.The Happiest Man in England 英国一の楽天家　455-464

　　　　　8.Wanted-A boy　小僧入用　465-477

　　　　　9.Domestic Economy 家事経済　478-484

正則組織英語学　巻の3（甲部）冠詞　485-500

著聞百話　7.William The Conqueror　　覇王ウィリアム　501-514

正則組織英語学　巻の3　（乙部）　動詞　515-532

初等英文法　抽象名詞・固有名詞・普通名詞・集合名詞・物質名詞・抽象名詞　533-540

正則式和文英訳法　541-552

和文英訳模範　553

正則英語読本　巻の3

　　　　　10.Attacked by an Eagle　鷲の襲来　555-566

正則組織英語学　巻の3　（甲部）前置詞＋名詞　567-580

　　　　　　　　　　　　　　　動詞＋名詞　581-596

著聞百話　8.Magna Carta 大憲章　597-606

正則組織英語学　巻の3　（乙部）　不規則動詞　607-642

初等英文法　名詞復習　643-654

正則式和文英訳法　655-664

和文英訳模範　665

[中学4年]

正則英語読本　巻の4

　　　　　1.The Story of Casabianca　カザビアンカの話
　　　　　1-12
　　　　　2.Casabianca　カザビアンカの詩
　　　　　13-18
　　　　　3.A True Hero 真の勇者　19-24

正則組織英語学　巻の4　（甲部）　All 25-38

Hawthorn's Biographical Tales

　　　　　Chapter 1. 39-58

正則組織英語学　巻の4　（乙部）単純現在形　59-70

　　　　　　　　　　　　　　　　未来形　　71-88

中等英文法　　句　89-100

正則英語学校講義録インデックス　253

　　　　　of＋抽象名詞＝形容詞　95
正則式和文英訳法　101-112
和文英訳模範　天の岩戸　113
正則英語読本　4.Cornelia's Jewels コーネリアの宝玉　115-123
　　　　　　5.True Heroism 真の義侠　123-140
正則組織英語学　巻の4　not‥‥all　　141-156
Hawthorne's Biographical Tales
　　　　　Chapter 2　　　　157-177
正則組織英語学　巻の4　（乙部）
　　　　　動作動詞と状態動詞　179-193
　　　　　So do I.　　　　194-210
中等英文法　ofの用法　　211-222
正則式和文英訳法　223-234
和文英訳模範　　雪の朝　235
正則英語読本　巻の4
　　　　　6.Weighing an Elephant　象の重さを量った話　237-245
正則組織英語学　巻の4　（甲部）all　　247-262
Hawthorn's Biographical Tales　263-274
　　　　　3. Benjamin West
正則組織英語学　巻の4　（乙部）275-294
　　　　　現在完了　　　　295-332
中等英文法　数量名詞　333-340
正則式和文英訳法　341-352
和文英訳模範　古机の話　353
正則英語読本　巻の4
　　　　　7.A Letter from South Africa　南ア便り　355-371
正則組織英語学　巻の4　（甲部）more　373-384
Hawthorne's Biographical Tales

Chapter 2. Benjamin West　　385-398

正則組織英語学　巻の4　（乙部）現在完了　399-450

中等英文法　　数量名詞　451-458

正則式和文英訳法　459-470

和文英訳模範　汽車の旅　471

正則英語読本　巻の4

　　　　　8. The princess and the Pea　王女と豆　473-481

　　　　　9. The Brave Three Hundred 勇士三百　482-491

　　　　　10. Holland　オランダ　　　492-509

正則組織英語学　巻の4　（甲部）数量形容詞　511-522

Hawthorn's Biographical Tales　　Benjamin West　523-530

正則組織英語学　（乙部）現在形過去完了　531-543

　　　　　　　　　Will you?　　　　544-560

中等英文法　数量　　561-572

正則式和文英訳法　573-582

和文英訳模範　養生　　583

正則英語読本　巻の4

　　　　　11.A Miraculous Transformation 不思議な変体　　585-594

　　　　　12.I can't afford it!　そんな余裕がない　　595-600

正則組織英語学　巻の4　（乙部）

　　　　　Let, Shall I?　601-622

　　　　　I will, I shall　623-682

Hawthorn's Biographical Tales

　　　　　Chapter 2　Benjamin West　683-696

中等英文法　what kind of ～　　697-702

正則式和文英訳法　703-712

和文英訳模範　東京見物　713

正則英語学校講義録インデックス　　255

[中学5年]

正則英語読本　巻の5
　　　　　　1.King Lear　　リヤ王　　1-34
正則組織英語学　巻の5　抽象名詞　35-68
The Story of a Bad Boy 悪童物語　69-82
正則組織英語学　巻の5　（乙部）　仮定法　83-98
高等英文法　文の形　99-108
正則式和文英訳法　109-120
和文英訳模範　富士のまき狩り　　　121
正則英語読本　巻の5　2.A Ghost Story 幽霊談　123-145
正則組織英語学　巻の5　前置詞＋抽象名詞　147-162
　　　　　動詞＋抽象名詞＝動詞句　163-180
The Story of a Bad boy. 悪童物語　181-193
Chapter 2　Tom Bailley's Crotchets
正則高等組織英語学　（乙部）　仮定法　195-212
高等英文法　　複文　213-122
和文英訳模範　　鵯越え　　245
正則英語読本　巻の5
　　　　　3. A Ghost Story 幽霊談（つづき）247-266
正則組織英語学　巻の5　抽象名詞　267-290
The Story of a Bad Boy　悪童物語　291-308
　　　　Chapter 2 Tom Bailley's Crotchets（つづき）

正則組織英語学　巻の5　（乙部）　仮定法　309-340
高等英文法　　関係代名詞　341-352
正則式和文英訳法　353-364
和文英訳模範　　靖国神社　365
正則英語読本　巻の5

　　　　　　　4.The Drummer-boy　　少年鼓手　367-383

正則組織英語学　巻の5（甲部）　385-414

　　　　　感嘆詞　the same　such　so　such

　　　　　as.....as

The Story of a Bad Boy　悪童物語　415-427

　　　　　Chapter3　　On Board the "Typhoon"　タイフーン丸船中

正則組織英語学　巻の5（乙部）　仮定法 429-464

高等英文法　時をあらわす副詞節　　465-476

正則式和文英訳法　477-488

和文英訳模範　橘中佐　　489

正則英語読本　巻の5

　　　　　5.Do it yourself　　汝自らなせ　491-498

正則組織英語学　巻の5（甲部）　499-518

　　　　　関係代名詞、such.....as

　　　　　the same …as

The Story of a Bad Boy　　519-544

　　　　　Chapter3 On Board the "Typhoon"（つづき）タイフーン丸船中

正則組織英語学　巻の5　545-576

　　　　　仮定法

高等英文法　原因・理由を表す副詞節　577-586

正則式和文英訳法　587-598

和文英訳模範　　豊臣秀吉　　599

正則英語読本　巻の5

　　　　　6. The Emperor and the Major　皇帝と少佐　601-610

正則組織英語学　巻の5　611-676

　　　　　such.....as、one who

　　　　　that of

　　　　　whoever

正則英語学校講義録インデックス　　257

正則組織英語学　巻の5（乙部）　677-710
　　　　　　仮定法
高等英文法　　条件の副詞節　　711-734
和文英訳模範　航海の話　735

[受験科]
　　正則高等英語読本　1-22
　　　　　　　1. A Narrow Escape　間一髪
　　正則高等組織英語学　（甲部）　23-58
　　　　　　　the first, the very, the only, the last
　　The Vicar of Wakefield　　　59-72
　　　　　　　Chapter1 The Wakefield Family　ウェイクフィールドの一家
　　正則高等組織英語学　（乙部）73-110
　　　　　　　It.....for.....to…,
　　　　　　　What makes.....?
　　　　　　　動詞 +to ～
　　Examination Papers 111-124
　　和文英訳模範　川中島の合戦　125
　　正則高等英語読本　　127-164
　　　　　　　2. The Speed of the Shark　　鮫の速力
　　正則高等組織英語学　（甲部）　165-192
　　　　　　　冠詞　代表単数
　　The Vicar of Wakefield　　　193-78　205-226
　　　　　　　Chapter1 The Wakefield Family　（つづき）
　　　　　　　Chapter2 Family Misfortune 一家の不幸
　　正則高等組織英語学　（乙部）　227-252
　　　　　　　seem to be, is said to be, is thought to have made
　　Examination Paper 253-262

258　資料編

和文英訳模範　大阪　263

正則高等英語読本

　　　　　3.Franklin's Visit to his Mother　265-290

　　　　　フランクリンその母を訪ねること

正則高等組織英語学　（甲部）　291-352

　　　　定質定冠詞 the　　so.....as

　　　　　had the good luck to

　　　　句の中の定冠詞 the

　　　　定冠詞 the の用法　339-341

The Vicar of Wakefield

　　　　　Chapter 3 The Migration 移住　　353-364

正則高等組織英語学　（乙部）　365-376

　　　　動詞 +it to be

Examination papers　377-388

和文英訳模範　楠木正行　389

正則高等英語読本

　　　　4.A Frozen Nose 凍り鼻　391-406

正則高等組織英語学　（甲部）　407-444

　　　　単一不定冠詞、説明不定冠詞　（Descriptive "A"）

　　　　句のなかの定冠詞

The Vicar of Wakefield

　　　　Chapter 3 The Migration　（つづき）移住　　445-459

正則高等組織英語学　（乙部）　461-490

　　　　動詞 + 目的語 +to do

　　　　強制動詞・許可動詞・命令動詞・依頼動詞・所望動詞・勧誘動詞

　　　　助動詞・知覚動詞・使役動詞

Examination Papers 491-502

和文英訳模範　日光山　503

正則高等英語読本
    5.Society at Naples　ネープルスの世態人情　505-528
正則高等組織英語学　529-542

The Vicar of Wakefield
    Chapter 3 The Migration　（続き）移住　543-558
正則高等組織英語学　（乙部）
 使役動詞　　　　　559-604
 Examination Papers 605-614
 和文英訳模範　マッチ　615
 正則高等英語読本
    6.The Vision of Mirza　マーザの夢　617-640
正則高等組織英語学　（甲部）　641-667
    身体の一部＋定冠詞＝能力・才能
    不定冠詞を含む句
Pushing to the Front　立身談　669-686
正則高等組織英語学　687-732
   使役動詞　make、have,
Examination Papers 733-746
和文英訳模範　世界の話　　　747

正則英語学校講義録インデックス（項目別）

正則英語読本

(1) 23-106、143-240、261-284　375-400、483-512、571-598　601-716、

(2) I am a Japanese boy. 我は日本の少年である。1-7
　　Johnny and the Little Bird. ジョンと鳥の子 8-14
　　laying at Doctor お医者ごっこ 121-132
　　The Two Wrens 二羽のミソサザイ　132-144
　　Ali Shah アーリ・シャーの話 239-256
　　A Brave Girl 健気な少女　257-266
　　Aunt Mary's Parrot メリー伯母さんのオウム　365-378
　　The Monkey Bridge 猿橋　378-390
　　Shearing the Sheep 羊毛刈り　483-499
　　How Johnny Earned his First Sixpence ジョンの初鳥の6ペンス　499-508
　　The Turnip and the Horse かぶらと馬　589-597
　　The Idle boy's Story 怠け小僧の物語　597-606

(3) A Letter from the Seaside 海岸便り　1-18
　　Uncle George's Tiger Story ジョージ伯父さんの虎噺　19-30
　　The Mouse without a Tail 尾のないネズミ　113-132
　　Tommy and the Crows　トミーとカラス　219-250
　　The House-mouse and the Wood-mouse 家ネズミと山ネズミ　337-354
　　The Swiss　スイス人　445-454
　　The Happiest Man in England 英国一の楽天家　455-464

　　　　Wanted-A boy　小僧入用　465-477

　　　　Domestic Economy 家事経済　478-484

　　　　Attacked by an Eagle　鷲の襲来　555-566

（4）The Story of Casabianca　カザビアンカの話　1-12

　　　　Casabianca　カザビアンカの詩　13-18

　　　　A True Hero 真の勇者　19-24

　　　　Cornelia's Jewels コーネリアの宝玉　115-123

　　　　True Heroism 真の義侠　123-140

　　　　Weighing an Elephant　象の重さを量った話　237-245

　　　　The Princess and the Pea　王女と豆　473-481

　　　　The Brave Three Hundred 勇士三百　482-491

　　　　Holland　オランダ　　492-509

　　　　A Miraculous Transformation 不思議な変体　585-594

　　　　I can't afford it!　そんな余裕がない　595-600

（5）King Lear　リヤ王　1-34

　　　　A Ghost Story 幽霊談　123-145

　　　　A Ghost Story 幽霊談（つづき）247-266

　　　　The Drummer-boy　少年鼓手　367-383

　　　　Do it yourself　汝自らなせ　491-498

　　　　The Emperor and the Major　皇帝と少佐　601-610

（受験科）A Narrow Escape 間一髪　1-22

　　　　The Speed of the Shark　鮫の速力　　127-164

　　　　Franklin's Visit to his Mother
　　　　フランクリンその母を訪ねること　　265-290

　　　　A Frozen Nose 凍り鼻　391-406

262　資料編

Society at Naples ネープルスの世態人情　505-528

The Vision of Mirza マーザの夢　　　617-640

長文読解

(2)

おやゆび太郎　The Adventures of Tom Thumb
　　　　　　Chapter 1　The Birth of Tom Thumb　おやゆび太郎の誕生　47-68
おやゆび太郎　Chapter2　The Christening　命名　187-194
おやゆび太郎　Chapter3　Tom and his Garden　太郎とそのお庭　293-308
おやゆび太郎　Tom and the Cow　太郎と牝牛　427-438
おやゆび太郎　Chapter5　Tom and the Wasp　太郎と山蜂　525-538
おやゆび太郎　Chapter4　Tom meddles too much　おせっかいのし過ぎ
　　　　　　621-640

(3)

Hawthorn's Biographical Tales　　Chapter 1. 39-58
Hawthorne's Biographical Tales　　Chapter 2　157-177
Hawthorn's Biographical Tales　　Benjamin West　263-274
Hawthorne's Biographical Tales　　Benjamin West　　385-398
Hawthorn's Biographical Tales　　Benjamin West　523-530
Hawthorn's Biographical Tales　　Benjamin West　683-696

(4)

The Story of a Bad Boy 悪童物語　69-82
The Story of a Bad Boy. 悪童物語　Chapter 2　Tom Bailley's Crotchets
　　　181-193
The Story of a Bad Boy　　悪童物語　　291-308
　　　Chapter 2 Tom Bailley's Crotchets（つづき）
The Story of a Bad Boy　　悪童物語　　415-427
　　　Chapter3　On Board the "Typhoon"　タイフーン丸船中

The Story of a Bad Boy　　519-544

　　　　　　Chapter3 On Board the "Typhoon"（つづき）タイフーン丸船中

〔受験科〕

The Vicar of Wakefield　　　59-72

　　　Chapter1 The Wakefield Family　ウェイクフィールドの一家

　　　The Vicar of Wakefield　　　193-78　205-226

　　　Chapter1 The Wakefield Family （つづき）

　　　Chapter2　　Family Misfortune 一家の不幸

　　　The Vicar of Wakefield

　　　Chapter 3 The Migration 移住　　353-364

　　　The Vicar of Wakefield

　　　 Chapter 3 The Migration （つづき）移住　　445-459

　　　The Vicar of Wakefield

　　　Chapter 3 The Migration （つづき）移住　543-558

正則組織英語学

（1）

巻の1（甲部）285-372

巻の1（甲部）401-480

巻の1　513-570

（2）

会話　some の用法　15-20

　　　　英作　　同じ　　　21-32

　　　　　会話　any, no の用法　33-36

　　　　英作　　同じ　　　　36-46

会話　be の用法　69-74

　　　　英作　同上　　75-84

　　　　　会話　Will you , Won't you の用法　85-90

　　　　　文法　同じ　90-91

　　　　　英作　同じ　92-100

巻の2（甲部、名詞）145-186

　　　　　会話　文法　英作

巻の2（甲部、助動詞）195-210

　　　　　会話、文法、英作

巻の2（甲部）267-

　　　　　会話　文法　英作　People say…

　　　　　不定複数・無限複数・有限複数 292

巻の2（乙部、助動詞）309-338

　　　　　can, may, must　309-322

　　　　　Let us

巻の2（甲部）物質名詞

　　　　　391-406

　　　　　407-426

巻の2（乙部、現在完了）439-456

巻の2（甲部）some, any, no 509-524

巻の2（乙部）現在完了　539-564

巻の2（甲部）How much, How many　607-620

巻の2（乙部）現在完了進行形

(3)

巻の3　冠詞　31-60

巻の3（乙部）受動態　73-90

巻の3（甲部）冠詞　133-166

巻の3（乙部）時制　175-188

巻の3（甲部）冠詞　251-266

正則英語学校講義録インデックス　　265

巻の3（乙部）　297-314

巻の3　（甲部）　冠詞　355-384

巻の3（乙部）不規則動詞、399-422

巻の3（甲部）冠詞　485-500

巻の3　（乙部）　動詞　515-532

巻の3　（甲部）前置詞＋名詞　567-580

　　　　　　　動詞＋名詞　581-596

巻の3　（乙部）　不規則動詞　607-642

(4)

巻の4　（甲部）　All 25-38

巻の4　（乙部）　単純現在形　59-70

　　　　　　　未来形　　　71-88

巻の4　not‥‥all　　141-156

巻の4　（乙部）　動作動詞と状態動詞　179-193

　　　　　　　So do I.　　　　　194-210

巻の4　（甲部）all　　247-262

巻の4　（乙部）　275-294

　　　　　　　　現在完了　　　　295-332

巻の4　（甲部）more　373-384

巻の4　（乙部）現在完了　399-450

巻の4　（甲部）　数量形容詞　511-522

巻の4　　（乙部）　現在形過去完了　531-543

　　　　　　　　Will you?　　　544-560

巻の4　（乙部）

　　　　　　　Let, Shall I?　601-622

　　　　　　　I will, I shall　623-682

(5)

巻の5　抽象名詞　35-68

巻の5　（乙部）　仮定法　83-98

巻の5　前置詞＋抽象名詞　147-162

　　　　　動詞＋抽象名詞＝動詞句　163-180

巻の5　　乙部）　仮定法　195-212

巻の5　　抽象名詞　267-290

巻の5　（乙部）　仮定法　309-340

巻の5　（甲部）　385-414

　　　　感嘆詞　the same　such　so　such as.....as

巻の5　（乙部）　仮定法 429-464

巻の5　（甲部）　499-518

　　　　関係代名詞、such.....as

　　　　the same …as

巻の5　545-576　　仮定法

巻の5　611-676

　　　　such.....as、one who

　　　　that of

　　　　whoever

巻の5　（乙部）　677-710　　仮定法

[受験科]

（甲部）　23-58

　　　　the first, the very, the only the last

（乙部）73-110

　　　　It.....for.....to…,

　　　　What makes.....?

　　　　動詞 +to ~

（甲部）　165-192

　　　　　　冠詞　　代表単数
（乙部）　227-252
　　　　　　seem to be, is said to be, is thought to have made
（甲部）　291-352
　　　　　　定質定冠詞 the　　　so.....as
　　　　　　　　　　　　had the good luck to
　　　　　句の中の定冠詞 the
　　　　　定冠詞 the の用法　339-341
（乙部）　365-376
　　　　　　動詞 +it to be
（甲部）　407-444
　　　　　　単一不定冠詞、説明不定冠詞（Descriptive "A"）
　　　　　　句のなかの定冠詞
（乙部）　461-490
　　　　　　　動詞＋目的語 +to do
強制動詞・許可動詞・命令動詞・依頼動詞・所望動詞・勧誘動詞
no　　　529-542
使役動詞　　　　　559-604
（甲部）　641-667
　　　　　　　身体の一部＋定冠詞＝能力・才能
　　　　　　　不定冠詞を含む句
使役動詞　make、have　　687-732

英文法
(3)
英文法初歩　総論　　8 品詞と文　91-98
英文法初歩　名詞　315-334
初等英文法　名詞　423-432

初等英文法　抽象名詞　533-540
　　　　　　　538　固有名詞・普通名詞・集合名詞・物質名詞・抽象名詞
初等英文法　名詞復習　643-654
(4)
中等英文法　　句　89-100
　　　　　　　of＋抽象名詞＝形容詞　95
中等英文法　ofの用法　　211-222
中等英文法　数量名詞　333-340
中等英文法　　数量名詞　451-458
中等英文法　数量　　561-572
中等英文法　what kind of　697-702
(5)
高等英文法　文の形　99-108
高等英文法　　複文　213-122
高等英文法　　関係代名詞　341-352
高等英文法　時をあらわす副詞節　465-476
高等英文法　原因・理由を表す副詞節　577-586
高等英文法　　条件の副詞節　　711-734

滑稽百話・One Hundred Anecdotes

（2）4.Can't Look a Doctor in the Face　医者にあわせる顔がない
　　5.Ariosto　アリオストーの話
　　6.Traveller's Stories　旅人の物語　101-108
　　4.Annihilation　涅槃（全滅）　211-214
　　5.The Diamond and the Millstone　金剛石と碾臼　215-222
　　6.Saying Too Much　いい過ごし　222-226
　　7.Stentor　　ステンター　339-344

正則英語学校講義録インデックス　　269

8.The Secretary' Watch 秘書官の時計　344-346

9.One spur will do. 拍車は1つでよい　347-349

10.How to keep Eggs fresh　卵の保存法　350 — 352

11.Alexander and Parmenio　アレキサンダー大王とパーミーニオ　457-461

12.Keeping a Secret 秘密を守ること　462-465

13.A True Miracle 真の奇跡　465-470

14.The Proud Corporal 傲慢な伍長　565-573

15.Newton and his Cats ニュートンと飼猫　573-578

16.Which can be true? いずれか果たして真　677-679

17.Why they liked the English? 英国人が好きなわけ　679-682

18.The King and the Critic 国王と批評家　683-688

著聞百話

(3)

1.King Alfred and the Cakes アルフレッド王とケーキ　61-72

2.The Schoolboy's Answer　学生の答え　167-169

3.The Banns of Marriage　結婚の披露　169-174

4.Gratitude　感恩　267-283

5.Let her be. 女に構うな　283-286

6.King Canute on the Seashore　カヌート王岸辺に立ち給う　385-398

7.William The Conqueror　覇王ウィリアム　501-514

8.Magna Carta 大憲章　597-606

正則式和文英訳法

(2)

正則式和文英訳法　99-110

正則式和文英訳法　205-216

正則式和文英訳法　433-441
　　正則式和文英訳法　541-552
　　正則式和文英訳法　655-664
(3)
　　正則式和文英訳法　101-112
　　正則式和文英訳法　223-234
　　正則式和文英訳法　341-352
　　正則式和文英訳法　459-470
　　正則式和文英訳法　573-582
　　正則式和文英訳法　703-712
(4)
　　正則式和文英訳法　109-120
　　正則式和文英訳法　353-364
　　正則式和文英訳法　477-488
　　正則式和文英訳法　587-598

和文英訳模範

(3)
　　111
　　217
　　335
　　443
　　553
　　665
(4)
　　和文英訳模範　天の岩戸　113
　　和文英訳模範　雪の朝　235
　　和文英訳模範　古机の話　353

和文英訳模範　汽車の旅　471
　　和文英訳模範　養生　583
　　和文英訳模範　東京見物　713
（5）
　　和文英訳模範　富士のまき狩り　121
　　和文英訳模範　鵯越え　245
　　和文英訳模範　靖国神社　365
　　和文英訳模範　橘中佐　489
　　和文英訳模範　豊臣秀吉　599
　　和文英訳模範　航海の話　735

〔受験科〕
　　和文英訳模範　川中島の合戦　125
　　和文英訳模範　大阪　263
　　和文英訳模範　楠木正行　389
　　和文英訳模範　日光山　503
　　和文英訳模範　マッチ　615
　　和文英訳模範　世界の話　747

格言
（2）
　　格言集　109-120
　　格言集　227-238
　　格言集　353-364
　　格言集　471-482
　　格言集　579-588
　　格言集　689-700

> 正則英語学校講義録（サンプル）（「中学5年」より抜粋）

1. The Story of a Bad Boy （悪童物語）

（筆者注）文単位で頭から訳し下す直読直解法がこの講義録全体で行われている。

> If the name impressed me favorably, I shook hands with the new pupil cordially; but, if it did not, I would turn on my heel, for I was particular on this point. Such names as Higgins, and Spriggins, were deadly affronts to my ear; while Langdon, Wallace, Blake, and the like. Were passwords to my confidence and esteem.

> If the name **impressed** me **favorably**, （相手の名が気にいると）
> I shook hands with the new pupil **cordially**;（私は誠心こめてその新入生と握手を交わすのである）
> but, if it did not,（が、もしもその名が気にくわないとなると）
> I would **turn on my heel**（くるりと後方を向いてしまう）
> for I was **particular** on this point.（なぜかというと私はこの点についてはやかまし屋であったからだ）

（訳注）
> He has **impressed** me **favorably**. 私はあの男が気に入った。
> ＝ He has **left a favorable impression on** my mind. 私の心のよい印象を残した。

（注意）
直訳すれば、「彼は自己に有利な印象を私に与えた」である。ところで、人によく思われるのが有利か、悪く思われるのが有利かと言えば、もちろん前

正則英語学校講義録インデックス 273

者である。したがって、上の2文はともに、"He has **pleased** me" または "I **like** him"の意味にほかならない。

（訳注）

cordially = heartily　　心から（誠心こめて）

He is **careful about** his food.　　食物がやかましい

He is **particular about** his food.　　　〃

He is **careless about** his dress.　　衣服にはかまわない

He is **indifferent about** his dress.　　　〃

He **turned on his heel**.　　くびすをめぐらした（あちらを向いた）

He **turned his back on** me.　　私に背を向けた（私を見限った）

（注意）"particular"の次にくる前置詞は "about"が普通であるが、この場合は "point"の "on"を要求する力がより強いのである。次の例を見よ。

We all **agree about** the matter.　この件については皆同意。

We all **agree on** his point.　　この点に関しては皆同意。

Such names as Higgins, and Spriggins, were deadly affronts to my ear;

（ヒギンズだのイギンズだのスプリギンズだのという（庶民臭い）名は僕の耳をけがす大侮辱で聞いただけでも胸が悪くなる）。

While（その代わり）

Langdon, Wallace, Blake, and the like were passwords to my confidence and esteem.

（ラングドン、ウォリス、ブレーキなどいうような（貴族的な）名前となるとただわけもなく僕の信任、敬慕、すなわち僕の心にはいる入場券であった）。

（注意）

"deadly"は「死をいたす」「生命にかかわる」という意味から転じてすべて「ひどい」という意味に用いる俗語。

affront ＝ insult　　侮辱

次に、"**affronts to one's ear**" は「侮辱と響く」すなわち「ひどい耳ざわり」というほどの意味。

"**passwords**"は元来、「合言葉」の意味、すなわち、それさえ言えばそこを通過できるから転じて、この場合にはむしろ "**passports to** my confidence"というくらいの意味、つまり、「それさえ聞けばすぐに心をゆるす」ということ。

2. 正則組織英語学

［1］

Have you heard the rumor?
（うわさを聞いたか）
What rumor?
（どんなうわさか）
The rumor that war has broken out between E. and G. Do you think it is unfounded?
（E.G.両国間で戦争が始まったといううわさ。事実無根の風説だろうか）
If it be true, the evening papers ought to say something about it.
　（もし本当なら、夕刊になんとかかきそうなものだ）
（注意）
疑わしいことや不確かなことを条件とする場合には、Root-form（原形）をそのまま動詞とする。だから、"**If it be true**"と言えば「本当かもしれない、または本当でないかもしれない、もし本当ならば」という意味になる。

If he **be** old ＝ he may or may not be old

If it **rain** ＝ it may or may not rain

しかし、断っておくが、この形は今はほとんど廃れて文章に多少残っているだけである。

[2]

When shall you leave school?

（君はいつ学校を出るのか）

Next April.

（この４月さ）

What are you going to do after leaving school?

（出てからどうするつもりか）

I am going into business.

（実業界に入るつもりだ）

Why don't you go to the university?

（なぜ大学に進学しないのか）

If I were rich, I **would** go abroad.

（僕は金があったら、留学するんだが）

（注意）

現在の事実の反対のことを仮定条件とするには、過去動詞を使う。そして、動詞 "**be**" はその主格が単数でも複数でも常に "**were**" となる。だから、"**If I were** rich" と言えば事実は "**I am not** rich" である。そして、仮設条件を受けた文章には助動詞の過去形を使わなければならない。すなわち、"**I will** go abroad" と言えば「僕は留学する」という実際の決心を表わすけれど、"**I would** go abroad" と言えば「（もしこの条件通りになったならば）留学するんだが（事実はその反対だから留学しない）」という意味になる。つまり、

If I were rich, I would go abroad ＝ I am not rich, so I can not go abroad.
If I knew it, I would tell you. ＝ I don't know it, so I can not tell you.

3. 高等英文法 1. 関係代名詞

（筆者注）関係代名詞を訳すのに昔は「…するところの」という訳し方をしたものだが、これを除去したのは正則英語学校である。

（a） The man **who came yesterday** must be a burglar.
（昨日来た男は泥棒に相違ない）
（b） I know the exact spot **where he lies concealed**.
（僕は彼の隠れ家をくわしく知っている）

Adjective Clause（形容詞節）は形容詞の役目をするからこの名があるのである。
1. Most birds **which sing** are not pretty. ＝ Most **singing** birds are not pretty.
 （さえずる鳥は概して美しくない）
2. Dogs that **do not bark** are dangerous. ＝ **Silent** dogs are dangerous.
 （ほえない犬は油断がならない）

形容詞の役目は、名詞に接続してこれにある意味をそえるということ。ところで、日本語では形容詞句は長短大小を問わずすべて名詞の前にくる。
「肥った人、瘦せた人」
「今回の政変に乗じてひとつうまい汁を吸おうという虫のいい了見で新政党に加入したものの、さてこの有様ではと首をひねっている人」
英語でも形容詞は名詞の前にくるのを原則とするが、この原則に従うのは、純然たる形容詞と分詞のあるものだけで、その他の形容詞の役目をするものは、名詞の次にくる。

そして形容したいものが Clause（節）である場合には、つけたい名詞との連絡に関係詞（Relative）を必要とする。したがって、Adjective Clause（形容詞節）とは、言い換えると Relative Clause（関係詞節）にほかならない。

Adjective Clause（形容詞節）は樹の枝のようなものである。枝がいつも芽の出る場所から出るように、Adjective Clause（形容詞節）は Noun（名詞）の次から出る。ただし、文の始めでも終りでも中間でもそんなことはお構いなしに張り出すものと心得なければならない。

3. The man **who is speaking to my father** is the new principal.
（僕の父に向って話しをしている人が新しい校長だ）

4. Don't you know of any book **which treats of preposition**?
（何か前置詞の事を書いた本はないか）

5. Choose such friends **as will benefit you**.
（自分に利益になる友人を選べ）

6. I know the exact spot **where the body lies buried**.
（僕は死体の埋めてある所をくわしく知っている）

7. I also know the exact time **when it was buried**.
（僕はまた埋めた時間もくわしく知っている）

8. The reason **why he was cashiered was kept a secret**.
（彼が免職になった理由は秘密が守られていた）

【EXERCISE】

Adjective Clause（形容詞節）を指摘してそれが何を形容しているかを述べなさい。

1番を豊田さん。

(1) An orphan is a child whose parents are dead.
（孤児とは親なし児のこと）
（豊）"whose parents are dead." が Adjective Clause で、むろん "orphan" を形容します。

むろんなどと軽々しく言うもんじゃない。君は油断大敵という事を知らないか。君は " whose….." 以下は "orphan" の説明だと言うつもりでそう答えたのだろが "orphan" の説明は "a child…" 以下全体で "whose…." 以下は "a child" の説明さ、だから言うまでもなく "whose…." 以下は "a child" を形容しているのだ。

3番を八田さん、

(3) Let any one of you who sees another boy looking off his book, come and tell me.
（君らのうち誰でも他の人がよそ見しているのを見たら私に言いつけてください）

（八田）なんだか込み入っていてわかりません。

困った人だな、それじゃ木澤さん、

（木澤）"who sees another boy looking off his book" が Adjective Clause（形容詞節）で you を形容します。

たぶんそう言うだろうと思っていたら案の定ですね。江田さん。

（江田）"who…." が形容するのは "any one" です。

That's it!　4番を小山さん。

(4) The man with whom I am staying has a large family.
（僕が泊まっている家の主人は子供が大勢いる）

（小山）"with whom I am staying" という Adjective Clause（形容詞節）が "man" を形容しています。

そうです、そうです。5番を下田さん

(5) There is no such man that I know of.
（僕の知っている限りではそんな人はいない）

（下田）"that I know of" という Adjective Clause（形容詞節）が "man" を形容します。

その通り。6番を、横井さん（以下省略）

高等英文法 2. 原因・理由を表わす副詞節

Adverbial Clause of Cause or Reason（原因・理由を表わす副詞節）は通例次のような接続詞に導かれる。

(1) **Because**: I don't like him, <u>because</u> he is proud.
　　（僕は彼が傲慢だから好かないのだ）
　Since: <u>Since</u> you say so, I can not but believe it.
　　（君がそう言うからには、僕は信じざるをえない）
　As: <u>As</u> he was ambitious, I slew him.
　　（彼が野心家だったので、私は彼を殺害したのだ）
　For: He must be diligent, <u>for</u> he makes good progress.
　　（彼はよく進歩するから、勤勉であるにちがいない）

(2) **In that**: A particles differs from a gerund <u>in that</u> the one is an adjective while the other is a noun.
　　（分詞が動名詞と異なるのは、前者が形容詞であるのに反して後者は名詞であるからである）
　Inasmuch as: Health is better than wealth <u>inasmuch as</u> this does not give so much happiness as that.
　　（健康が富貴に優る点は後者は前者にくらべて幸福を与えることが少ない点にある）
　（注意）この２つの接続詞は物の異同、優劣の分かれるところを述べるのに用いられる。「の点が優れる」(superior in ….) 「だから違う」(differ in…..) で、結局のところ "since" "because" に他ならない。

(3) **Seeing that**: I will make allowances, <u>seeing that</u> he is a foreigner.
　　（彼が外国人であるから、大目に見てやるのだ）
　Now that: <u>Now that</u> he is dead, we have no one to fear.
　　（もうやつが死んだからは怖いものなしだ）

（注意）"Seeing that" は "since" と同じで、「〜であるので」、"Now that" はそれに時間の考えが加わったもので直訳すれば、「〜した今」「今や〜した以上は」である。

(4) **So long as**:　Never mind so long as you are come.
（来たのだからナニかまわないよ）

　　この **so long as** は "now that" の意味を表わす。

(5)　The water is rising, **because** it has rained.
　　（雨が降ったから水かさが増す）（原因）
　　It must have rained in the mountains, **for** the water is rising.
　　（水かさが増すのをみると、山では雨が降ったにちがいない）（理由）

(6)　Why is he so extravagant?　——　**Because** he is rich.
　　（彼はなぜあんなに贅沢をするのか　——金があるから）
　　Why do you think he is rich?　——　**Because** He is so extravagant.
　　（君はなぜ彼を金持ちと思うか　——あんなに贅沢だから）
　　（注意）"Why……?" の答えには原因・理由ともに "Because……." を用いる。

(7)　I believe it, **because** everybody says so.
　　（皆がそういうから、僕は信じるのだ）
　　Since you say so, I can not but believe it.
　　（君がそう言うからには僕も信じざるをえない）
　　（注意）"Because" は説明、 "Since" は「〜であるからには」などと訳す。

(8)　People despise him, **because** he is poor.
　　（彼は貧乏だから人から馬鹿にされる）
　　I do **not** despise him **because** he is poor.

正則英語学校講義録インデックス　281

（僕は彼が貧乏だからといって馬鹿にしない）

（注意）上の文は普通の "because" で前の節全体を形容し、かつその前にコンマをおくのが普通である。下の文の "because" は「～からといって」で "do not" だけを形容するからコンマで切らないのが普通である。

(9) **Because** a man is rich, that is **no reason why** he should look down upon people.（人は金があるからといって、そのために人々を見下げてよいわけはない）

Because a man is rich, he ought **not** to be idle.
（人は金があるからといって、怠けるものではない）

(10) **The reason why** I respect him is **because** he is modest.
（僕が彼を尊敬するわけはかれが謙遜だからである）
I respect him **the more because** he is so modest.
（僕は彼があんなに謙遜だからなおさら尊敬するのだ）

(11) **The reason why** I do **not** respect him is **because** he is proud.
（僕が彼を尊敬しないわけは彼が傲慢だからだ）
I respect him **the less because** he is so proud.
（僕は彼があんなに傲慢だからそれだけ尊敬の念が減るのだ）

(12) I like him **none the less because** he has faults.
（僕は彼に欠点があっても愛情が少しも減らない）
I like him **all the better because** he has faults.
（僕は彼に欠点があるからかえってますます可愛いのだ）

（注意）
"**All the more because**" は "because" を強めて「～だからますます…する」となり、"**the less because**" も同じく "because" を強めるが、これは否定に伴うから「～だからますます…しない」の意味となる。

4. 正則英語読本

A Ghost Story （幽霊談）

"No, hers is the rapping kind — she hears raps, but never sees. Down there, the only ghost I have heard of is that of old Bezee Tucker. Some people say they have heard him groaning there nights, and a dripping sound — he bled to death, you know.
It was kept quiet at the time, and is forgotten by all but a few old fellows like me. Bezee was always polite to the ladies, so I guess he won't bother you, ma'am"
 And the old fellow laughed.
"If he does, I'll let you know."
And with that I left him, for I was told that the beach party was anxious for my company. I soon forgot the warning of the old gentleman of the hill in the delights of that happy hour, for I was about to taste a clam for the first time in my life.

"No, hers is the rapping kind
（「いえ、見たことはないです。家内のはコツコツとたたくやつです」
-she hears raps
（コツコツという音は聞こえるが）
but never sees.
（姿は見ていないそうです）
Down there
（あすこの別荘で）
the only ghost I have heard of is that of old Bezee Tucker
（私の聞いているのは、ビージィータッカー爺さんの幽霊だけです）
Some people say they have heard him groaning there nights, and a dripping sound
（夜そこで爺さんのうめくのとポタポタしたたる音を聞いたという人がいます）
he bled to death, you know.
（爺さんは血を出して死んだのですからねー）

It was kept quiet at the time

(その事はその当時秘密に守られ)

and is forgotten by all but a few old fellows like me

(今ではもう皆に忘れられて、知っている者は私のような老人が少しいるだけです)

Bezee was always polite to the ladies

(ビージィーはいつもご婦人方には丁重でした)

so

(から)

I guess he won't bother you, ma'am"

(あなたのところへはお邪魔に出ないでしょう、奥さん)

And the old fellow laughed.

(と言って老人は笑った)

（訳注）

hers ＝ her kind　　彼女の見る幽霊の種類

You are **the only** friend I have.　　僕には君のほかには友達がいない。
I have **no other** friend **than** you.　　　　　〃

1. The moon shines **at night**.　　月は夜照らす。
2. He works **nights**.　　彼は夜勤する。
3. He works **evening**.　　　　〃

この2と3の形は時の名詞を副詞に使った古いidiomで、今では一般には使わない。

Some poor fellows were **burnt to death**. かわいそうに<u>焼け死んだ</u>者もいる。
Some were **frozen to death**. 中には<u>凍死した</u>者もいる。

284　　資料編

To **bleed to death**.　　出血して死ぬ

"If he does, I'll let you know."
(もしそのお爺さんの幽霊が出たらお知らせしましょう)
And with that I left him
(と言って私は老人と別れた)
for I was told that the beach party was anxious for my company.
(のはビーチパーティの人たちが私の行くのをしきりに待っているという知らせを受けたからである)
(訳注)
At this（＝ at seeing or hearing this）　これを見て（あるいは、聞いて）
On this（＝ hereupon）　　（これについて）
With this（＝ so saying）　　（と言いながら）

They are **anxious to hear** news. しきりに知らせを待つ
They are **anxious for** news.　　　〃

They are **anxious to have** your company.　しきりに君の来るのを待っている
They are **anxious for** your company.　　　〃

I soon forgot the warning of the old gentleman of the hill in the delights of that happy hour,
　（その楽しい時間がうれしいあまり、私は丘の上での老紳士の警告をじきに忘れてしまった）
for I was about to taste a clam for the first time in my life.
(でも私は生まれて始めて蛤というものを味わおうとしていたのだから)
She **lost** her voice **in tears**. 涙に声を曇らせた。
I **forget** meals **in** reading.　読書に食事を忘れる

I **never** saw a greater man **in my life**. あんな偉い人は生まれてから見たことがない。

Then I saw a lion **for the first time in my life**.

僕はその時生まれてから初めてライオンというものを見た。

　（注意）"**in one's life**" は「打消し」でいっしょに使うのが普通。

5. 正則式和文英訳法

1.君も 5年も英語を研究しているのなら、受取りくらいは満足に書けそうなものだ。

前川君、1番をやってごらん。
（前川）
If you have been studying English for over five years, you ought to be write a receipt properly.

受取書は "receipt"で "p"は響かない。次に "for over"の "for"は省いてよく "over"は「以上」で「5年も」をしいて訳したければ "as long as"と訳す。
（前川）
If you have been studying English as long as five years, you ought to be able to write a receipt in its proper form.

「受取くらい」の「くらい」を訳したら、"such a simple thing as"となる。
（前川）
If you have been studying English as long as five years, you ought to be able to write such a simple thing as a receipt in its true form.

"in its true form" を "in form"（本式に）として、
（前川）
If you have been studying English as long as five years, you ought to be able to write such a simple thing as a receipt in form.

よろしい、では毛利さん。

2.商売するなら資本を出してやると伯父が申します。

（毛利）　My uncle says that , if I engage in business, he will furnish the capital to me.

動詞 "furnish"の普通の Constructionは、
  To **furnish** one **with** capital　　　　　　資本を供給する
  To **supply** one **with** one's school expenses　　学費を供給する
  To **provide** one **with** necessaries.　　　　必要品を供給する
"furnish"は 1回の供給、"supply" は月々の仕送り、"provide"は前もって心がけて必要品等を供給すること。
（毛利）　My uncle says he will furnish me with capital if I go into business.

"says he will"を "offer"とし、"capital"を " funds"とする。
（毛利）　My uncle offers to furnish me with the funds , if I go into business.

「金を出して店を持たせる」ことを "set one up in business"と言う。
（毛利）　My uncle offers to furnish me with the funds to set me up in business.

よろしい、次は村井さん。

3.この問題を解決するには大きな忍耐と判断力とを要する。

（村井）You must have great patience and judgment to solve this matter.

「問題」は "problem" だ。英語では無生物も文章の主格になり得るからここでは、「解決する」を主格とする。
（村井）The solution of this problem requires great patience and judgment.

よろしい、次は森さん

4.語学に熟達しようとするには1ヶ国語でとどめるべきだ。

（森）In order to become proficient in languages, you must not study more than one.

「熟達する」を "attain proficiency" とすると英語の品が上がる。
（森）In order to attain proficiency in languages, you must study one at a time.

「1ヶ国語にとどめる」は "confine oneself to ‥‥" を使って、
（森）In order to attain proficiency in language, you should confine yourself to one.

よろしい、では秋月さん。

5.あちらを立てればこちらが立たぬ。

（秋月）If I help the one, I can not help the other.

それでは原文の力がなくなる。この意味は「一方を立てれば他の一方が立たぬ」の意味で英語では "love and duty"（恋愛と本分とは両立せぬ）とするのだ。「両

立せぬ」は "incompatible with each other"と言う。
（秋月）Love and duty are incompatible with each other.

この意味を " go together"と言うと軽くなる。
（秋月）Love and duty do not go together.

そういうと絶対に両立しないことになってしまうので、"will often"を入れて「両立せぬことが時々ある」とすべきだ。
（秋月）Love and duty will not often go together.

よろしい、次は…（以下、省略）

> 斎藤秀三郎講義録集
> 1)『前置詞および動詞講義』　2)『動詞講義』　3)『前置詞講義』

1)『前置詞および動詞講義』：　　本書のテキストは *The World' Higher English Lessons* 第 2 巻である。
　また本書は寺田政治が斎藤の生涯の最後の 3 年半における講義を筆記したものである。

2)『動詞講義』：内容は、「時制」「will と shall」「would と should」
出来成訓氏の解題より、
黒岩四郎「あの講義録が弟子の書いたものものとは信じられない。斎藤先生の御授業そっくりなんですから」(644 頁)
講義録は「斎藤校長が少なくとも 2 回多きは 3 回にわたって厳酷な批評訂正をする」(646 頁)
『熟語本位英和中辞典』が実質的には約 1 年で書かれたとは信じ難いことではあるが事実である。(642 頁)

3)『前置詞講義』：
出来成訓氏の解題より、
「本書は *New Higher English Lessons* の形式＝例文―講義―演習をとり、講義の順序も第 1 巻 Meanings of Preposition と同じである。すべての前置詞はカバーしていないが、とりあげられた個々の前置詞の解説の詳しさは著作中随一といってよいほど微に入り細を極めている。」

正則英語学校講義集―前置詞及び動詞講義（内容）

- I Union and Separation
- II Comparison
- III Adaptation and Opposition
- IV Measure and Limit
- V Prepositions of Reference
- VI Prepositions of Relations
- VII Purpose and Result
- VIII Exchange and Substitution
- IX Basis and Dependence
- X Prepositions of Time （α）
- XI Prepositions of Time （β）
- XII Prepositions of State or Condition
- XIII Prepositions of Manner
- XIV Agency and Instrumentality
- XV Source or Origin
- XVI Cause or Reason
- XVII Prepositions of Place （α）
- XVIII Prepositions of Place （β）
- XIX Prepositions of Place （γ）
- XX Inclusion and Exclusion

> 正則英語学校講義集―前置詞及び動詞講義（サンプル）
> （446 〜 455 頁より抜粋）

（22）Idioms

 to **make a man of** ‥‥ 誰を一人前の人間に仕立てる、
           何のために一人前の男になる

 I will **make** you a teacher. お前を先生にする。
 you は object で a teacher は complement、この形を Factive Construction
（何を何にする）と言う。
 I will **make** a teacher **of** you. お前を教師に**仕立てる**。
 My father intends to **make** a physician **of** me.
 僕を医者にしようと思っている。
 His father's death has **made a man of** him.
 親父が死んで（ために）急に大人になった。
 One year of Tokyo has made a man of him.
 東京に 1 年いたら大人になった。

 to **make a statesman of** ‥‥ 主語のために政治家になる

 The times will **make a statesman of** you.
 こういう世の中に生まれると政治家になれる。

 to **make a hero of** one
 ＝ to **make a lion of** one   人をもてはやす
 ＝ to **lionize** one

 He was **made a lion of**. 大層もてはやされた。

to **make a fool of** ‥‥　　人を馬鹿にする、だます

　She will **make a fool of** him.
　あんな女にかかるとだまされる、鼻毛を読まれる
　She **fools** him **to the top of his bent.**
　だまし放題だます

to **make a point of** ‥‥　必ず…する

　　It is **a point of** honor with me to pay my debts.
　　借金を払わないと顔（体面）に関わる。
　　a debt of honor　返さなければ体面にかかわる借金
　　I **make a point of** paying my debts.
　　必ず借金を払うことにしている（そうしなければ体面にかかわるという意味で必ずの意味になる）

to **make an example of** one　　誰を見せしめにする

　I will **make an example of** the first offender I catch.
　犯人を捕まえ次第に罰する。

to **set an example to** one　　誰に模範を示す

　You must **set an example to** the others.
　他の模範となれ。（前置詞は to である。）

to **make an end of** ‥‥　　…を片付ける

　I will **make an end of** my business. 用事をさっそく片付けよう。
　＝ I will **dispatch** it. （てっとり早く）片付ける

to **put an end to** ‥‥　　…をとめる、終らす

　I will **put an end to** the quarrel.
　喧嘩をやめさす。

to **make a mess of** ‥‥　　…をめちゃめちゃにする

　　a mess はごたごたな物、だからあることをメチャクチャにしてしまう意味。
　If you interfere, you will **make a mess of** it.
　干渉すると**メチャクチャになる**からよせ。

to **make a show of** ‥‥
＝ to **make an exhibition of** ‥‥　　…をさらしものにする
　I don't like to **make a show of** myself.
　さらしものになるのはいやだ。

to **make a display of** ‥‥　　…を見せびらかす

　It is bad form to **make a display of** your learning.
　学問を見せびらかすのは無作法だ。

to **make a boast of** ‥‥　　…を（秘すべきものを）かえって自慢する

　He rather **makes a boast of** the affairs.
　あんなことを自慢にしている。

to **make a specialty of** ‥‥
＝ to **make a special study of** ‥‥
＝ to **make a study of** ‥‥　　…を専門に研究する、専攻する

I am **making a specialty of** English.

英語を専門に研究している。

Emerson is **a study**.

エマスンは専門に研究する価値がある。

to **make a clean breast of** ‥‥　　…をきれいに白状する

　He made a clean breast of it.

　みなぶちまけてしまった。

to **make account of** ‥‥

＝ to **make much of** ‥‥　　　　…を重んずる

　これは make much account of を略して make much of とする。

　to **take account of** と混同するから注意。これは（計算に入れる）意味で斟酌する。すなわち、**to make allowances for, take into account**。ついでだ make **allowances** と make **allowance** を混同しないように。

　We must **take account of** his youth. 年の若いのも斟酌しなければならない。

　We must **take** his youth **into account.** 若いのを（勘定に入れる）斟酌する。

　We must **make allowances for** his youth. 若年なのも斟酌するを要す。

　Such men are **made account of** by people.

　そのような人は重んじられる。

to **make much of** ‥‥　　…を大事にする、重んじる

　(to **make much account of** と言うのを略す)

　Yours is a good wife, and so **make much of** her.

　　良い女房だから大事にしろ。

　He is **made much of** in the provinces.

田舎に行くと**大層もてる**。

to **make little of** ‥‥　　…を軽んじる

He **makes little of** his talents.
自分の才能を軽んじている。
(to make little of は to make little **account** of の account を略したもの)

to **make light of** ‥‥　　…を軽んじる
　　　（make little of の軽んじるはこれの代用である）

He **made light of** his illness till it was too late.
これしきの病気と思っているうちに手遅れになった。

to **make fun of** one　　　人をからかう、冷やかす

You **make fun of** everything I say.
僕の言うことを一々冷やかす。
The boys **make fun**（**sport, game**）**of** their teacher.
生徒が先生をからかう。
He delights in **making fun of** me.
人をからかって喜んでいる。

to **make nothing of** ‥‥　　…をものともしない、苦にしない

He **makes nothing of** teaching ten hours a day.
1日10時間の授業もなんとも思わない。

to **make short work of** ‥‥　　容易に片付ける、わけなく平らげる

He will **make a short work of** a dozen bottles of beer.
あの男が来ると、ビール1ダースくらいたちまち平らげる。

to **make ducks and drakes of** ‥‥

 = to **squander** ‥‥   …を蕩尽する、湯水のように使う

 Cf. to **play ducks and drakes with** ‥‥ （…で水切り遊びをやる）濫費する。

  to **play at ducks and drakes**　　水切り遊びをやる

 He **made ducks and drakes of** his fortune.

  彼は財産を湯水のように使った。

to **make no doubt of** ‥‥　…を（信じて）疑わない

 I **doubt** if he will succeed.

 I **doubt** whether it is true or not. 真偽を疑う。

 I **doubt** its truth.

 この打消は I do not doubt but ‥‥ だがこう言ったのは昔で、現今は I **have no doubt that** ‥‥ の形を用いる。

 I **have no doubt that** you will succeed.

  君の成功は疑わない。

疑わない時は確信の **that** を接続詞とし、疑う時は疑惑の **if, whether** を接続詞とする。

この**確信の that** は that 以下の節を名詞にするが、その **you will succeed** を **your success** とすると、この **that** は **of** に変わって **have no doubt** の **have** が **make no doubt** と **make** に変わる。

I **have no doubt that** you will succeed.

 = I **make no doubt of** your success.　　君の成功は疑わない。

to **make no secret of** ‥‥　（秘すべきこと）を隠さない

He **makes no secret of** the affair.

= He **makes a boast of** the affair.（秘すべきこと）を誇りとしている。

to **make no scruple of** ‥‥（悪いこと）を躊躇しない、平気。

　scrupulous 小心翼々（悪いことをしたがらない）

He **has scruples about** lying.

（悪事に小心翼々）嘘をつきたがらない。

He **makes no scruple of** lying.

躊躇しないで嘘をつく、嘘くらい平気。

to **make no bones of** ‥‥（悪いこと）を何とも思わない、平気。

（＝ to **make no scruple of** ‥‥）

He **makes no bones of** lying.

嘘くらいは平気。

to **make a good thing out of** ‥‥ うまいことをする、うまい汁を吸う（金儲けする）

He is **making a good thing out of** it.

奴さんうまいことをしてやがる。

to **make the most of**　　できるだけ（多く）利用する

to **make the best of**　（悪い物を）できるだけ（善く）利用する、損して得とる。

I must **make the most of** this opportunity.

この機会をできるだけ利用しなければならない。

It is **making the best of** the bad bargain.

それが損して得とると言うものだ。

I **made the best of** my way home.

（暗くて道が分からないが）できるだけ（道を）急いで家に帰った。
＝ I went home **in haste**. 急いで帰宅した、に代わる。

to make a night of it　　一晩飲み明かす

これは **make a good night of it** の意味でこの **it** は **this night** の略である。すなわち、この一晩を愉快な晩にするで一晩飲み明かすとなる。

Let us **make a night of** it in honor of the occasion.
めでたい時だから（お祝いに）一晩飲み明かそう。

to make a mountain of a mole-hill. ＝ **to exaggerate**

針小棒大に言う、大げさに言う。

He will **make a mountain of a mole-hill.**
あの人の話は大げさだ。

to make a virtue of necessity

必要なことはやむをえないと観念して、嫌なことを喜んでやると功徳になるの意味。

牛に引かれて善光寺参り。

これを **making a virtue of necessity** と分詞にすると、仕方がないから、の意味になる。

Making a virtue of necessity, the samurai glories in honorable poverty.
武士が清貧を誇るのは仕方がないから。

to make a silk purse out of a sow's ear

瓦を磨いて玉にする（のは不可能）

You **can not make a silk purse out of a saw's ear.**
瓦は磨いても玉にはならない。

to **be able to make nothing of** ‥‥

（何のことか）さっぱり分からない、わけが分からない

I can **make nothing of** this telegram.

　この電報はさっぱり分からない。

（I **can't make out** this telegram. の強勢形式）

can は **know how to** と同義。

I **can** swim.

I **know how to** swim.

I **don't know what to make of** this telegram. さっぱり分からない。

What do you **make of** this telegram?

（僕にはさっぱり分からないが）君はどう思うか。I **don't know what to make of** it がその裏面にある）

I **can't make head or tail of** this telegram. さっぱり分からない。

　コインを放り上げて落ちたところを手でおさえ、**Head or tail?** と聞く遊戯。コインの表を headと言い、裏を tailと言う。だから I **can't make head or tail of it**は、表だか裏だか分からないの意味を転用してさっぱり分からないとなる。

正則英語学校講義録【専攻科】『動詞講義』(内容)

1. Indicative Mood（直接法）

    0. "Do"

    1. The Present Tenses（現在時制）

    2. The Past Tenses（過去時制）

    3. The Future Tenses（未来時制）

2. Auxiliary Verbs（助動詞）

    1. General Principles（概論）

    2. Theory of "Will" and "Shall"（Will と Shall の理論）

    3. "Will" and "Shall" in the First Person（第1人称における Will と Shall）

    4. "Will" in Second and Third Persons（第2・3人称における Will）

    5. "Shall" in Second and Third Persons（第2・3人称における Shall）

    6. "Will" and "Shall" in Questions（疑問文における Will と Shall）

    7. "Will" and "Shall" in Indirect Speech（間接話法における Will と Shall）

    8. Occasional "Will" and "Shall"（特別な場合の Will と Shall）

3. Sequence of Tenses

    1. Indicative "Would" and "Shall"（直接法の Would と Shall）

    2. Tense in Indirect Speech（間接話法における時制）

正則英語学校講義録【専攻科】『前置詞講義』内容

1. about, around, round
2. above, below, beneath, over, under,
3. along, across, up, down, through, throughout
4. among, amidst, between
5. at
    1) Direction（方向）
    2) Cause（原因）
    3) Place（場所）
    4) Time（時）
    5) State or Condition（状況）
    6) Limit or Extent（限度・限界）
6. before, behind, after
7. beside, besides, but, except, save, but for, except for
8. by
    1) Proximity（近接）
    2) Instrumentality（手段）
    3) Standard（標準）
    4) Measure（尺度）
    5) Manner（偶然）
    6) Time（時）
    7) Governed by（支配された by）

正則英語学校講義録
専攻科『前置詞講義』（サンプル）（32〜36頁より抜粋）

ABOVE

(a) **Proper Meanings** （原意）

1.**Higher Position** （上位）

(1) The heights are 203 meters **above sea-level**.　海抜 203 メートル

"Above" of Position. この above は＝ higher than.

The sun is **above the horizon**.　　　水平線上にあり
The falcon sails **above the clouds**.　雲の上の鳥
The heat is **above the boiling-point**.　沸騰点を越す

(a) **above ground** は地上に現われている（on the ground　地上に立つとは違う）
(b) **under ground**　は地下に隠れている（これに相当するラテン出の形容詞は subterranean）

A tree is partly **above ground** and partly **under ground**.
（樹の根は地下に隠れている）
I will find him if he be **above ground**.
（草を分けても探し出す）
Many poor people in London live **under ground**.
（ロンドン貧民の地下生活）

(c) **above water** は（沈まずに）浮いている。

（d）　**under water**　は水に潜っている。

I could not think of swimming. It was all I could do to **keep myself above water.**
（泳ぐなどとは思いもよらぬこと、首だけ出していたのが関の山）

To say nothing of saving, I just manage to **keep my head above water**.
（貯金はおろか、どうやらこうやら借金をしないだけのこと）

　　To **keep one's head above water** ＝ to keep out of debt

How long can you remain **under water**?
（何分間潜っていられるか）

There was a flood, and many fields were **under water**.
（水をかぶった田畑がだいぶあった）

（e）　To speak **above one's breath** ＝ louder than a whisper
（(小声でなく）声を出して言う）

To speak **under one's breath** ＝ to speak in whispers
（小声で囁く）

2. Exaltation （凌ぐ）

> （2）　The summit **rises above** the clouds.　頂は雲を凌ぐ

"Above" of Exaltation に付く動詞は次のただ２つ。

（f）　To **rise above**（the clouds）　　　凌ぐ、脱する(雲上の人)
　　　To **tower above**（the rest）　　　はるかに凌ぐ、ずば抜ける

A great man will **rise above self**.
（偉人は私情を脱して己に克つ）

With all his genius, Napoleon could never **rise above self**. ── Emerson
（さすがの英才も私情を脱して（天下代表的な）偉人とはなりかねた）

In whatever she does, she **rises above** her humble station.
（何をやらせても、身分以上の品位がある）
The stream can not **rise above** its fountainhead. —— Prov.
（流れは源を凌ぐ能わず、人は持って生まれた以上の能力は出ない）

そこで、次の言い方が出る。

A man, to be noble, must **rise above** avarice.
（欲を離れる）
He must also **rise above** all deception.
（すべて偽りを脱する）
He may be proud, but he must **rise above** vanity.
（虚栄心を去る）
He is **raised above** the ordinary standard of morality.
（普通の定規が当てられない、凡庸の道徳で論じてはいけない人格）
He is **exalted above** the rest of mankind.
（凡俗を脱して雲上に近い人）
A jack-knife was a whole chest of tools in the hands of Sailor Ben.
He could whittle out anything from a wooden chain to a full-rigged ship.
To own a ship of Sailor Ben's building was to be **exalted above** your fellow-creatures. ‥‥B.B.
（小刀いっちょうあればなんでもできる。その小刀で削り出すものは木製の錨鎖から全装帆の帆船にいたるまで。ベンの造った船を持つと雲上の人にでもなった心地。）

（g）**To tower above**（the rest）、西洋の城郭、物見やぐらが城壁を凌ぐようにずば抜けているの意味。

As we came up Boston harbor, I had noticed that the houses were huddled together on an immense hill, at the top of which was a large building, the State

斎藤秀三郎講義録集　305

House, **towering** proudly **above** the rest. ── B.B.

（巍然（ぎぜん）と立って、近隣の家屋を凌ぐのは、あれは州議会議事堂）

この意味を応用して、

The intellect of Newton **towers above** that of his contemporaries. （一頭地を抜く）

（b） Figurative Meanings （応用）

3. Higher Rank （位階）

（3） A colonel is **above** a captain in rank.　大佐は大尉の上。

"**Above of Rank**" の **above** も ＝ higher than

He was always **above** me in the class.

（上席）

His attainments are above his predecessor's.

（学芸では先任者を凌ぐ）

4. Superiority （勝る）

（4） Health is **above** wealth.　健康は富貴に勝る。

"**Above**" of Superiority の above は ＝ better than で、この above の付く動詞は、

(h)
To **esteem** one **above** another
To **prize** one **above** another　　（何）以上に貴ぶ、珍重する
To **value** one **above** another

We **prize** the tai **above** other kinds of fish.

　（どんな魚よりも鯛を賞美する）

The tai is **esteemed above** salmon.

（鮭以上に珍重する鯛）

The samurai **values** honor **above** life.

（武士は生命よりも名を重んじる）

（比較）「恥をかくならむしろ死ね（死すとも恥かくな）」

> **Value** honor **above** life
> **Prefer** death **to** dishonor
> **Choose** death **before** dishonor.

動詞の love には「〜より」の above も「むしろ」の before も「〜よりはるかに」の beyond も用いることができる。

（比較）「何よりも金を欲しがる」

> He **loves** money **above** everything else.
> He **loves** money **before** everything else.
> He **loves** money **beyond** everything else.

この Above の作る **Idiom** は、"above all things"（何はさておき）

（比較）「何はさておき勤めが大事」

> **Above all**, attend to your business.
> Attend to your duties **before everything.**

5. Moral Superiority （脱する）

(5) He is **above** such meanness.　彼はそんな卑劣なことはしない。

"Above" of Moral Superiority の above はもと rise above から出たものだ。

A man of honor **rises above** deception.
（君子は偽りを脱する）

He is a gentleman, and **above** deception.
（紳士だから虚言は吐かぬ）

He is **above** telling a lie.
（彼は嘘をつくような人じゃない）

Surely he must be **above** petty deception.
（まさかけちな嘘はつくまい）

Surely he must be **above** such meanness.
（まさかそんな卑劣なことはしまい）

Though poor and ragged, the soldiers（who captured Major Andre） would not take the bribe. They were **above** selling their country.
（痩せても枯れても武士は賄賂を取って捕虜を逃がすようなことはせぬ。国を売るような悪いことはせぬ）

He can not improve, for he is **above** asking questions.
（彼は人にものを尋ねることを恥じるから進歩できない）

A man should **not** be **above** his business.
（人は己が職等を恥じるものではない）

Though proud, he is **not above** asking a favor.
（無心くらいはしかねない）

（比較）「そんな卑劣なことは間違ってもせぬ」

> He **will never** do such a mean thing.
> He is **not the man to** do such a mean thing.
> He is **above** doing such a mean thing.
> He is **above** such meanness.

308　資料編

6. Excess（余る）

> （6）He must be **above** forty.　彼は40歳を<u>越して</u>いるにちがいない。

"Above" of Excessの aboveは ＝ over, more than。

　　He weighs **above** 200 pounds.
　　（彼は体重が 200 ポンド<u>以上</u>ある）
　　The number of students is **above** 5,000.
　　（生徒の数は 5,000 <u>以上</u>）

Above（＝ over）の作る Idiom は、

（i）　**over and above** ＝ besides, in addition to.
　　When he left me, I gave him something **over and above** what was due to him.
　　（給料<u>のほかにも</u>礼をした）
　　He never took a cent **over and above**（＝ beyond）　what was due to him.
　　（取るべき金<u>の他は</u>一文もとらない）

（j）　**above par** ＝ at a premium（額面以上）　｜　は **at par**（額面）から。
　　below par ＝ at a discount　（額面以下）

7. Transcendence（超絶）

> （7）　How he manages to live is **above** my comprehension.
> 　　彼がどのようにして生活しているのか僕には<u>解らない</u>。

"Above" of Transcendence の above (= beyond) は more than の<u>打消代用</u>から出る。

(比較)「どうしてそんな失錯をしたか我ながらわからぬ」

  How I came to make such a mistake is **more than** I can comprehend.

  How I came to make such a mistake is **above** my comprehension.

このAboveを用いる場合がもう1つある。

  He lives **above his means,** and so he runs into debt.

  (身分不相応な贅沢をするから借金をするのだ)

(比較)

   To live **within one's means** 身分相応に暮す(借金しない)

   To live **above one's means** 身分不相応な贅沢をする(借金する)

このAbove は次の (k) ～ (n) の4つの **Idiom** を作る。

(k) **above praise** = beyond praise.(どのように褒めても足らぬ)

 His conduct is **above praise**.

 (彼の行為は褒めるに言葉なし)

(l) **above price** = beyond price, priceless (評価しがたい)

 Virtue is **above price**.

 (仁義は金で買えぬ貴重なもの)

 It was a case of reciprocal love, **above price.**

 (お安くない仲)

(m) **above reproach** = leaving nothing to be desired (申し分なし)

 His English is **above reproach**.

 (彼の英語は非の打ち所がない)

(n) **above suspicion** = beyond suspicion (人に指さされぬ)

Caesar がある友人に、君のような道楽者が些細なことで細君を離縁するとは酷じゃないか、と言って責められると、答えていわく Caesar は男子だが、Caesar の wife は女子だから、

Caesar's wife should be **above suspicion**.

（人に指さされるような女は Caesar の妻にはしておけぬ）

A wife should be **above a whisper.**

（人の女房になったら指一本指されるな）

He is a man of honor; his honesty is **above suspicion**.

（彼は君子だから、人に指さされるようなことはせぬ）

> **NEW TEXT-BOOK OF ENGLISH GRAMMAR**
> 新標準英文典

CHAPTER 1 : THE SENTENCE AND THE PARTS OF SPEECH　文と品詞
　　1.　The Sentence and the Parts of Speech　（文と品詞）
　　2.　Kinds of Sentences　（文の種類）
　　3.　The Element of the Sentence　（文の成分）
　　4.　Sentence-Analysis　（文の解剖）

CHAPTER 2 : NOUNS　名詞
　Classes of Nouns　（名詞の種類）
　　1.　Proper Nouns　（固有名詞）
　　2.　Common Nouns　（普通名詞）
　　3.　Collective Nouns　（集合名詞）
　　4.　Material Nouns　（物質名詞）
　　5.　Abstract Nouns　（抽象名詞）
　Infection of nouns　（名詞の変化）
　CASE　（格）
　GENDER　（性）

CHAPTER 3 : ARTICLES　冠詞

CHAPTER4 : ADJECTIVE　形容詞
　Classes of Adjectives　（形容詞の種類）
　　1.　Pronominal Adjectives　（代名形容詞）
　　2.　Adjectives of Quantity　（数量形容詞）
　　3.　Adjectives of Quality　（性質形容詞）

4. Comparison （比較）

CHAPTER 5 : PRONOUNS　代名詞

1. Personal Pronouns　（人称代名詞）
2. Demonstrative Pronouns　（指示代名詞）
3. Interrogative Pronouns　（疑問代名詞）
4. Relative Pronouns　（関係代名詞）
5. Syntax of Pronouns　（代名詞の構文法）

CHAPTER 6 : VERBS　動詞

1. Transitive Verbs　（他動詞）
2. Intransitive Verbs　（自動詞）
3. Other Kinds of Verbs （他の種類の動詞）
4. Infection of Verbs　（動詞の変化）
5. Principal Parts of the Verbs　（動詞の基本形）
6. Person and Number　（人称と数）
7. Voice　（態）
8. The Tenses of the Indicative Mood　（直説法の各時制）
9. Uses of the Tenses　（時制の用法）
10. Sequence of Tenses　（時制の連続法）
11. Tense in Indirect Narration　（間接話法の時制）
12. The Tenses of the Subjunctive Mood　（従属法の各時制）
13. The tenses of the Conditional Mood　（条件法の各時制）
14. The Imperative Mood　（命令法）
15. The Potential Mood　（可能法）
16. Infinitives　（不定詞）
17. Participles　（分詞）
18. Gerunds　（動名詞）

CHAPTER 7 : ADVERBS　副詞
    1. Classes of Adverbs　（副詞の種類）
    2. Comparison of Adverbs　（副詞の比較）
    3. Formation of Adverbs　（副詞の作り方）
    4. Substitute of Adverbs　（副詞の代用語句）
    5. Uses of Adverbs　（副詞の用法）
    6. Position of Adverbs　（副詞の位置）

CHAPTER 8 : PREPOSITIONS　前置詞
    1. Forms of Preposition　（前置詞の形式）
    2. Syntax of Prepositions　（前置詞の構文法）
    3. Uses of Prepositions　（前置詞の用法）

CHAPTER 9 : CONJUNTIONS　接続詞
    1. Co-ordinate Conjunctions　（対等接続詞）
    2. Subordinate Conjunctions　（従属接続詞）

斎藤秀三郎・松田福松　英文法詳解シリーズインデックス

1. **冠　詞**
   ① 冠詞の意味
   ② 定冠詞
   ③ 不定冠詞
   ④ 冠詞の省略

2. **名　詞**
   ① 名詞の種類
   ② 名詞の語形変化
   ③ 固有名詞
   ④ 普通名詞
   ⑤ 集合名詞
   ⑥ 物質名詞
   ⑦ 抽象名詞

3. **代名詞**
   ① 序説
   ② 人称代名詞
   ③ 指示代名詞
   ④ 関係代名詞
   ⑤ 疑問代名詞
   ⑥ 補説　代名詞類・不定代名詞類

4. **形容詞**
   ① 形容詞の種類　代名形容詞・数量形容詞・性質形容詞
   ② 形容詞の用法：形容詞の２用法・付属形容詞・叙述形容詞・形容詞の名詞転用・他品詞の形容詞転用
   ③ 形容詞の語形成と語形変化

5. 動詞構文
① 序説
② 他動と自動
③ 不完全自動構文
④ 不完全他動構文
⑤ 授与構文
⑥ 受動構文
⑦ 反照構文
⑧ 非人称構文

6. 助動詞
① 序説
② do , have, be
③ shall と will:shall の意味・will の意味・shall と will の用法・第一人称の shall,will・第二第三人称の shall,will・疑問文の shall,will shall,will の特殊用法
④ should と would:should、would の用法・直説法の should, would 仮定法の should, would・条件法の should,would・should,would の特殊用法
⑤ may, can, must
⑥ 可能性の各時相
⑦ ought, need, dare

7. 准動詞
① 序説
② 名詞不定詞：不定詞の形・名詞不定詞の用法・主語としての名詞不定詞・目的語としての名詞不定詞・補語としての名詞不定詞・不定詞構文・原形不定詞の用法・目的語としての原形不定詞・補語としての原形不定詞
③ 形容不定詞：名詞形容の不定詞・動詞形用の不定詞・形容詞形容の不

定詞・副詞形容の不定詞・全文形容の不定詞

④ 分詞：分詞の形・分詞の用法・形容詞としての分詞・補語としての分詞・分詞構文

⑤ 動名詞：特徴概説・動名詞の形・動名詞の用法・動名詞構文・動名詞の慣用語法

⑥ 文の転換：名詞節・形容詞節・副詞節

8. 叙法・時制

① 序説

② 直説法：各時制の形成・各時制の意味と用法・時制の連続

③ 仮定法と条件法：仮想法・条件法・条件文

④ 命令法

9. 副詞・接続詞

① 副詞：副詞の種類（時・場所・程度・態様・理由・全文修飾）

② 副詞の語形成と語形変化

③ 副詞の用法

④ 副詞の位置

⑤ 副詞に代用する語句

⑥ 接続詞の種類

⑦ 対等接続詞

⑧ 従属接続詞

⑨ 接続詞の用法

10. 前置詞

① 序説

② 各説：場所・時・根源・原因理由・行動の主体と道具・材料内容部分・結果・目的・性質と様式・状況感情従事・標準尺度価格・限界・限度・過不足・優劣・結合分離・包含除外・比較・一致適合・差異・対照・交換代替・否定・喪失不在隠匿・間説・関係・成句・前置詞を支配する語

11. 文章法
　① 序説：文と品詞・文の種類・文の要素
　② 単文：主語・主語の付加語・叙述動詞・目的語・補語・動詞の付加語・呼応・語順
　③ 複文：従属節の機能・名詞節・形容詞節・副詞節・従属節の短縮・従属節の位置
　④ 重文：接続詞を用いた重文・接続詞のない重文・一層錯雑した文
　⑤ 強調と省略
　⑥ 文の分析：主要素・従要素・独立要素・単文の分析・複文の分析・重文の分析
　⑦ 句読と分綴

斎藤秀三郎関連年表

(K=慶応、M=明治、T=大正、S=昭和)

西暦	年号	斎藤年齢	斎藤秀三郎を中心とした日本英学史の流れ	主な出来事
1859	安政6		ヘボン来日	
1862	文久2		11月、堀達之助等『和英対訳袖珍辞書』井上十吉、井上高格の次男として徳島に生まれる。	
1866	K2	0	**1月2日、斎藤永頼の長男として仙台に生まれる。**	
1867	K3	1	5月、ヘボン『和英語林集成』	
1868	M1	2	3月、小幡篤次郎・甚三郎『英文熟語集』	明治維新
1870	M3	4		東京に牛鍋屋が開業
1871	M4	5	辛未館(仙台藩の英学校)入学。9月、南日恒太郎、富山に南日喜平の次男として生まれる。	・岩倉欧米使節団出発 ・慶応義塾が三田に移転・丸善が日本橋に開業 ・『西国立志編』
1872	M5	6	7月、ヘボン『和英語林集成』増補訂正再版	新橋―横浜間の鉄道開通 『学問ノススメ』
1873	M6	7	井上十吉、11歳でイギリス留学	・第一国立銀行が兜町で営業開始 ・銀座が赤レンガ街に78年完成
1874	M7	8	**11月、宮城英語学校入学。**米国人教師Charles.L.Gould(グールド)に英語を学ぶ。	京橋―銀座―芝金杉橋間にガス灯が点火
1875	M8	9	9月、ブリンクリ『語学独案内』Kwong Ki Chiu:*A Dictionary of English Phrases with illustrative Sentences*アーネスト・サトー『英語俗語辞典』	国産ビールの広告、マッチの製造始まる
1876	M9	10		上野公園が開園
1877	M10	11		西南戦争
1878	M11	12	井上十吉、英国ラグビー高等中学校入学	市谷に陸軍士官学校開校

年	元号	歳	事項	世相
1879	M12	13	7月、宮城中学校（英語学校改称）卒業、9月、東京大学予備門入学。金子堅太郎から英語を学ぶ 10月、井上十吉、ロンドン大学キングスカレッジ入学 12月、ディクソン来日	九段の東京招魂社を靖国神社と改称
1880	M13	14	4月、東京大学予備門退学、同月、工部大学校（現在の東京大学工学部）入学。造船学と純粋化学を専攻。後に夏目漱石の師となるスコットランド人ディクソン（James Main Dixon）に英語を学ぶ。後々までイディオムの研究を続けたのは彼の影響だったと後年述べている。在学中、図書館の英書は全て読み、大英百科事典は2度読んだ、という逸話が残っている。明治14年4月、井上十吉、ロンドン大学金属学科入学。翌年卒業。	聖書翻訳委員社中訳『新約聖書』
1881	M14	15		亀井忠一、三省堂を創業
1882	M15	16		・日本銀行創立 ・新橋―日本橋間に馬車鉄道が開通、 ・東京専門学校（現早稲田大学）開校
1883	M16	17	12月、工部大学校退学。 井上十吉、日本に帰国	鹿鳴館が落成
1884	M17	18	12月、『スウィントン式英語学新式直訳』（十字屋・日進堂）を翻訳出版。その後、仙台に戻り、私宅に英語塾を開設（一番弟子は、伝法久太郎である。また、学生の中に、土井晩翠がいる）。	・東京商業学校（現一橋大学）開校 ・丸善が万年筆を輸入販売
1885	M18	19	古川英語学校開設に参加したが意見が衝突して脱退。秋、仙台市国分町に仙台英語学校を開設。	・山手線、品川―新宿―赤羽が開通 ・浅草仲見世が新築・第1次伊藤博文内閣発足
1886	M19	20	井上十吉、第一高等学校教授、1886（M19）― 1893（M26）まで。 8月、ディクソン（J.M.Dixon）*English Lessons for Japanese Students*	・京橋の風月堂が新聞にアイスクリームの広告
1887	M20	21	9月、宮城尋常中学校講師 12月、ディクソン『英語熟語辞典』*A Dictionary of Idiomatic English Phrases*	・東京電灯会社が白熱電灯を点灯 ・恵比寿ビール発売 ・銀座煉瓦街の街路樹が柳になる

1888	M21	22	2月、イーストレーキ、磯辺弥一郎と「国民英学会」を創設 5月、前島義孝長女とら子と結婚 9月、第2高等学校助教諭に就任、 12月辞任、岐阜中学校教諭に就任 9月、イーストレーキ・棚橋一郎共訳『ウェブスター氏新刊大辞書和訳字彙』	・時事通信社が創立 ・越後屋（後の三越）が日本橋に洋服店を開業 ・大坂朝日新聞社が東京朝日新聞を発刊し東京に進出 ・海軍兵学校が江田島に移転、海軍大学校を築地に設置
1889	M22	23	4月、J.M.Dixon:*English Composition*	・憲法発布 ・東海道線新橋―神戸間が開通 ・大槻文彦『言海』
1890	M23	24	12月、イーストレーキ、磯辺弥一郎と衝突し、国民英学会は磯辺の独立経営となる。	・慶応義塾が大学部を開設 ・浅草に高層12階の凌雲閣開場 ・帝国ホテル開業
1891	M24	25		・神田駿河台にニコライ堂完成 ・大津事件（ロシア皇太子が遭難） ・第一高等学校始業式で内村鑑三が教育勅語に拝礼せずキリスト教排撃が始まる ・川上音二郎の「オッペケペー節」が大流行
1892	M25	26	4－9月長崎鎮西学院に講師として勤務、ナガサキプレスに執筆 9月、愛知県尋常中学校に勤務 島田豊『双解英和大辞典』 ヘボン、米国に帰国	・神田で大火、1万5,000戸が焼失 ・全国で天然痘が流行し約1万人が死亡 ・『萬朝報』創刊
1893	M26	27	8月、第一高等学校講師に就任 10月、*English Conversation Grammar*. 286p	・『二六新聞』創刊 ・「明治座」開場

1894	M27	28	1月、第一高等学校教授に昇任	・日清戦争勃発 ・銀座に服部の時計塔ができる
1895	M28	29	ブリンクリ・南條文雄・岩崎行親『和英大辞典』（三省堂）	・日本救世軍が創立 ・銀座の洋食屋「煉瓦亭」が開店、「カツレツ」を売り出し評判となる
1896	M29	30	10月、神田錦町に正則英語学校を創立（現在の正則学園高等学校）。	・「ライオン歯磨」発売 ・新橋―神戸間で急行列車の運転開始
1897	M30	31	4月、第一高等学校教授を辞して講師になる。	・赤痢が大流行し東京の死者が2,000人を超える ・「ハイカラ」の語が使われ始める ・尾崎紅葉『金色夜叉』（読売新聞連載）
1898	M31	32	6月、*Practical English Grammar*.1898-99（実用英文典）　1,092p 11月、第一高等学校講師を辞任、正則に全力を傾注する。 Kwong.増田藤之助訳『英和双解熟語大辞彙』	・丸善がインキを製造販売 ・岡倉天心ら日本美術院を創設 ・上野の西郷隆盛像の除幕式 ・徳富蘆花『不如帰』（「国民新聞」連載）
1899	M32	33		・銀座に御木本真珠店開店 ・歌舞伎座で初の日本映画が上映される ・新橋に恵比寿ビールのビヤホールが開店し大繁盛する ・森永太一郎がキャンデー・ケーキの製造を開始

1900	M33	34	*New Text-Book of English Grammar*, 2vols.	・『明星』創刊 ・女子英語塾（現津田塾大学）開校
1901	M34	35	7月、*Advanced English Lessons*. 1901-2 1,051p	・「20世紀」の語が流行する ・日本女子大学校（現日本女子大）創立
1902	M35	36	5月、正則英語学校に正則予備校を併設 *Higher English Lessons*. 1902-3 610p 6月、神田乃武他『三省堂新訳英和辞典』	日英同盟調印 丸善が『大英百科全書』25巻を月賦販売で予約募集する
1903	M36	37		・日比谷公園が開園 ・第1回早慶対抗野球試合で、慶応が勝利
1904	M37	38	東京帝国大学文科大学に出講。翌年辞任。 5月、南日恒太郎『分類詳解和文和訳法』 7月、*Monograph on Prepositions*. 1904-6（前置詞大完） 1,310p	・日露戦争勃発 ・三越呉服店が百貨店化を促進
1905	M38	39	3月、英語教授研究会『英和双解熟語辞典』 6月、南日恒太郎『英文解釈法』 *Class-Books of English Idiomology*. 1905-9 1,793p	京橋に理容館（美容院）が開業
1906	M39	40	1月、佐川春水正則の教師に *Studies in English Idioms*. 1906-7 1,298p	・日本社会党が結成 ・小林富次郎商店から、語学用蓄音機が発売
1907	M40	41	*New Higher English Lessons*. 1907-8 1,236p 2月、南日恒太郎『和文和訳法』 3月、井上十吉『新訳和英辞典』 4月、佐川春水『銀行盗賊』	・東京株式相場が暴落（日露戦後恐慌） ・中小銀行の支払い停止・取り付けが続出 ・泉鏡花『婦系図』「やまと新聞」連載
1908	M41	42	1月、正則英語学校準機関紙『英語之日本』創刊（T6年10月廃刊）	市立日比谷図書館開館

323

1909	M42	43	1月、大島・広瀬『英和熟語中辞林』 6月、ブリンクリ『新語学独案内』 10月、***Studies in Radical English Verbs***. 1909-11 1,211p 12月、神田・南日『英和双解熟語大辞典』 （当初の資料の収集は勝俣銓吉郎による） Merriam-Webster: Webster's New International Dictionary 第1版"	東京市議会、米国ワシントンに桜2,000本の寄贈を決定
1910	M43	44	山崎貞、正則に。	・ハレー彗星が接近し、流言や不安を呼ぶ ・『白樺』創刊 ・『三田文学』創刊 ・聖心女子学院（現聖心女子大）が開校
1911	M44	45	ヘボン、米国にて逝去（96歳） H. W. Fowler and F. G. Fowler *The Concise Oxford Dictionary of Current English*（COD）初版発刊	・帝国劇場が開場 ・三越呉服店が「今日は帝劇、明日は三越」の広告を出す
1912	T1	46	フランク・ブリンクリ逝去（71歳） 7月、入江祝衛『詳解英和辞典』 9月、山崎貞『公式応用英文解釈研究』 9月、市河三喜『英文法研究』 11月、『**正則英語学校講義録**』 5,610p	・米価が未曾有の暴騰をする。下層民の生活困窮や一家離散が増加 明治天皇の死去により株価も大暴落 ・乃木夫妻が自殺
1913	T2	47	2月、山崎貞『自修英文典』 5月、佐久間信恭『例解英和難句熟語辞典』 10月、増田藤之助『新撰英和辞典』	・トンボ鉛筆発売 ・神田の大火、学校書店など2,100戸が焼失 ・森永製菓がキャラメル・チョコレートを発売 ・神田に岩波書店開業 ・上智大学が授業を開始

年		齢		
1914	T3	48	10月、南日恒太郎『英文和訳法』	・三越のエスカレーター、入り口のライオン像が評判に ・東京駅が開業
1915	T4	49	6月、村田祐治『英文直読直解法』 7月、**斎藤秀三郎『熟語本位英和中辞典』**1,594p 9月、井上十吉『井上英和大辞典』 9月、入江祝衛『英文法辞典』	・東京株式市場が暴騰、第一次大戦景気が始まる ・新宿中村屋、インド亡命者ボースからカレーの作り方を教わる
1916	T5	50	6月、南日恒太郎『英文藻塩草』 7月、南日恒太郎『英詩藻塩草』	・チャップリンの喜劇映画が大人気に ・竹久夢二の美人画が憧れになる ・夏目漱石逝去（50歳）
1917	T6	51	4月、細江逸記『英文法汎論』 12月、篠原一慶・岡本清逸『英和熟語大辞林』	・『主婦之友』創刊 ・尾上松之助（目玉の松ちゃん）のトリック映画が大人気
1918	T7	52	9月、武信由太郎『武信和英大辞典』 田中菊雄、正則に入学、T10年秋まで在籍	・スペイン風邪が大流行 ・富山で始まった米騒動が東京にも波及、日比谷公園などで騒動起こる ・東京女子大学が開校
1919	T8	53	4月、伊藤豊守、佐川春水、内山常治が正則辞職	・新橋―上野間で始めてバスが運行 ・カルピス発売
1920	T9	54	7月、佐川春水「日進英語学校」創立（S19/5軍部の圧力で廃校になるまで25年間盛大を見た） 山崎貞辞職、早稲田高等学院教授に	株式暴落、第一次世界大戦の戦後恐慌が始まる ・日本初のメーデーが実施される

年	元号	齢	事項	世相
1921	T10	55	1月、井上十吉『井上和英大辞典』 2月、松田福松、正則の講師として1934年（S9）まで奉職 9月、小野圭次郎『最新研究・英文の解釈／考へ方と訳し方』	東京駅で原首相が暗殺 志賀直哉『暗夜行路』
1922	T11	56	2月、山崎貞『新自修英文典』 4月、**斎藤秀三郎『携帯英和辞典』** 1,929p 8月、神田・金沢『袖珍コンサイス英和辞典』 ハロルド・E・パーマー来日	・銀座資生堂がコールドクリームを発売 ・『週間朝日』創刊 ・「小学館」が創業 ・アインシュタイン来日、相対性理論ブーム起こる ・「オールバック」が流行、子供服が普及
1923	T12	57	9月、石川林四郎『袖珍コンサイス和英辞典』 神田乃武逝去（67歳）	・丸ビル完成 ・ライト設計の帝国ホテル開業 ・「関東大震災」起こる ・松竹蒲田撮影所が京都へ移転
1924	T13	58	11月、竹原常太『スタンダード和英大辞典』	・乗合自動車（円太郎）の運行開始 ・築地小劇場が開場 ・嵐寛・阪妻・千恵蔵のチャンバラ映画が人気
1925	T14	59		・ラジオの放送開始 ・「新橋演舞場」開場 ・不景気で大学の中途退学者が続出 ・ダンスホールが大盛況 ・東京六大学野球リーグが開始 ・山手線の環状運転の実施

1926	S1	60		・日本放送協会（NHK）が設立 ・円タクが登場 ・円本ブーム始まる
1927	S2	61	1月、浦口文治『グループ・メソッド』 3月、岡倉由三郎『研究社新英和大辞典』	・金融恐慌始まる ・浅草―上野間で日本初の地下鉄開業 ・「岩波文庫」刊行開始 ・芥川龍之介自殺（36歳）
1928	S3	62	3月、三省堂編纂所『三省堂英和大辞典』 6月、**斎藤秀三郎『斎藤和英大辞典』**4,640p 7月、南日恒太郎、富山県東岩瀬海岸で事故死（57歳）。	・最初の普通選挙が実施 ・数寄屋橋の朝日新聞社屋側面に流動式電光ニュースが設置
1929	S4	63	4月7日、井上十吉逝去（68歳） 8月16日、津田梅子逝去（66歳） 8月26日、アーネスト・サトー逝去（86歳） **11月9日、斎藤秀三郎、麹町5番町の自宅で逝去（64歳）** 斎藤秀三郎『**熟語本位英和大辞典**』（Fまでで未完） 12月10日、入江祝衛逝去（63歳）	・大学卒の就職難が深刻に ・映画「大学は出たけれど」が話題
1930	S5	—	5月、斎藤秀三郎原著・鯨岡政治編纂『前置詞及び動詞の講義』 山崎貞逝去（48歳） 武信由太郎逝去（68歳）	・紙芝居が大人気 ・東京駅で浜口首相暗殺 ・「何が彼女をそうさせたか」「エロ・グロ・ナンセンス」が流行語に
1931	S6	—	3月、武信由太郎『研究社新和英大辞典』 磯辺弥一郎逝去（70歳）	・羽田に東京国際飛行場が開場 ・「満州事変」勃発 ・国産映画のトーキー化が始まる ・流行歌「酒は涙か溜息か」

1932	S7	—	2月、斎藤秀三郎: *Practical English Grammar* 1冊本発行（以下、正則英語学校出版部より） 9月、斎藤秀三郎: *Monograph on Prepositions* 1冊本発行	
1933	S8	—	4月、斎藤秀三郎: *Studies in Radical English Verbs* 1冊本発行 9月、ディクソン、米国で逝去（78歳）	
1934	S9	—	3月、斎藤秀三郎: *Advanced English Lessons* 1冊本発行 4月、『斎藤新標準英文典』（松田福松・日沖三舟・鯨岡政治訳）（正則英語学校出版部）原書は、*Saito's New Text-Book of English Grammar*（1900年M33） 松田福松正則を辞任 A・S・ホーンビー来日	
1936	S11	—	3月、岡倉由三郎『新英和大辞典』 4月、島村・土居・田中『岩波英和辞典』 9月、『斎藤新標準英文典』改訂普及版	二二六事件
1938	S13	—		3月、藤村作、「中学英語科全廃論」を『文芸春秋』(3月号)に掲載
1939	S14	—	5月、勝俣銓吉郎『英和活用大辞典』	
1941	S16	—	1月、岩崎民平『簡約英和辞典』 10月、鈴木芳松『高等和文英訳研究』	12月、太平洋戦争勃発
1942	S17	—	5月、ホーンビー: An Idiomatic and Syntactic English Dictionary（ISED）	ホーンビー離日
1943	S18	—		2月、ガダルカナル島敗退
1945	S20	—		8月、終戦
1946	S21	—	2月、平川唯一「英語会話放送」開始 4月、福原麟太郎『日本の英学』	当用漢字1850字、新かなづかい決定
1947	S22	—	3月、細江逸記逝去（63歳）	

1948	S23	—	1月、斎藤秀三郎『実用英文典』復刻1冊本（開隆堂） 2月、佐々木高政『英文構成法』 4月、斎藤秀三郎『新標準英文典』改新再訂版（吾妻書房） ホーンビー :An Idiomatic and Syntactic English Dictionary（ISED）が英国でA Learner's Dictionary of Current Englishと改名されて出版される。その後、改定新版、The Advanced Learner's Dictionary of Current English（1963）, Oxford Advanced learner's Dictionary of Current English（1974）として発行され、今日なお頻繁に改訂が行われて、世界中の外国人英語学習者に愛用されている。	
1949	S24	—	山崎貞『新々英文解釈研究』 8月、大塚高信『英語学論考』	湯川秀樹、ノーベル賞を受賞
1952	S27	—	1月、佐々木高政『和文英訳の修業』 **2月、斎藤秀三郎原書・松田福松訳編『前置詞用法詳解』**（以下、吾妻書房より） 7月、山田和男『英作文研究』 11月、小野圭次郎逝去（83歳）	
1953	S28	—	1月、**斎藤・松田『冠詞用法詳解』** 3月、市河・岩崎・川村『研究社新英和大辞典』 6月、**斎藤・松田『英会話文法』** 7月、江川泰一郎『英文法解説』 12月、**斎藤・松田『助動詞用法詳解』**	2月、NHK.テレビ放送開始
1954	S29	—	3月、勝俣銓吉郎編『研究社新和英大辞典』 12月、**斎藤・松田『准動詞用法詳解』**	
1955	S30	—	6月、**斎藤・松田『動詞構文詳解』** 9月、矢吹勝二『新英作文研究法』	
1956	S31	—	6月、**斎藤・松田『代名詞用法詳解』** 10月、岩崎民平『研究社新簡約英和辞典』 11月、**斎藤・松田『名詞用法詳解』**	日本、国連に加盟 神武景気
1957	S32	—	11月、**斎藤・松田『形容詞用法詳解』**	
1958	S33	—	11月、勝俣銓吉郎『新英和活用大辞典』 12月、**斎藤・松田『副詞・接続詞詳解』**	1万円札発行 新幹線こだま運転開始

年	和暦		事項	世相
1959	S34	—	12月、斎藤・松田『叙法・時制詳解』	
1960	S35	—	1月、林語堂『開明英文文法』 2月、田中菊雄『私の英語遍歴』 **10月**、大村喜吉『斎藤秀三郎伝』（吾妻書房）	日米安全保障条約調印
1962	S37	—	ホーンビー・岩崎民平訳『英語の型と正用法』	
1964	S39	—	3月、大塚・吉川・河村『カレッジクラウン英和辞典』 9月、松田福松『文章法詳解』	東京オリンピック開催 東海道新幹線開業
1965	S40	—		ベトナム戦争
1967	S42	—	岩崎民平『研究社新英和中辞典』	
1968	S43	—	佐川春水逝去（90歳）	・東大紛争 ・川端康成ノーベル賞受賞
1969	S44	—		いざなぎ景気
1970	S45	—	市河三喜逝去（84歳）	大阪万国博開催 三島由紀夫割腹自殺（45歳）
1971	S46	—	岩崎民平逝去（79歳）	ドル・ショック
1972	S47	—	10月、喜安璡太郎『湖畔通信・鵠沼通信』	
1973	S48	—	10月、『小学館ランダムハウス英和大辞典』（A-D）	10月、第1次オイルショック
1974	S49	—	2月、『小学館ランダムハウス英和大辞典』（E-L） 5月、増田綱『研究社新和英大辞典第4版』 6月、『小学館ランダムハウス英和大辞典』（M-R） 10月、『小学館ランダムハウス英和大辞典』（S-Z） 11月、小西友七『英語前置詞活用辞典』	
1975	S50	—	田中菊雄逝去（82歳）	
1976	S51	—	11月、講談社『講談社和英辞典』	ロッキード事件
1977	S52	—	2月、伊藤和夫『英文解釈教室』 11月、佐々木高政『英文解釈考』	
1978	S53	—	ホーンビー逝去（80歳）	日中平和条約調印
1979	S54	—		4月、第2次オイルショック ソ連、アフガン侵攻

年	和暦		出来事	世相
1980	S55	—	7月、斎藤:Monograph on Prepositions 復刻1冊本発行（以下、名著普及会による） 10月、小西友七『英語基本動詞辞典』	イラン・イラク戦争
1982	S57	—	6月、斎藤 "Advanced English Lessons" 復刻1冊本発行 9月、斎藤:Higher English Lessons 復刻1冊本発行 9月、斎藤:New Higher English Lessons 復刻1冊本発行 12月、『斎藤英和辞典』（旧携帯英和辞典）復刻発行	
1983	S58	—	1月、伊藤和夫『英語長文読解教室』 7月、斎藤:Studies In English Idiom 復刻1冊本発行 9月、斎藤:Class-Books of English Idiomology 復刻2冊本発行 11月、山口俊治『基本英文読解辞典』	
1984	S59	—	2月、斎藤:Studies in Radical Verbs 復刻1冊本発行 5月、松田徳一郎『リーダーズ英和辞典』 7月、『斎藤秀三郎講義録集』復刻3冊本発行	
1985	S60	—	11月、斎藤『実用英文典—解答付』復刻1冊本発行	
1987	S62	—	11月、小西友七『ジーニアス英和辞典』	国鉄分割・JRグループ発足
1988	S63	—		イラン・イラク戦争終結
1989	H1	—	4月、小西友七 『英語基本形容詞・副詞辞典』	消費税実施 天安門事件
1990	H2	—		ドイツ統一 バブル崩壊始まる
1991	H3	—	7月、斎藤秀三郎監修『正則英語学校講義録』復刻6冊本発行（名著普及会）	湾岸戦争
1992	H4	—		学校の週休2日制はじまる
1994	H6	—	4月、伊藤和夫『テーマ別英文読解教室』 『小学館ランダムハウス英和大辞典2版』	北朝鮮金正日後継発足

331

1995	H7	―	7月、『新編 英和活用大辞典』	阪神・淡路大震災 東京地下鉄サリン事件
1997	H9	―	伊藤和夫逝去（70歳）	山一證券破綻
1999	H11	―	9月、『NEW 斎藤和英大辞典』復刻（日外アソシエーツ編集）	
2000	H12	―		ロシア大統領にプーチン就任
2001	H13	―	4月、小西友七・南出康世『ジーニアス英和大辞典』 4月、『グランドコンサイス英和辞典』	
2002	H14	―	3月、『研究社新英和大辞典』（第6版）	小泉・金正日会談
2003	H15	―	7月、『研究社新和英大辞典』（第5版）	国立大学法人法成立
2007	H19	―		郵政民営化
2008	H20	―	12月、山崎貞『新々英文解釈研究』『新自修英文典』復刻出版	

終わりに

　世界は社会的にも技術的にも大きな転換点を迎えようとしている。

　エネルギーは化石燃料依存から、太陽光・風力その他の代替エネルギーへの移転が起り、自動車もガソリンエンジン車から電気自動車へと機能の簡素化により低価格化して家庭の電源で人々の移動を助ける家電製品の1つに吸収されてしまうかもしれない。

　ここ数百年続いてきた西洋社会中心から東洋社会中心へガイア（地球）のエネルギーの移動が起るだろう。中国、インドといった人口大国が浮上し世界経済の起動力となっていくだろう。今までの制約が緩和され東アジア経済圏が熱を帯びてこよう。

　ではこの地域内でのコミュニケーションの手段は何か。中国語ではない。国際語たる英語が使われるだろう。ところが、この地域の英語能力比較で日本は最下位に甘んじている。こうした日本の将来が危ぶまれる事態を招いた原因は何か。国や財界、教育界の英語教育への指導理念が右往左往して定まらない点にある。

　一昨年（2009年）から小学5～6年生に週1回英語教育の導入が始まった。同時通訳の草分けで大学教授の鳥飼玖美子氏の『危うし！小学校英語』（文春新書）には次のようなことが述べられている。「小学校のうちに身につけることができるなんていうのは、簡単な単語と挨拶程度の、日常会話の微々たる部分であって、そんなもので国際的に通用するような大人の英語にはならない、ということも親は肝に銘じるべきです」（105頁）

　数学者の藤原正彦氏は「小学校から英語を教えることは日本を滅ぼすもっとも確実な方法」と言い、江戸時代の寺子屋の先生は「読み、書き、ソロバン」の順で、かつこの3つを確実に身につけることであると教育の本質を喝破している。他国にまねして、ただですら限られた授業時間をその他の重要度の低い科目に分散し、もっとも基本となる国語力の低下を招いている。母国語である

日本語に熟達しないで外国語ができるようになるはずはない。内容がない英語がべらべら喋れてもネイティブからは評価されない。多少bookish（堅苦しい）な英語でも内容のある英語を話す人が国際人として評価されるという趣旨のことを述べておられる。

　次の文章は、母国語でまだ頭ができていない児童の早期英語教育の無意味な点を斎藤の高弟佐川春水がちょうど100年前に正則の準機関紙『英語の日本』で発表したものである（斎藤は基本的に考えの違うことは発表を許さなかったと推測されるので、斎藤もこの意見と同じであったと思われる）。

　「"think and feel in English" というが、これがそもそも根本的に間違っている。たとえば「本」を見たらすぐにこれを "book" と思えと言ったところで、実物を見ると同時に「本」という日本語は口にこそ出さないがすでに脳裡には浮んでいる、すなわち日本語で考えたのである。表そうとする思想が複雑になればなるほどそうであろうと思う。英米の児童なら "think in English" するであろうが、日本人にこれをせよとは到底できない相談である。日本の言語思想のなかで成長した日本人が外国語を修めるのは、白い糸を赤に染めようというのではなくて青い糸を赤に染めようとするもの、したがってnaturalにいく道理がない。理屈から入って練習の結果比較的naturalになったところで初めて "think in English" が多少できるようになるのである。

　いわゆる文法を蛇蝎のように忌み嫌う人たちにぜひ聞かせたい面白い話がある。

　あるアメリカ人親子がドイツに行ってしばらく住むことになった。約1年の滞在を、息子は毎日戸外に出てはドイツの児童と遊ぶから、いつの間にか、すっかりドイツ語を覚え込んで、自由自在に談話もできるようになった。それに引き換え親父の方は文法書でコツコツやってようやく少し読書ができるようになった。こうして1年の後、ふたたびアメリカに帰った。ところが、帰国後半年もたたないうちに息子の方はきれいさっぱりドイツ語を忘れてしまって日常の挨拶さえあやしくなったが、親父の方は全く退歩しなかったという。組織（システム）のない知識が永続しないのはざっとこのようなものである」

　（『英語の日本』明治42（1909）年3月号佐川春水「いわゆるS.E.G.SYSTEM

の冤をそそぐ」）

　私自身の体験であるが、日常の一般的会話はほとんど日本語の介在なしに英語でコミュニケーションできるが、ちょっと専門的な話題になると、とたんにそうはいかなくなる。ネイティブに日本の文人、夏目漱石や芥川龍之介に関することを聞かれても、こちらの知識はすべて母国語で頭脳に蓄積してあるので、そのコンテンツの専門語が英語で何というのか、伝達する論理展開は彼らの異文化思考に適合できるか、まで瞬時に綜合判断し会話をよどみなく伝えるのは至難の技だ。実際、仏教を学ぶために来日していたニューヨーカーに弘法大師のことをこまかく聞かれて当惑したことがある。こちらはたまたま真言密教のことを多少勉強していたのはよかったが、データベースとロジックはすべて日本語で頭に入っている。真言はマントラでよいとして次々と頭に浮んでくる日本語の仏教語に対応する英語をどう英語で表現するか、「即身成仏」をごく表面的に説明するだけで、30分以上はかかったと思う。こちらは僧侶でもなく文献で仕入れた知識だけで心もとないことこの上ないし、相手が日本仏教の基礎知識を持っていたのでなんとかその場はすんだが、とんだ誤解を与えなかったかと後々まで気がかりであった。こんな専門にわたる会話の場合、コンテンツの量と質は当然としても、日英変換技術が身についていないと到底対応できない。ゆっくりでも相手に通じるロジックで内容のある話ができると相手もこちらを評価してくれる。ペラペラと英語が喋れるだけで内容のない人間を世界の知識人は真の国際人とは認めてくれないのだ。西洋社会の東洋の思想文化に対する関心が高まりつつあり、自国の文化を正確で品格のある英語で説明できる人間の育成システムの構築と実行こそ斎藤秀三郎が目指したものではなかったか。

　英語は母国語を覚えたように自然に覚えよ、その際英語で考え日本語を介在させるなという考えがある。確かに日常の普通の会話やショッピング、海外旅行で必要とされるレベルのものに限定するならこの主張は正しい。ところが挨拶英語を超えた専門領域の世界では専門用語や複雑なその分野の仕組みなどはたいてい母語で頭に入っているので、自然に英語を覚える方法では現実にとて

も対応できない。どうしても母国語で思考しそれを英語に変換する、あるいは逆に英語で聞いたことを日本語に変換して内容を吟味するというプロセスを頭の中で瞬時にできるという高い言語運用能力が要求されるのだ。

　翻訳会社の人に聞いたところだと、一般的に帰国子女はTOEIC高得点保持者でも翻訳者としては使いものにならないらしい。日英両語の転換技術の学習をしていないからだそうだ。私の知人に在米の日本女性がいるが、ご主人は米国人で、子供たちは英語も日本語もペラペラである。だから子供たちは日英の翻訳・通訳が簡単なのだろうと彼女に聞いてみたところ、それはまったくの思い違いであることがわかった。英語と日本語は脳の別々の回路で独立していて、両者を結ぶ配線がないと自由な言語の転換はできないらしい。日英変換技術・英日変換技術といった特別な訓練が必須なのだ。

　とかくこれまで批判の対象になってきた英文解釈法は実はその英日転換技術であり、一般の大学卒なら10年近くこの学習を続けてきたわけで、これはわれわれの知的財産として貴重なものと考えるべきなのだ。外山滋比古氏は

　「英文解釈法さえ身につけていれば、とにかくたいていの文章が何とか日本語に移すことができる。それに、解釈法をマスターするのに数年あれば可能である。近代日本が短時日に欧米の文化を吸収消化することができたことは世界各国の瞠目するところであるが、その根底には外国の高度な書物をともかくも日本語化できたことがあり、外国語を訳すことができたのは英文解釈法があったからである」と述べ、「英文解釈法は近代の日本の生んだ誇るべき独創的体系化であった」と断言している。（現代の英語教育5───『読む英語』45ページ）

　また、渡部昇一氏は、日本の学校教育の英語は文法拒否症にかかっている、まず、『話せる英語を』と言う。

　「日本の学校英語の時間でどれだけ話せるようになるのか。欧米の大学で学位をとるには規範英文法をマスターしない限りダメですよ。そして新言語学がいろいろ出てきているが、英語の本を、しかも難しい本を読んだり、英語で論文を書けるようになるには、ほとんど何の役にも立たないですよ。8品詞に文章を分析し、支配と一致の関係を見て文章を正確に理解するいわゆる伝統文法

は、印欧語系に関してはすでに古代から中世、ルネサンス、近世、近代、現代と通じて実践教育で成功した唯一の言語学と文法学の体系なのですよ」（渡部昇一『英文法を知っていますか』251〜252頁）

と、伝統的な日本の学校文法＝伝統文法の大切さを力説している。

この日本の伝統文法は、これまで日本人の英語ベタの元凶のように言われてきたが、真の原因は、「日常生活の切実な必要性の欠如」と「学習量の圧倒的少なさ」の２つにある。もし日本人が英語が喋れないと生きていけない状況に仮におかれたらあっという間に英語を喋るようになるだろう。東京という大都会にいても英語のネイティブとじっくり話す機会などとうてい望めないし、必要性もあまり感じない状況では英語学習のインテンシブは無きに等しいではないか。また中学で週３時間、薄っぺらい教科書を１年かけてやってどうして英語ができるようになるのか文科省に聞いてみたい。学習の量が圧倒的に少なすぎるのだ。

日本語を含めた言語教育について日本政府は何を考えているのだろう。たとえば、米国では中学くらいから分厚い本を読まされクイズと呼ばれる短いテストやテーマをきめたレポートの提出がよく行われており、大学に入ればさらに徹底した英語力強化コースが必須となっている。パラグラフライティング、レポート作成法、就職履歴書の書き方まで書いたすぐれた教科書が私の手元に何冊もある。

日本では初等教育では日記を書かせたりするだけで、大学までこれといった文章指導は行われない。大学でもそれはなく、卒業論文の書き方を指導してくれる大学教員もいないというお粗末さだ。

私事で恐縮であるが、私自身英語を読むという行為を集中的に長時間続けるという状況にたたされたあとヒヤリング力が増進されるという事実を経験したことがある。

１ヶ月ほど朝から晩まで英語を読んでいたらたまたま電車の中でそれまでネイティブ同士の会話は半分くらいしか聞き取れなかったのが100％近くいやにはっきり聞き取れるようになっていたのだ。スピーキングが伸びるとヒヤリングも強くなるとかいうが、大量なリーディングがヒヤリング力を劇的に伸ばす

という事実があるのだ。

　話は変わるが、日本には海外留学もせず語学の達人になった人に、英語の斎藤のほかにドイツ語の関口存男がいる。

　斎藤秀三郎と関口存男にはいくつかの類似点がある。

1. 二人とも海外に行くことなく日本を代表する語学の達人になった。
2. 若いときにわかっても分からなくても大量の原書を読破している。
3. 日本人の立場に立ったすばらしい語学書を数多く出版している。
4. 斎藤はイディオモロジー、関口は意味形態論なる用語を自らの著書の中で用いているが、二人ともそれだけを専門に論じた著作は遂に出さなかった。

　二人とも既存の言語理論によらず、大部の辞書に依存することなしに、原文に直接対峙し、その文脈での最適な訳出をすることに最大の努力を傾注している。

　イディオモロジーといい、意味形態論といい、二人がそれぞれ専門にそれを論じた著作を残さなかったのは、それが学問的な意味での言語理論ではなく、日本人が外国語を習得するための極めて実践的な技術論を教えるものであったからである。学習者は理論ではなく、彼らの著作を熟読することを通じてはじめて優れた語学技術を習得できる、そういう道筋を示した大量の著作をかれらは残したといえる。言語理論であればいつかその説を否定する学説が出てこよう。だが技術であれば、日本の古都の寺院の建築を支える宮大工のように千年たとうとそのやり方は古くならない。原文に直接ぶつかり何を言わんとしているのかを見ぬき、それをどうしたら最も適切な日本語に表せるかをとことん追求してゆくという方法は古くなりようがない。

「多くの単語は文脈＝コンテクストによってはじめて意味が定まる」
「訳し方は前後のコンテクストからしか決まらない」
　　　　　　　　　（行方昭夫『英文の読み方』岩波新書、62、88頁）

　といわれるように、文は1個の独立したものとしてそれだけで訳出したのでは本当の味は出ない。まわりの文章からの影響というプラスアルファが加わっ

た訳文にすることで本当の意味が定まるのだ。

　斎藤の辞書の訳語がこなれているとか、他の辞書と違って「読める」辞書だとよく指摘されるが、それがなぜなのかその理由を明らかに述べたものはない。確かに斎藤の訳語には時間的な経過を超えて他の辞書にない何かがある。斎藤の厖大な著作をみていくと、そこに一貫した記述法、原文→TYPICAL EXPRESSIONSの抽出と説明→日英翻訳（英文と日本文の双方向の記憶）という3段階があり、TYPICAL EXPRESSIONSの訳がその前の段階の原文の文脈を踏まえた訳文を採用していることに気付く。だから、斎藤の訳法はこなれていて、「読める」のだ。

　「斎藤のいうイディオモロジーとは、単なるイディオム研究ではなく、英語と日本語の表現を組織的に結びつける研究であるという。イディオモロジーについて斎藤自身が説明したものはなく、結局、語句を各個撃破で英語と日本語の意味がもっともぴったりする表現を見つけることを意味し実用的で有用ではあるが、今日の言語学や文法理論から見ると外れるものと言わざるを得ない」（小島義郎『英語辞書の変遷』385〜393頁）

　という指摘は正しい。理論ではなく、技術なのだから「学」や「理論」からは外れたものになるのは当然である。

　市河三喜以降の英語教育者は、英和辞典を早く脱して英英辞典を使うようにすべきだといってきた。確かに近年EFL用の辞書はますます充実してきている。だが本文でも斎藤が述べているように、単語を英英辞典で調べても、類義語が羅列してあるだけである。同一言語内で全く同じ意味の単語は論理的にも2つ同時に存在しえないからだ。

　だからいくら類義語をみて日本語に訳してもピンボケとなるのは必定だ。その単語と同じ意味を持つ単語は、日本語のようにボキャブラリーが豊富な言語ではかならず1つ存在する。その単語を文脈を通して徹底的に探して適訳にたどりつく。このプロセスなしにはその単語の真の意味は把握しえない。

　古い時代に文字を持たなかった日本人は中国から漢字を導入し、カタカナ、ひらがなという文字を創造した。この3文字を使って海外からもたらされる

思想・文物を自国のものとしてきた。われわれの先祖たちは日本語の語彙を増やし表現力を豊潤なものにする努力を惜しまなかった。だから日本では西欧列強による植民地化が起らなかった。ある意味ですぐれた日本語の強力な消化吸収力が日本の独立を維持させたのだ。そして英語が世界語となった今日、豊富な語彙表現力をもつ日本語と、これまた豊富な語彙表現力をもつ英語を比較対照して、的確な対応表現の組み合わせをシステム化していく技術こそ斎藤のIdiomologyであり、今後もさらに研究されるべき広大なフロンティアではなかろうか。

　斎藤秀三郎の生涯を貫く基調は「英語への狂熱」すなわち英語への「高度の精神の集中とそれをつづけていく強い意志」であった。そしてその中にこそ、「何ものにもかえがたい深い喜び」がひそんでいた。本書はもう1世紀も前の斎藤秀三郎について、主に業績面から述べたものであるが、私は、現在の混迷する英語学習法・研究法・教授法を思うにつけ、今なお参考にすべき多くの点をこの本の主人公は残してくれていると確信している。

著者略歴

竹下 和男（たけした・かずお）
麻布学園、慶應義塾大学経済学部卒業。松下電器産業（現・パナソニック）で全社経営企画、海外調査を担当した後、同グループのナショナル証券に移籍し金融商品開発責任者として幅広い金融商品の設計・企画に携わる。その後、大手翻訳会社に勤務。現在、イグザモニックス研究所を主宰。日本英語教育史学会会員。
主要著作として、『英語は頭から訳す―直読直解法と訳出技法14』（北星堂）、『冠詞が身につくワークブック』（ベレ出版）などがある。

英語天才 斎藤秀三郎
――英語教育再生のために、今あらためて業績を辿る

2011年3月25日　第1刷発行

著　者／竹下和男
発行者／大高利夫
発　行／日外アソシエーツ株式会社
　　　〒143-8550 東京都大田区大森北1-23-8 第3下川ビル
　　　電話 (03)3763-5241(代表)　FAX(03)3764-0845
　　　URL　http://www.nichigai.co.jp/

組版処理／日外アソシエーツ株式会社
印刷・製本／光写真印刷株式会社

©Kazuo TAKESHITA 2011
不許複製・禁無断転載　　　《中性紙三菱クリームエレガ使用》
《落丁・乱丁本はお取り替えいたします》
ISBN978-4-8169-2288-6　　　*Printed in Japan, 2011*

NEW斎藤和英大辞典 普及版

斎藤秀三郎 著, 日外アソシエーツ辞書編集部 編
A5・1,800頁　定価7,140円(本体6,800円)　2002.12刊
昭和3年に日英社から刊行された『斎藤和英大辞典』を、新字体・現代仮名遣いに改めた"復刻新版"。日本語見出し5万語と15万の用例・文例を収録。俳句、和歌、漢詩、都々逸、流行歌詞など、英訳しにくい日本独自の慣用表現を多数収録。

NEW斎藤 英和対訳表現辞典

日外アソシエーツ辞書編集部 編
B5・750頁　定価8,190円(本体7,800円)　1999.9刊
『NEW斎藤和英大辞典』の英和逆引き索引を兼ねた対訳辞典。英単語から、該当する『NEW斎藤和英大辞典』の日本語見出しと関連の英語表現・イディオムを一覧。

英和翻訳の原理・技法

中村保男 著, 竹下和男 企画・制作
A5・280頁　定価3,990円(本体3,800円)　2003.3刊
英語学習の盲点から翻訳の奥義まで、著者の半世紀にわたる経験から得られた翻訳理論・実践技法を伝授。豊富な文例・訳例により、「勘」と「こつ」を詳細に解説。

翻訳とは何か——職業としての翻訳

山岡洋一 著　四六判・290頁　定価1,680円(本体1,600円)　2001.8刊
翻訳のありかた、歴史上の翻訳者の生涯から、翻訳技術、翻訳市場、現代の翻訳教育産業や翻訳学習者の問題点まで、「職業としての翻訳」を論じ、翻訳文化論を展開する。真の翻訳者とは何か、翻訳とは何か、を伝える翻訳学習者必読の一冊。

イギリス紅茶事典——文学にみる食文化

三谷康之 著　A5・270頁　定価6,930円(本体6,600円)　2002.5刊
イギリス文学に頻出する「紅茶のある風景」。童話・童謡・詩・小説・戯曲・エッセイ・紀行文といった実際の文学作品から紅茶に関る原文を引用し、歴史、作法、茶器など諸々の紅茶用語を解説するとともにその文化的背景も詳しく説明した事典。

データベースカンパニー
日外アソシエーツ　〒143-8550　東京都大田区大森北1-23-8
TEL.(03)3763-5241　FAX.(03)3764-0845　http://www.nichigai.co.jp/